"家庭指导分册"编委会

主　编：吴　红
副主编：彭小凡

编　委（按姓氏拼音顺序排名）：
车　琳　崔小华　杜建群　高　敏　葛晓穗
郭绪英　韩　雪　贺永平　孔　梅　李　祥
覃　青　谭怀洪　庹安写　向　慧　肖　丽
杨　川　杨坤燕　杨　丽　杨　岚　袁章奎

* 本成果为贵州省妇女联合会家庭教育指导专项课题经费支持成果，成果归贵州省妇女联合会与贵州省家庭教育指导中心课题组共同所有，未经授权，严禁复制！

贵州省家庭教育指南
（上）

GUIZHOUSHENG JIATINGJIAOYU ZHINAN
SHANG
JIATING ZHIDAO FENCE

主　编　吴　红
副主编　彭小凡

贵州省妇女联合会指导、贵州省家庭教育指导中心　组织编写

民族出版社

前　言

家庭是社会的基本细胞，是人生的第一所学校。家庭教育是人生教育的基础和起点，它不仅关系到个人幸福、家庭和睦，也关系着社会的安定文明，甚至国家民族的前途命运。家庭教育是教育艺术和教育科学的融合体。为了帮助广大家长和家庭教育工作者在家庭教育及其指导工作中有章可循，将家庭教育建立在了解儿童成长的特点与规律的基础上，贵州省家庭教育指导中心组织编撰了本书。希望通过帮助家长树立科学的家庭教育观念，学习正确的家庭教育方法，提高家庭教育素养与能力，助益于促进未成年人全面健康成长，增进家庭幸福、社会和谐。

《贵州省家庭教育指南》家庭指导分册以家庭生命周期作为线索，针对家庭生命周期中各阶段家庭面临的主要问题，给出相应的指导与建议，希望能为广大家长与孩子的良性互动提供指导和参考（因为主要涉及"儿童关爱"理论，本册将0—18岁孩子都以"儿童"称之）。

本册共为五部分：总则、各年龄段儿童的家庭教育指导、特殊儿童的家庭教育指导、特殊家庭的家庭教育指导、家庭教育法律指导。第一部分总则，主要阐释了家庭教育的内涵、意义，家庭教育和家庭教育指导工作的基本原则；第二部分是针对未成年人家庭编写的不同年龄段儿童的家庭教育指导，内容编写以年龄为轴线，首先简述各年龄段儿童身心发展特点与家庭教育指导要点，随后针对各年龄段儿童家庭教育中常见问题与应对策略进行简要分析和阐释，以期为家长提供行动指导；第三、四部分是特殊儿童和特殊家庭的家庭教育指导，分别针对有特殊教育需求的儿童（包括心理行为障碍、视力障碍、听力障碍、智力障碍及肢体残疾儿童等）和特殊家庭（包括留守家庭、进城务工家庭、离异家庭、重组家庭、孤儿及服刑人员家庭等）的家庭教育进行阐释，分析常见问题，提出应对策略；第五部分是家庭教育与家庭教育指导过程中的相关法律问题的分析与阐述，分别对儿童青少年成长的法律保障体系、父母的法定义务与责任，以及法律维权与救助等问题进行了分析与阐述。

本册第一部分由吴红、贺永平、杜建群编写；第二部分中新婚及孕期家庭部分由庹安写、高敏编写，0—6岁儿童家庭部分由葛晓穗、杨丽、吴红编写，7—15岁儿童家庭部分由崔小华、孔梅、吴红编写，16—18岁儿童家庭部分由袁章奎、韩雪、吴红编写；第三部分心理与行为障碍部分由向慧、覃青编写，视障、听障、肢体残疾部分由郭绪英、杨坤燕、谭怀洪、车琳、肖丽编写，智力障碍部分杨岚编写；第四部分由彭小凡、韩雪、吴红编写；第五部分由李祥、杨川编写。如有不当之处，敬请批评指正。

前言

《贵州省家庭教育指南》家庭指导分册凝聚了编委会全体成员的辛勤付出和心血,同时也广泛地借鉴了已有相关文献与研究成果来分析和阐释家庭教育的现实问题与破解方法,在此表示衷心的感谢!同时感谢"《贵州省家庭教育指南》编写"课题组所有成员的付出,以及被调研幼儿园、中小学和家长们的支持和帮助!

目 录

第一部分 总 则

一、家庭教育的意义……………………………………… 3
二、家庭教育的基本原则………………………………… 6

第二部分 各年龄段儿童的家庭教育指导

一、新婚及孕期家庭教育指导……………………………13
二、0—3岁儿童家庭教育指导 …………………………19
三、4—6岁儿童家庭教育指导 …………………………24
四、7—12岁儿童家庭教育指导 …………………………28
五、13—15岁儿童家庭教育指导 ………………………35
六、16—18岁儿童家庭教育指导 ………………………41

第三部分 特殊儿童的家庭教育指导

一、心理和行为障碍儿童的家庭教育指导………………51
二、视力障碍儿童的家庭教育指导………………………56

三、听力障碍儿童的家庭教育指导……………………62

四、肢体障碍儿童的家庭教育指导……………………66

五、智力障碍儿童家庭教育指导………………………71

第四部分　特殊家庭的家庭教育指导

一、农村留守家庭…………………………………………79

二、进城务工家庭…………………………………………82

三、离异家庭………………………………………………85

四、重组家庭………………………………………………92

五、孤儿家庭………………………………………………96

六、服刑人员家庭…………………………………………100

第五部分　家庭教育法律指导

一、父母在儿童成长过程中应承担的义务……………107

二、父母不履行养育义务可能承担的法律责任………110

三、未成年人违法监护人应承担的法律责任…………114

四、未成年人教育权利的法律救济渠道………………117

五、其他主体的家庭教育指导义务……………………127

第一部分

总　则

第一部分 总则

一、家庭教育的意义

（一）家庭教育的含义

教育包括家庭教育、学校教育和社会教育。家庭教育是教育的重要组成部分，是学校教育和社会教育的基础。狭义的家庭教育指由家庭中的长者（主要是父母，也包括祖辈和家庭教师）对年幼者实施的教育，是长者有意识地通过自身的言传身教或家庭活动对年幼者施加的影响。广义的家庭教育指家庭成员之间相互影响和教育，既包括年长者对年幼者的影响，也包括年幼者对年长者的影响和同辈群体相互影响。通常所说的家庭教育，主要是指狭义的家庭教育，即年长者对年幼者进行的教育活动。

（二）家庭教育的实施主体

家庭教育的实施主体是儿童的父母或其他监护人，他们承担了儿童家庭教育的法定职责。父母作为家庭教育的第一责任人，如因外出务工或其他原因不能与年幼儿童共同生活时，须委托有能力的成年人对其进行照顾与教育，并与被委托人保持联系，及时了解儿童的学习、生活情况；亦可通过电话、网络、书信等方式经常与儿童交流、沟通，或定期与儿童团聚。父母在进行家庭教育时应学习并了解各年龄阶段儿童身心发展的特点，遵循家庭教育的基本原则，掌握科学的家庭教育方法，促进儿童身心健康发展。

（三）家庭教育的意义

家庭教育对儿童成长具有重要意义。家庭是孩子的第一个课堂，家庭教育是对个体当下的成长与未来的发展影响最为全面深远的教育。相对于学校教育与社会教育而言，家庭教育在儿童的行为习惯的养成与个性品质培养方面具有得天独厚的优势，它是以亲子关系为基础展开的教育，是父母通过家庭生活的各种场景或事件对一个或少数几个儿童进行的全面、深入、持续地影响，其投入的时间和精力最为充足。"知子莫若父（母）"，通过长期相处，父母可以对儿童成长与发展状况做出较为全面准确的判断，这为后续开展更具有针对性和有效性的家庭教育奠定了坚实基础。

家庭教育对家庭与社会具有重要意义。家庭是组成社会的基本细胞，家庭的幸福美满与社会的和谐安宁密切关联。良好的家庭教育（成员之间的良性互动）能够增进家庭成员的情感联结，促进个人不断的自我完善。家庭教育不仅影响着儿童当下的行为习惯、兴趣爱好、个性特长，也会影响着其成年后的价值观、人生观和世界观，以及个体融入社会、适应社会、奉献社会的意愿、行为方式与能力水平。因此，良好的家庭教育不仅关乎个人的幸福，也关系到家庭和睦与社会和谐。

家庭教育对国家和民族具有重要意义。少年智则国智，少年富则国富，少年强则国强。儿童青少年的培养不仅关系到每一个家庭，更关系到国家和民族的前途命运。教育是强国之根本，而家庭教育则是整个教育体系的前提和基础，也是培育儿童青少年的重要阵地。青年一代的培养与教育关乎着国家的命运和民族的未来，家庭教育不是一家之小事，而是一国之大事。

（四）相关部门的职责

学校和社区与家庭教育息息相关。学校应充分发挥自身的教育优势，指导父母科学地开展家庭教育。幼儿园和中小学可以建立健全家校（园）沟通机制，通过家长会、优秀父母教育经验分享会、家访等方式，帮助父母建立科学的育儿观和教育观。学校应把父母学校建设纳入学校重要工作，办好父母学校，定期对父母进行家庭教育指导。同时，学校还要积极组织教师参加家庭教育指导培训和学习，提高教师指导父母开展家庭教育的能力，把家庭教育指导工作纳入学校常规工作内容。

此外，社区也要协助父母开展家庭教育。社区要净化儿童成长环境，形成全社会共同关心和爱护儿童的良好风气，共同促进儿童健康发展。如通过建立家庭教育指导机构，定期开展家庭教育指导；加强家庭教育宣传，帮助父母形成正确的家庭教育观念；针对困境儿童给予更多关爱和帮扶，积极开展流动儿童、留守儿童、残疾儿童和贫困儿童的教育帮扶工作。

二、家庭教育的基本原则

（一）家庭教育指导工作的基本原则

1. 儿童为本原则

家庭教育指导的目的在于通过对父母育儿观念、方法的科学指导，提高家庭教育的水平和质量，促进儿童身心健康成长。首先，指导者应帮助家庭中的父母学会学习和观察儿童，了解其身心发展规律，引导父母正确对待儿童的合理需要与个体差异，做到因材施教。其次，不同的儿童在发展中面临的问题不同，应结合儿童的不同发展需要，有针对性地对父母进行家庭教育指导。最后，家庭教育指导者还应指导父母为儿童创设适合其发展与成长的必要条件与生活情景，保障儿童的安全和合法权益，促进儿童健康发展、充分发展、全面发展。

2. 父母主体原则

父母既是家庭教育的实施主体，也是家庭教育指导的主要对象。为父母提供专业的教育咨询和有效指导是家庭教育指导的重点工作。因此，家教指导工作应本着为父母服务的观念展开。首先，不同父母对儿童的期望不同，面临的家庭教育问题也不尽相同。指导者应在充分了解家庭教育需求的基础之上，尊重父母的期望与意愿，并加以正确引导，有针对性地开展相应的家庭教育指导。其次，在指导过程中，要充分调动父母参与的积极性，重视发挥父母的主体作用，指导父母确立责任意识，不断学习、掌握有关家庭教育的知识，提高自身修养，为儿童树立榜样，促进其健康成长。

3. 多向互动原则

儿童的健康成长离不开家庭教育、学校教育和社会教育的协调配合。家庭教育指导工作者不仅要着力开展家庭教育指导，还要与学校、社区共建三方长效互动机制，构建家庭教育、学校教育与社会教育相互配合、相互促进的教育网络，共同促进儿童身心健康发展。家庭教育的成功，不仅关系到家庭的幸福生活，更关系到国家的前途命运。因此，加强家庭教育是全社会的共同责任，学校和社区应通过多样化的途径和方式，促进家庭教育合力的优化。

（二）父母教育儿童的基本原则

1. 成人与成才相统一

在家庭教育中，父母既要关注儿童的身体健康成长和智力发展，更要注重儿童的品德教育。儿童首先必须成长为一个合格的社会成员——一个"人"，然后才有可能成为对国家和社会具有贡献的人才。父母要树立正确的人才观，避免产生对儿童的不合理预期和非理性教育行为。因此，父母要重视儿童身心健康和健全人格的养成，不能片面强调儿童的才智发展，而忽视其情感和社交能力的发展，导致儿童产生扭曲的价值观。

2. 身教与言传相统一

家庭是父母与儿童朝夕相处的场所，长期熏陶和耳濡目染的效果胜于义正词严的说教。在家庭教育中，儿童不仅接受父母的口头教育，更关注着父母的一言一行、一举一动。父母的思想品德和行为习惯，对儿童有着潜移默化的作用。若父母温谦恭让、品德高尚，儿童就会对父母心生崇敬，并以父母为榜样效法模仿；如果父母给儿童讲得头头是道，而实际行动却是另一回事，儿童不仅不会信服，还会严重损害父母在儿童心目中的形象，甚至引发亲子冲突。因此，父母在教育儿童的过程中，不仅要善于说理，还要做好榜样示范，将身教与言传相统一，才能获得良好的教育效果。

3. 宽严相济原则

父母在教育儿童的时候，应充分了解儿童成长的合理需求和行为能力，正确对待儿童在成长中所犯的错误。力所不及之处要宽容引导；明知故犯之错要严肃告诫，宽严相济，让儿童明辨是非，找到行动的方向。对儿童的教育一味的严厉，也许可以迫使儿童学会遵守规则，但也容易使儿童出现敢怒不敢言，胆怯退缩，依赖、不安等不良情绪；反之，对儿童的一味纵容，往往导致父母在儿童眼里没了威严，使儿童变得任性、自私，甚至是非不分。因此，父母在教育儿童时，要真正做到宽严有度、宽严相济。

4. 实践与学习相结合原则

成为优秀的父母并非一日之功。每一位身心健康、才能出众的孩子，其父母都经历了不断学习，不断实践，不断改善自己教育行为的过程。在教育儿童的过程中，父母不能只是单方面地依靠已有的家庭教育经验，将其视为一种操作手册完全照搬，而要从实践中进行学习，并反思一些效果不好的教育行

第一部分 总则

为，找出可能的问题，然后调整自己教育行为，形成适合自家儿童的教育内容和方式。父母要与时俱进，了解最新的家教思想，根据儿童的反馈不断调整自己的行为，完善自己教育儿童的知识和技能。

第二部分

各年龄段儿童的家庭教育指导

第二部分 各年龄段儿童的家庭教育指导

一、新婚及孕期家庭教育指导

（一）孕期胎儿的身心发展特点

1. 孕期胎儿的生理发展

胎儿胎龄的计算，以孕妇末次月经的第一天算起，通常孕期为40周，划分为胚芽期（0—2周）、胚胎期（3—8周）和胎儿期（9—40周）三个阶段。在胎儿期，胎儿的骨细胞开始发育，同时毛发、指甲和外生殖器发育分化出来，已有器官结构得到进一步发展，躯体比例以及各部功能日趋成熟。从第九周开始，胎儿躯体的细胞数量和大小增加，各组织器官生成并进一步分化。胎儿期还有另一重要发育特征：出现胎儿动作，主要表现为胎动和反射活动两种类型。

2. 孕期胎儿的心理发展

神经系统是心理活动的物质基础，是心理现象产生的器官，人的一切心理活动如感知觉等，都是通过神经系统的活动来实现的。胎儿心理机能的发展遵循从神经元的形成，再到神经系统的形成，最后到反射机能的形成。在最初的发育阶段，感觉是最先出现的一种心理机能。胎儿在4个月的时候，会发育形成视觉；6个月的时候会形成听觉。触压觉、嗅觉、味觉等感觉均会通过所属神经系统的完善而相继产生。胎儿的大脑大约在第20周左右的时候形成，5个月时，脑的记忆功能开始工作，胎儿能记住母亲的声音并获得安全感。胎儿期的教育活动又称胎教，具体原理是通过调节孕妇身体的内外环境，采用一定的方法和手段，譬如给胎儿以积极的言语、音乐等，激发婴儿大脑神经细胞发育,进而使胎儿从生理上和心理上得到更好的发展。胎儿期的常见胎教方式主要有:音乐、抚摸、言语、光照等几种类型。胎教本质上是对胎儿大脑生长发育的环境进行干预,目的是丰富胎儿的大脑网络。

(二)新婚期及孕期的指导要点

新婚期及孕期的家庭教育指导,主要对象是夫妻双方。内容主要包括指导年轻夫妻做好优生优育和前期家庭教育的相关知识储备工作,做好孕期及生育后家庭教育的心理准备,以及为怀孕和生育做好物质层面准备,包括以下几个方面。

1. 孕前指导

新婚夫妇的家庭教育指导,首先,要规范思想,重视婚检、孕前检查以及优生指导,有效提高出生人口素质。个别夫妇不重视婚前孕期检查,无法及时发现家族遗传病、药物、酒精、环境毒害物等影响怀孕和优生优育的因素,从而造成不良妊娠。新婚夫妇应主动学习两性生活、避孕、怀孕及意外怀孕等知识,科学避孕、计划怀孕,避免意外怀孕对女性身心、胎儿乃至家庭造成伤害。我国实施免费孕前优生健康检查项目,鼓励准备怀孕的新婚夫妇主动到当地县级妇幼保健院或辖区乡镇卫生院、社区卫生服务中心咨询,接受专业医生提供的婚前医学健康检查、风险评估、咨询指导、健康教育及免费领取叶酸片等专项服务,选择适宜的受孕年龄和季节,并注意形成良好的生活习惯。

其次，要注意孕前、孕期夫妻的心理健康，尽量减少夫妻双方不健康的心理因素，从而保证孕前以及怀孕期家庭关系的稳固发展。有意识地进行迎接妊娠的情感建设，对于新婚夫妇来说是非常有必要的。对于大龄孕妇、有致畸（导致畸形）因素接触史的孕妇、怀孕后有疾病的孕妇以及具有其他不利于优生因素的孕妇，要督促其做好产前医学健康咨询及诊断。对于不孕不育者，应引导其科学诊断、对症治疗，并给予心理辅导。

2. 孕期指导

夫妻双方孕期的指导，首先要关注的是孕期保健，孕育健康胎儿。在孕 12 周前，指导孕妇到辖区乡镇卫生院、社区卫生服务中心或县级妇幼保健院建卡，领取《贵州省母子健康手册》，并按照专科医生的要求定期进行产前检查、妊娠风险评估、妊娠期营养指导，主动参加医院建设的孕妇学校学习活动，掌握优生优育知识，避免烟酒、农药、化肥、辐射等化学物理致畸因素，预防病毒、寄生虫等影响；科学增加营养、合理作息、适度运动，保证孕妇、胎儿健康，实现安全分娩。

3. 分娩前指导

分娩前这一阶段处于整个家庭的高压力期，因此需要做好充分的心理和物质准备，迎接新生命的降临。分娩前 1 个月左右，可以教导孕妇学习做放松训练，通过一整套的放松训练，使孕妇的机体处于相对放松的状态，更好地应对分娩前的生理和心理的不良反应。此外，为了降低孕妇分娩前的焦虑，可以向家庭成员传授情绪调节相关知识,对孕妇进行心理干预的同时,对夫妻双方、主要家庭成员单独进行心理指导,做好夫妻双方的角色定位,在一定程度上改善夫妻关系,提高家庭亲密度,为孕妇即将到来的分娩提供充足的精神支持。住院期间还可通过交谈、问询的方式,告知孕妇分娩过程中可能出现的疼痛,以及这些疼痛的正常性,防止孕妇由此产生不良情绪影响正常分娩和产后恢复,使产妇能够以轻松健康的心态面对分娩和产后康复。在其他的方面,还应指导准父母做好新生儿出生的相应准备,学习育儿的方法和技巧,购置儿童生活必备用品和保障母婴健康的基本卫生用品,营造安全温馨的家庭环境。分娩阶段,提倡自然分娩,保障母婴健康。加大宣传力度,指导孕妇认识自然分娩的益处,认真做好孕妇产前医学检查。

4. 孕妇的产后指导

产后孕妇的身体比较虚弱,加之女性的生理特征,要根据产妇需求进行室内温、湿度调整,并创造安静的环境,确保产妇能够得到充足的睡眠和休息,弥补分娩和产后初期体力消耗过大造成的心理以及生理负担。此外,孕妇产后的心理以及生理明显改变,个别产妇甚至会出现产后抑郁倾向。在生物层面上,孕妇产后身体内分泌环境极速变化,身体激素分泌紊乱;在心理层面上,产妇人格特征、分娩前心理准备不足、产后适应不良、产后早期心绪不良、睡眠不足、照顾婴儿过于疲劳、产妇年龄小、夫妻关系不和、缺乏社会支持、家庭经济状况、分娩时医务人员态度、婴儿性别和健康状况等,均与产后抑郁的发生密切相关。因此，主要家庭成员应对可能影响产妇恢复的因素予以重视。同时，产妇产后的恢复与保养同样重要，这直接影响产妇和新生儿未来的身心健康。

此外，产妇应主动接受分娩医院、社区医生或村医的产后访视、新生儿访视，主动向医务人员请教、学习产后护理、营养、婴儿喂养等知识。如果发现有产后心理问题、婴儿营养喂养、疾病等问题，应及时到专科医院救治。

（三）常见问题及应对策略

1. 胎儿期的教育

胎儿期的教育形式主要是胎教，各种胎教方法中音乐胎教是首选。音乐是一种有节奏的空气压力波，音乐胎教通过音乐对母体内胎儿的施教，对胎儿不断地传输优良音乐声波，促使其脑神经元的发育，为优化后天的智力奠定基础。从另一方面讲，音乐能够使孕妇产生愉悦的情绪以及良好的心境，并将这种信息传递给胎儿，从而改善大脑功能水平。在怀孕四五个月后，孕妇在睡前可以慢慢沿腹壁抚摸胎儿或轻轻弹扣、拍打、触压腹壁，刺激胎儿活动。父母还可通过与胎儿讲话的方式，给胎儿大脑新皮质输入最初的语言印记，促进胎儿听力、记忆力、观察力、思维能力和语言表达能力的发育。除此之外，在孕 28 周后，每当有胎动时，可以使用手电筒在腹壁上进行一明一暗的照射，以训练胎儿的昼夜节律，从而能够进一步促进胎儿的视觉功能和脑的健康发育。

2. 孕妇的产前焦虑

孕妇缓解产前焦虑的有效方式主要有两种：一是转移注意力。通过跟孕妇进行交流、谈心，转移孕妇注意力，缓解其焦虑；也可通过引导孕妇进行其他活动，诸如看电视、做手工等活动来达到转移注意力的目的。二是对孕妇进行心理建设。通过改变孕妇的不良认知（如顺产风险太高），打消孕妇的忧虑，提高孕妇的心理能量，使孕妇能够正确看待分娩，并有足够的勇气与信心积极应对分娩。

3. 孕妇的产后抑郁

应对产后抑郁，孕妇产后可通过新的刺激来激活自己的情感体验。首先恢复身体机能，然后尽快回归到正常的社交和工作中去。心理上，产妇要多用乐观和开放的心态去看待身边发生的事情，接触感知新鲜事物，不要反复回忆让自己低落难受的经历；更不要将抑郁问题归咎于自己，要意识到内分泌等生理变化对自己产生的巨大影响。同时，丈夫或其他家人应该多陪伴、多关爱，密切关注产后妻子的情绪变化。通过聊天、拥抱等方式安抚妻子的情绪，切忌争执、冷漠对待；即使妻子没有交流的意愿，丈夫也应该尽量陪在其左右，不要把妻子的异常表现归因为妻子的人格和品行，认清生育过程对妻子心理功能的客观影响。

4. 照料妻子与新生儿的优先级

在照顾新生儿和妻子两人时，丈夫应该优先照顾妻子，抚慰妻子的情绪波动，增加妻子的欢快情绪，帮助妻子做好生育之后的恢复，如身体塑形等。孩子可以暂由祖辈、护士等其他有经验的人士协助照顾，丈夫应该将主要精力用于照顾产后的妻子，让妻子更好地哺育新生儿。产后的恢复期对夫妻关系的后期发展影响巨大，丈夫要重视这段时间的夫妻感情，良好的夫妻关系是孩子日后健康成长的起点。

二、0—3岁儿童家庭教育指导

（一）0—3岁儿童的身心发展特点

0—3岁是儿童个体神经系统结构发展的重要时期。在这个阶段，儿童的身高和体重显著增长，基本动作遵循由上到下、由中心到外围、由大动作到小动作、由无意动作到有意动作逐渐掌握的原则；各类感官会主动收集环境信息，认识世界；注意的稳定性逐步增强，注意的范围不断扩大；具有一定的记忆能力；逐渐运用表象进行想象；语言能力迅速发展，表现出一定的交往倾向，乐于探索周围世界；情绪逐渐与社会性需求相联系，表现出亲子依恋的需求。

（二）0—3岁儿童的家庭教育指导要点

1. 提倡母乳喂养，增强婴儿免疫力

母亲对待母乳喂养的态度和喂养知识会直接影响儿童的身体健康，父母应正确认识母乳喂养的意义。母亲需加强乳房保健，在睡眠、情绪和健康等方面保持良好状态，均衡饮食搭配，增加营养。同时，在产后尽早用正确的方法哺乳，6个

月以内的婴儿尽量纯母乳喂养,在母乳不足时采取混合喂养方法;6个月后,婴儿应适时添加辅食。

2. 鼓励主动学习,掌握科学养育方法

父母可以通过正规的医院、社区、网络家教课堂,主动学习和了解0—3岁儿童成长的阶段特点、日常养育的方法。按时到辖区医院进行儿童健康体检和预防接种,培养儿童健康良好的卫生习惯,注意科学的饮食搭配;早期可通过在儿童可接受范围内的感官刺激,促进儿童身体与神经系统发育;带领儿童开展适当的运动、游戏,增强儿童体质;引导儿童多看、多听、多运动,学会倾听和分辨儿童的"语言",安抚儿童的情绪;学会了解儿童的发病征兆及应对方法,掌握病后护理常识。

3. 设定生活规则,养成良好的生活习惯

父母可以根据儿童成长的规律及特点,为他们设定日常生活规则。按照规则及生活场景因地制宜,开展儿童日常生活中的随机教育;重视发挥父母在儿童养育和教育中的角色作用,父母应多采用鼓励、肯定等正面教育措施,塑造儿童的良好行为。

4. 加强感知训练,提高儿童感官能力

父母可在家中创设儿童自主爬行、充分活动的独立空间,鼓励儿童的探索行为,充分挖掘和利用日常生活物品的教育价值,引导儿童认识各种事物和现象,帮助儿童在爬行、观察、听闻、触摸等训练过程中获得各种感官活动的经验,以促进儿童感官的发展。同时注意加强安全防护,防止意外伤害发生。

5. 关注儿童需求,激发想象力和好奇心

父母要关注儿童的需求,学会"读懂"儿童,利用日常机会为儿童提供抓握、把玩、涂鸦、拆卸等活动的设施、工具和材料;利用亲子游戏的形式发展儿童双手协调、手眼协调等精细动作;以儿童的视角用心欣赏儿童的行为和作品并给予鼓励,分享儿童的快乐,促进儿童直觉动作思维发展,满足儿童好奇心重、探索欲望强的认知需要。

6. 提供言语示范,促进儿童语言能力发展

父母在为儿童创设宽松愉快的语言环境的同时应当努力提高自身口语素养,为儿童提供良好的言语榜样示范——清晰发音、语句完整、积极交流;与儿童的交流中,父母应注意倾听、积极回应,对于儿童不完整的话语进行适宜地扩充;为儿童的语言学习和模仿提供丰富的物质环境,运用多种游戏形式鼓励儿童开口表达;鼓励儿童之间的模仿和交流。

7. 加强亲子沟通,养成儿童的良好情绪

父母应关注、理解、尊重儿童的情绪,多给予儿童鼓励和支持;学习亲子沟通的技巧,以民主、平等、开放的姿态与儿童沟通,允许儿童有表达(为自我辩解)的机会,耐心观察和了解儿童过度情绪化行为背后的原因,有针对性地进行适时教育,培养良好的亲子关系。

8. 帮助儿童适应幼儿园生活,应对分离焦虑

入园前,父母要有意识地培养儿童的自理能力、遵守规则的意识、良好的生活习惯，提前预知并鼓励儿童积极应对分离焦虑。入园后，父母要主动、细致、持续地了解儿童对幼儿园的适应情况，主动与老师沟通儿童在园情况。在儿童出现不良情绪时，接纳理解，并通过耐心沟通与疏导来稳定儿童的情绪。

9. 注重劳动教育，培养儿童自我管理能力

父母要善于营造热爱劳动的家庭氛围，加强家庭的劳动教育。从小培养儿童热爱劳动的好习惯，懂得尊重、珍惜他人的劳动成果。在劳动中，儿童的动作可以得到发展，能有效培养其自我管理能力。对于0—3岁儿童来说，家务是最好的游戏，也是家庭里最自然的劳动场景。很多家务劳动值得父母让孩子试一试，如让孩子使用勺子或筷子独立吃饭，自己洗手、洗脸、擦手、擦脸，学习穿脱衣服、鞋袜，叠放衣物并放回原位；家长劳动时，孩子与家长一起劳动，或与家长一起整理、归类玩具等；也可以做捡豆子、剥鸡蛋等锻炼手部精细动作的劳动。这个阶段，儿童喜欢模仿大人的动作，这是他们探索学习的方式，家长可以在安全的前提下多给儿童提供尝试的机会。

（三）常见问题及应对策略

1. 祖辈代养，父母角色缺位

年轻父母由于就业和生活条件限制，将0—3岁婴幼儿交由自己的父母照看，造成了儿童成长中父母缺位的现象，其中

父亲缺位尤其严重，祖辈代养情况普遍。由于祖辈的育儿观念存在差异，受自身身体条件、经济条件等因素影响，祖辈代养不利于儿童良好亲子关系、性格及行为习惯的养成。年轻父母应充分认识到养育儿童是自身的责任，主动学习相关的科学知识和养育理念，减轻养育压力。对协助养育儿童的家庭成员心存感激，做好家庭亲子沟通：对上的沟通（与自己父母的沟通协商）和对下的沟通（对儿童的沟通与互动），尽量寻找和安排时间陪伴儿童。如果客观条件导致只能由祖辈教养儿童，父母应提前与祖辈达成共识，确立科学合理的育儿观念，避免由观念不合带来的冲突，以及儿童成长中的无所适从。

2. 过度干预或娇纵，错误对待"第一反抗期"

儿童2岁左右自我意识开始萌芽，进入"第一反抗期"，说"不"是其自我意识萌芽的重要标志，表现出"爱顶嘴"、按照自己意愿行事等行为。父母要理解这一阶段儿童的心理发展特点，主动征询儿童的意见，尊重儿童的合理要求和物权意识，不轻易干涉或强迫分享；面对儿童的不合理要求，控制好自己的情绪，采取温和而坚定的态度和方式拒绝。

3. 过度开发智力，忽视情感需要和社会性发展

为了"不让儿童输在起跑线上"，部分父母将知识储备等同智力发展，过分注重单纯记忆和机械操作式学习，忽视儿童的情感需要和社会性发展。父母应提供丰富的环境和材料，关注儿童的心理需求，正确认识玩耍与游戏是儿童学习和建立自我认知的主要方式，鼓励及陪伴儿童观察、阅读、游戏，通过丰富的感官刺激促进其智力发展。建立良好的亲子关系，多陪伴、多倾听，关注儿童的情感需要；鼓励和支持儿童建立良好的同伴关系，分享愉悦情绪，正确处理同伴矛盾，合理宣泄负面情绪，学习初步的交往技能与规则，发展其社会性。

三、4—6岁儿童家庭教育指导

（一）4—6岁儿童的身心发展特点

4—6岁是儿童身心快速发展时期。儿童的身高、体重、大脑、神经、动作技能等方面获得长足的进步；大肌肉的发展已能保证儿童从事各种简单活动；这个阶段儿童的直觉行动思维已经相当熟练，并逐渐掌握具体形象思维；儿童词汇量迅速增长，基本掌握各种语法结构，可自由地与人交谈；儿童开始表现出一定兴趣、爱好、脾气等个性倾向，以及与同伴一起玩耍的倾向，并开始有初步的同伴合作。

（二）4—6岁儿童的家庭教育指导要点

1. 加强儿童营养保健和体育锻炼

父母应主动了解和学习关于儿童营养的新理念、新知识，注意科学搭配儿童饮食，做到营养均衡、种类多样、比例适当、饮食定量、调配得当，可根据儿童的个人特点，咨询营养师等专业人士的建议，为儿童准备与其消化能力相适应的膳食；同时，父母应经常带领儿童积极开展体育锻炼，节假日多带儿童参加户外活动，在自然环境中锻炼儿童的体质。

2. 培养儿童良好的生活和卫生习惯

父母应着力培养儿童健康有规律的生活和卫生习惯，定期带领儿童进行预防接种和健康检查。儿童的个人卫生习惯包括用眼卫生、饮食卫生、个人整洁等方面的要求。父母可以与儿童一起制定儿童的家庭生活作息制度，教导儿童保护视力，注意口腔卫生，勤换衣服勤洗澡。面对不良习惯和癖好时，父母首先要了解儿童的情绪感受、形成行为的过程，再根据具体情况，选择通过惩罚消除不良行为，还是通过奖励替代产生新的行为。对4—6岁的儿童而言，虽然可以同时运用惩罚和奖励，但奖励更重要，效果也更持久。

3. 抓好安全教育，减少儿童意外伤害

父母要增强安全意识，做好儿童的安全监护。主动学习掌握诸如食物中毒、烫伤、溺水、交通意外等突发事件的急救措施，尽可能消除居室和周边环境中的伤害性因素；任何情况下都应避免将儿童留在有安全隐患的场所；以良好的榜样影响、教育、启迪儿童，提升儿童的生命意识；将安全教育渗透在儿童的生活和学习中，提高儿童的自我保护意识；重视儿童的体能素质，增加儿童接受锻炼的机会，提高其自我保护能力，掌握简单的生存技能。

4. 培养儿童良好的人际交往能力

父母要关注儿童日常交往行为，对儿童的交往态度、行为和技巧及时提供帮助和辅导；注意培养儿童多方面的兴趣、爱好、特长，增强儿童交往的自信心；开展角色扮演等游戏，帮助儿童在家中练习社交技巧，积极为儿童创造与同伴交往的机会，引导和鼓励儿童多与社区里的其他儿童游戏、交往，培养儿童良好的社交技巧和乐于与人交往的习惯和品质。

5. 增强儿童社会适应性，培养儿童抗挫折能力

父母要以宽容和接纳的心态对待儿童的社交尝试，鼓励儿童展示自己。同时树立面对挫折的良好榜样；充分利用文学作品、影视作品等传播媒介，引导儿童学习面对挫折的方法；适时、适宜地在儿童成长过程中创设面对变化与应对挫折的生活情境与锻炼机会，让儿童在各种实践活动中体验生活、经历挫折；在儿童遇到困难时以鼓励、疏导的方式给儿童以必要的帮助、支持与抚慰。

6. 丰富儿童感性知识，激发儿童早期智能

父母可通过带领和引导儿童多参加户外活动，以及留心观察日常生活的事物及现象，以开阔儿童的眼界，丰富儿童的感性知识。根据儿童的个体差异，从其兴趣和接受能力出发，有针对性地鼓励儿童积极活动、主动参与、积累经验、发展潜能。父母要改变传统的灌输、说教方式，以开放互动的方式让儿童在玩中学、在操作中探索、在游戏中成长。

（三）常见问题及应对策略

1. 忽视传统游戏，儿童过早过多接触电子产品

越来越多的父母把电子产品作为儿童的玩具，让儿童长时间玩电子游戏，滥用电子媒体对儿童进行智力开发，这种"电

子保姆"严重影响儿童身心健康发展。父母在给儿童配备电子产品之前，应充分了解不同电子媒体使用的利与弊，正确选择和使用电子产品，引导儿童有选择地使用电视、手机、平板电脑、电话手表，并做好时间和内容上的管理。父母应多陪伴儿童，有确定的家庭亲子共度时光（无干扰的亲子共处时间），并在亲子共处时开展适宜的家庭游戏活动或亲子阅读活动；还可以充分利用社区资源，为儿童寻找玩耍的伙伴，创造儿童与同伴交往和游戏的机会。

2. 忽视全面启蒙，学习内容"小学化"

父母因为自身的焦虑，让儿童参加各种特长班或提前学习小学的各科内容，大大占用了儿童自由玩耍时间；用考试成绩评价学前儿童，让儿童产生厌恶和恐惧学习的情绪，忽视了儿童运动、认知、社会性、艺术审美等各方面协调发展。父母应认识到，进小学对儿童是个挑战，除了需要做好知识上的准备，还要做好身体健康、学习兴趣与习惯、心理与社会性适应等多方面的准备。父母要转变观念，在尊重儿童意愿的基础上，依据儿童的兴趣和年龄特点，综合考虑学习环境因素，理性选择有资质的、办学理念和方法都适宜儿童成长的兴趣班，来培养儿童的特长和坚持的品质。

3. 家庭成员缺乏教育一致性，亲子互动质量不高

家庭是学前儿童成长的重要环境，家庭成员的教育观念、态度、方法不一致，将会致使儿童无所适从，不利于建立常规。如果遇到问题和冲突，家庭成员可通过召开家庭会议进行沟通协商，并就出现的问题建立可行的家规，共同遵守执行。父亲和母亲都要端正教养态度，主动学习家教知识，多陪伴和关怀儿童，充分认识到父亲和母亲在儿童成长中的独特影响力。引导祖辈接受现在的科学育儿观，践行理性的家庭教育方法，科学教养儿童。父母需充分开发游戏资源，利用各种日常用品和活动作为游戏材料和资源，积极开展家庭亲子游戏，做儿童快乐的玩伴，给儿童高质量的陪伴，促进儿童个性和情感的良好发展。

四、7—12岁儿童家庭教育指导

（一）7—12岁儿童的身心发展特点

7—12岁的儿童处于"儿童中期"，这一时期的儿童既保留着前一年龄阶段特点的痕迹，又开始有了下一年龄阶段特点的萌芽。这一时期儿童的身体缓慢而稳步地发展，处于一种相对平缓状态；体重增加比身高增加显著；骨骼系统发育迅速，逐渐钙化，不易发生骨折，但容易发生变形；肌肉大小和力量都在逐渐增加，但肌肉纤维比较细，容易疲劳；心、肺重量和容量继续增长，循环和呼吸系统功能进一步完善；大脑和神经系统发育逐渐趋于成熟，随着大脑机能的完善，神经活动的兴奋和抑制过程得到增强，其中抑制功能发展相对更好，使得儿童能更细致地分析综合外界事物和调节控制自身行为，大脑皮层的成熟奠定了儿童记忆、思维等高级心理活动的基础。

7—12岁儿童处于从具体形象思维为主向抽象逻辑思维过

渡阶段；注意力由不集中、不稳定向集中、持久的方向发展；记忆特点由无意识记、机械识记、具体形象向有意识记、意义识记、词的抽象识记发展；感知能力还不够完善，观察事物往往比较笼统概括，容易忽视事物细节；情绪、情感从外露性向内倾性转化，内容不断丰富，深刻性不断增加，可控性、稳定性也逐渐增强，自我调节的策略更加多样和复杂，但总体调控能力相对较低；自尊与获得他人尊重的需要愈加强烈，道德感也初步发展起来；在人际关系发展方面，儿童与成人的关系从依赖走向自主，从对成人权威的完全信服到开始有批判性的怀疑和思考，对同伴交往的需求和重视渐渐超过了与父母交往的需要，对同伴的选择有自己的标准，同伴关系、同伴友谊在其心理发展中起着越来越重要的作用。

这个阶段的儿童从幼儿园进入到小学，学习成为他们的主导活动，这是儿童心理发展上的一个重大转折期，在这个转折时期，他们将会面临种种不适和挑战，这个时期更需要父母的鼓励、支持和帮助，恰当的教育方法能帮助儿童顺利度过这个时期。

（二）7—12岁儿童家庭教育指导要点
1. 价值观及生命教育

父母需要认识到人的价值是多元的，生命的面向也是多元的。鼓励父母把生命教育纳入生活实践之中，带领儿童认识自然界的生命现象，培养儿童热爱生命、呵护生命、珍惜生命的意识，引导儿童学会理解和接纳生活中遇到的问题，学会积极面对；抓住日常生活事件培养儿童的自我保护常识及基本的生命自救技能，告知儿童遇险时的正确求助方法。

2. 生活自理能力及健康教育

父母需要重视儿童的养成教育，避免代替儿童做他自己力所能及的事，造成儿童的依赖性。以激励教育为主，通过训练儿童自己整理内务，如整理床铺、叠被、换洗内衣和袜子等，或承担适量家务劳动，如摆放碗筷、扫地、择菜、擦桌等，培养儿童生活自理意识和自理能力，养成生活自理的习惯和规律的作息习惯；科学安排儿童的日常饮食，帮助儿童养成健康的饮食习惯和良好的卫生习惯；为儿童提供稳定且相对安静的学习环境，督促儿童坚持适量的体育锻炼，注意用眼健康并定期检查视力，积极配合卫生部门定期做好儿童健康监测与常见疾病的预防。

3. 感恩意识及报恩教育

父母需要理解感恩意识不仅仅是简单回报父母的养育之恩，它更是一种责任意识、自立意识、自尊意识和健全人格的体现，也是和谐社会的基本道德取向及家庭和谐的根基。父母需要通过言传身教引导儿童洞察父母养育、师长教诲、亲朋关爱、他人服务、大自然馈赠、祖国呵护的恩惠，感受爱的情感；同时，也需要为儿童提供和创造践行报恩行为的机会和条件，教导儿童为长辈、老师、他人做一些力所能及的事来表达自己的孝心、敬意和关心；通过带领儿童参加社会公益活动和成为公益活动志愿者等，引导儿童养成关爱和回报社会、尊重和保护大自然的公民意识。

4. 学习兴趣及学习习惯的培养

父母需要正确地认识学习与成长、成才的关系，学会从多个角度来评价、观察和接纳儿童；及时了解儿童的学习情况以及遇到的困难，积极主动与老师建立有效的沟通联系，为儿童提供学习方法的指导与帮助；在儿童取得成就时，及时鼓励，引导儿童体验学习带来的快乐和成就感，体会和思考努力与结果之间的关系；在儿童犯错时，引导儿童认识到错误是学习的机会，用理解、接纳、训练代替责骂，帮助孩子在错误中成长，多给予积极正向的暗示，培养儿童的学习兴趣。此外，为儿童创设安静的学习环境，设置专用的书桌和椅子，提供相对独立和安静的空间；教导儿童养成良好的学习习惯，学习时心无旁骛，做到"笔不停、头不抬，嘴巴不说话"；与儿童共同制定学习目标，正确对待儿童的学习成绩，教会儿童克服考试焦虑的方法与技巧；遇到严重的学习障碍、情绪与行为困扰时，懂得向专业的机构寻求咨询和帮助。

5. 社会性发展及同伴交往的教育

父母需要认识到自己的教养观念、教养方式和教养行为影响着儿童的社会性发展。父母可以通过对儿童提出合理的要求，对儿童的行为做出适当的限制，并结合榜样作用、强化与惩戒等，发展儿童的亲社会行为。让儿童参与家庭决策，耐心倾听儿童的观点，设立恰当的目标，并努力达成目标，为儿童提供交往的机会，扩展和提高社会交往技能和学习能力，从而增强儿童的自信。父母应重视同伴关系对儿童的重要影响，一方面为儿童创设寻找适宜玩伴的条件；另一方面要加强儿童自我监督意识，以便建立有利于儿童健康成长的环境；在同伴交往中，父母还应告知儿童何时可以或必须寻求父母的指导，避免儿童因为担心被同伴拒绝、排斥而卷入不良团伙。

6. 家庭劳动教育

父母需要认识到家庭劳动教育对这一阶段儿童身心发展的重要性。通过自我服务劳动、家务劳动以及公益劳动和简单生产劳动，能锻炼儿童吃苦耐劳、克服困难的坚强意志，培养儿童自立、自理、自强的独立生活能力和进取精神、积极主动的工作态度，更有利于儿童形成对家庭、集体、国家的义务感和责任心。指导家长用正确、合理的方法，帮助儿童树立热爱劳动、尊敬劳动者、珍惜劳动成果的劳动观和劳动态度，养成良好的劳动习惯。同时，要根据这一阶段儿童不同的年龄和能力，通过由易到难的训练，让儿童初步学会一些基本的劳动知识和技能。如培养洗头洗澡、洗衣服、收拾房间等基本自理能力；掌握洗刷餐具、做简单饭菜等家庭生活中的技能；学习使用常用炊具、家用电器等生活常用工具。

（三）常见问题及应对策略

1. 儿童缺乏时间管理意识，做事拖延

儿童缺乏时间观念，做事拖延（磨蹭），就不能按时完成学习任务，影响正常的生活作息。父母要正确对待儿童的拖延行为，了解儿童拖延背后的原因，理解和接纳，关注解决问题，与儿童共同制定学习和生活计划；可以通过"大事化小"（把一个大目标分解为多个小目标，逐级达标）的方式，根据儿童的实际情况，合理安排学习任务，帮助儿童掌握必要的学习和生活技能，学会自我管理时间。

2. 父母错误的学业态度，有碍儿童身心健康

父母用学习成绩作为评价儿童是否优秀的重要指标，过度关注儿童学业成绩。高强度、高难度学习任务占用儿童玩耍和休息时间，影响其身心健康。父母要认识到并接纳不同儿童的发展差异，学会通过寻找和赞许儿童的"闪光点"来鼓励和支持儿童自我发展的信心和潜能，并遵循儿童身心发展规律，保障儿童的玩耍时间和休息时间；督促儿童参加体育锻炼，培养儿童的学习习惯和兴趣爱好，双管齐下，劳逸结合，给予儿童成长的时间和空间。

3. 父母过度保护和控制，剥夺儿童成长的权利

父母认为儿童不够成熟，过度地控制和保护剥夺了儿童成长的权利，让儿童没有机会学会做选择、决定以及承担责任，更加依赖父母，难以成为一个脱离父母而独立的个体。父母需要理解和尊重儿童终将成长为一个独立自主个体的需求和必然趋势，放下焦虑，适当放权，给儿童做选择和决定的权利，允许儿童体验自己选择造成的后果，帮助儿童从错误中学习到新的品格和生活技能。尊重儿童独立自主的需求，以平等开放的态度邀请儿童共同制定相互尊重的约定和行动准则，用鼓励和肯定代替过度控制，用信任和支持代替过度保护。

4. 儿童情绪不稳定，容易被情绪困扰

由于儿童心理还不成熟，自我调节及自我控制的能力较差，情绪变化强烈而且不稳定，以感性反应为主，理性反应较少，加上生活和学习中各种事件、压力的冲击，有些儿童会出现发脾气、生闷气等情绪问题。父母要理解和接纳儿童的情绪，允许儿童适度地表达自己的情绪；事后父母需要引导儿童思考情绪背后的原因和需求，学会表达；通过在家庭中相对安全独立的区域设置"冷静空间"教导儿童学会合理宣泄情绪，协助儿童找到可接受的解决问题的方法，鼓励儿童把新的方法运用到现实生活中。同时，父母是儿童模仿的对象，正确示范怎样处理情绪，是父母教会儿童的一项重要生活技能。

5. 儿童不良的同伴关系，影响学习和生活

儿童在学习和生活中，受到同伴的排挤、主动回避与同伴交往、通过讨好和放弃自身利益的形式来保持别人与自己的关系等不良的同伴关系，对儿童社会价值的获得、社会能力的培养以及认知和人格的发展有着消极的影响。纠正儿童行为之前，父母要和儿童建立良好的亲子关系，进行有效沟通，找到问题的原因，有的放矢，帮助儿童掌握与人交往的技巧。例如给予和接受赞扬、拒绝别人无理要求、请求帮助、表达同情等等，通过示范、指导、演习、反馈进行训练，由易到难，循序渐进，并将学习到的社交技能运用在实际生活中。

6. 儿童遭受校园欺凌，不知道怎样求助

少数儿童会遭遇校园欺凌，从而导致不敢到学校上课，甚至会出现心理和身体上的问题。父母要认真对待恃强凌弱的行为，尽快确认儿童所说的经历是否属实，对儿童报以积极关注，正视儿童所需要的支持和帮助。确认欺凌属实后，父母要及时干预，一方面教会儿童要勇敢地向欺凌者说"不"，并学会遇到欺凌时怎样求助；另一方面父母要与学校、欺凌者父母进行沟通，邀请对方合作，共同解决欺凌问题，必要时可寻求心理或法律援助。

五、13—15岁儿童家庭教育指导

（一）13—15岁儿童的身心发展特点

13—15岁的儿童正处于告别幼稚、走向成熟的过渡时期，即青春期。青春期是继婴儿期后，人生第二个生长发育的高峰期，也是人生发展中具有重要意义的一个转折时期。由于体内促性腺的生理活性物质的调控，青春期儿童生理上表现出急剧的变化。体重和身高迅速增长，体型开始发生改变，机体内部功能逐渐完善，第二性征日益明显，性机能逐渐成熟。

在身体迅速发育的同时，青春期儿童心理上也表现出显著的变化。青春期儿童的感知觉能力进一步增强，能有意识地控制和调节自己的注意力，有意学习成为其学习的主要方式；抽象逻辑思维越来越占据主要地位，思维的独立性和批判性有了一定的发展，但仍旧呈现出一定的片面性，不够深刻和全面。此阶段儿童自我意识迅猛发展，开始对自我认同有更深入的探寻，有了成人感，想要独立，呈现出自我同一和自我同一混乱的矛盾；同时，由于内心世界逐渐变得丰富复杂，不再轻易将内心活动表现出来，情感不再完全外露，情绪起伏波动太容易躁动，常常难以自控，烦恼增多，甚至产生焦虑、抑郁或愤怒等消极情绪问题。此阶段儿童与父母相处的时间急速减少，与同龄人在一起的时间增多，逐渐形成关系甚密的小团体，同伴之间相互影响。总之，此阶段儿童的心理发展滞后于生理发展，表现出身心发展的不平衡性，再加上社会迅速发展变化，使得青春期的儿童成长呈现出多样性、复杂性。这更加突显此阶段教育的关键性和重要性，这一阶段既是困难危险的时期，也是教育成功的关键期，是儿童世界观、人生观形成的奠定期。

（二）13—15岁儿童的家庭教育指导要点

1. 理解青春期身心发展不平衡带来的矛盾心理

由于此阶段儿童身体发育迅速，体形外貌接近成人，内心有了成人感。身体里蕴藏着极大能量，而心理发展却滞后于身体发育，整个身心充满矛盾性，常常处于既想独立又有依赖、既闭锁又开放、既勇敢又怯懦、既高傲又自卑的心理状态。此阶段儿童情绪常常不够稳定、易激动、烦躁不安，同时又有着强烈的情绪自主要求，不希望受到父母过多的管控和约束；抽象思维能力迅速发展起来，辩证逻辑思维逐渐发展，同时，思维中仍带有片面性,有着儿童特有的自我中心思维特征,有着众多的"假想观念"和"独一无二"的盲目自信,时常感到孤独和彷徨,容易参与冒险性行动,对外界和自身常常以挑战者身份出现,但也容易产生怀疑和不信任感。

这一阶段,父母需要主动了解和学习儿童心理发展的特点,科学对待和正视儿童身心发展的变化,针对出现的问题对儿童进行及时有效的教导或引导。当自己在教育儿童中感到力不从心时,要有主动求助于专业人士(有资质的心理咨询师或辅导机构或教师)的意识,正确引导儿童接纳自己身体上的变化,让他们以积极的态度对待变化过程。父母的理解和正确对待有助于此阶段儿童顺利度过青春期。

2. 重视青春期自我意识发展,做好人生发展引导

青春期儿童自我意识的迅猛发展让他们产生独立自主意识,不再想完全依赖父母和长辈的庇护,不再单纯模仿和认同大人的行为。自我意识的增强,也让儿童想要进行各种不同的尝试和挑战,表现出不像过去那样乖巧听话,想要脱离父母的管控和约束,甚至呈现出各种"青春期逆反心理"。此阶段需要教育者引导儿童逐步将其价值观、能力目标、内心情感的需要等进行整合统一。

首先,父母要赞赏儿童的独立意识,尊重儿童的自主权,给予他们一定的成长空间,培养其责任感;父母自身要在生活和工作中表里如一地树立起健康良好的榜样和楷模形象;父母要加强与儿童的沟通,了解儿童内心的真实想法,有意识地培养儿童的社会交往能力。同时，以儿童所能理解和接受的方法，理性地向儿童输入真、善、美以及生命的意义等价值观和人生理念，让他们懂得生命和死亡的意义，懂得死亡带给亲人的痛苦，使得他们珍爱生命，尊师孝亲，树立正确的人生观和世界观；建立合理的生活秩序，学会承担责任，做到生活节奏合理，有张有弛；保持乐观向上的情绪，培养坚毅顽强的意志，为未来职业的选择做好准备，更为他们日后走上社会独立生活适应环境打下基础。

3. 重视家庭环境和氛围建设，关注儿童人格的健全发展

父母和孩子之间建立温馨的、稳定的、充满爱意的、专注的亲子关系，以及建立和谐的家庭环境和氛围，并给予科学的家庭教养模式，这对于儿童的成人成才至关重要。家庭教育中要将儿童的人格健全发展放在首位，正确引导儿童学业发展，避免过分关注学业，给儿童带来压力。强调儿童健全人格培养，引导儿童进行积极的自我评价，获得自尊感；加强对儿童个体社会化的引导，形成良好的人际信任，培养乐观自信的性格；引导和监督儿童正确应用网络，教会儿童善用网络，避免沉迷网络迷恋游戏；引导儿童正确对待挫折，根据他们自身的优势建立适当的抱负目标，进行人格的自我教育。

4. 科学地传播性知识和性观念，做好青春期儿童性教育

从女孩出现月经初潮和男孩的首次遗精开始，青春期儿童性意识进一步发展，开始出现对性的好奇，产生性冲动，并伴随性不安；他们对了解性知识的渴望日益强烈，他们会对性

进行有意识地探寻。初中阶段正是青春期儿童对自身和异性身心变化最为感兴趣的阶段。如果不能对青春期儿童的性知识和性观念进行科学的指导，他们就有可能因为青春期的懵懂和冲动而陷入一些误区，或做出危险的行动。在每个家庭里，父母长辈要有科学客观的性教育态度，有责任和义务帮助此阶段儿童完成性别认同。父母不仅要对孩子从小分阶段适时适当进行科学健康的性知识传递，更要做好青春期儿童的性教育准备。父母要避免过度保守，不回避与儿童正式交谈有关性方面的知识和话题，并有针对性地区别对待不同性别的男孩和女孩，进行适时适当的教育。如：通过正确引导，避免女孩由于乳房发育而不敢挺胸，对月经来临感到紧张不安；关注男孩在出现性冲动、遗精以及手淫后的追悔自责等负性情绪体验。

（三）常见问题及应对策略

1. 青春期叛逆，亲子关系紧张

进入青春期，儿童可能出现过度关注自我和排斥他人意见、对父母不信任等叛逆行为。父母要正确对待这一时期儿童的叛逆行为。首先，需要认识到青春期叛逆是儿童从童年向成年过渡的正常现象，几乎所有的儿童或多或少、或强或弱都会表现出青春期叛逆。其次，从儿童心理发展的角度来看，青春期叛逆也是儿童对独立自主的向往和渴求的一种隐晦的表达方式。他们希望自己的意见被重视，自己的感受被尊重和理解，希望有平等参与讨论和决策的权利，希望被像成人一样对待……面对儿童的叛逆，父母要理性控制自身情绪，经常自我反省，营造互相尊重、民主平等的家庭氛围。再次，父母要尊重青春期儿童独处的情感需要，给予足够的宽容和个人空间。面对儿童的青春期逆反，父母要给儿童提供合理的宣泄途径，避免激化亲子矛盾；采用有重点、讲技巧的多元化沟通方式，关心儿童的学习生活与成长烦恼；培育共同话题，减少代沟，与儿童共同成长。

2. 出现厌学情绪，容易沉迷网络

儿童在青春期容易出现对待学业态度消极，或出现迟到、逃课等现象；或沉迷网络游戏，易受到网络暴力等负面文化的影响。父母要采用理性方式与儿童沟通，倾听儿童心声，建立合理期望；还要与老师探究厌学原因，寻求专业帮助，缓解儿童厌学情绪，帮助儿童建立学习自信。父母还要利用家校配合，普及网络安全法律常识，与儿童共同协商网络使用规则，引导儿童明确上网用途，合理安排上网时间（不影响学习、锻炼和休息），加强网络自我防范和保护意识。父母要让儿童感受到家庭温暖，避免儿童通过网络获得畸形情感补偿；丰富儿童课余爱好，以此获得成功乐趣。

3. 容易意气用事，滋生校园暴力

此阶段儿童情绪不够稳定，做事缺乏理性，盲目崇拜偶像；容易产生言语羞辱、欺负弱小，甚至打架斗殴等校园暴力问题。学校、家庭、社区要联动，培养儿童的法治意识和安全意识，构建平安健康的成长环境。父母言传身教，采用理性平和的方式解决冲突；了解儿童的日常表现与交友情况，帮助儿童正确应对校园暴力，掌握自助与施助的有效方法，维护合法权益。

4. 出现不合时宜的"恋爱"

青春期是儿童人际交往学习的敏感期。儿童在与异性和同性交往中，容易对某个特定异性产生喜欢和爱慕之情，容易对同伴产生胜过友谊的好感，这都是非常自然和正常的现象。面对青春期儿童的正常情感需求，父母要教会儿童表达自己的情感和愿望，学会理解别人的情感和愿望，学会尊重和拒绝，正确处理冲突和矛盾，不要做出伤害自己和他人的决定。同时，父母要加强儿童的性道德观念教育，注意控制家庭的不良性刺激，给青春期的儿童提供生理、心理健康的相关书籍，指导儿童远离淫秽色情网站、书刊、杂志、电影等。

六、16—18岁儿童家庭教育指导

（一）16—18岁儿童的身心发展特点

16—18岁青少年经过青春期的迅速发育后进入相对稳定的时期，即青年初期。这一时期的儿童，身心发展已经进入到一个崭新的阶段。其身体生长主要表现在体格变化、器官成熟与机能发育、性生理成熟等方面，感知能力、心肺功能、体力和速度、免疫力等都达到最佳状态，疾病发生率显著降低，进入身体健康的顶峰时期。

16—18岁青少年心理发展接近成人水平。表现在注意力水平明显提升,能较长时间地注意与自己兴趣有关的事物,对事物能进行目的性、系统性、全面性地观察;完成了从具体形象思维到抽象逻辑思维的过渡,开始能够较为理智地思考问题,能独立地判断是非善恶,不轻信别人的结论,爱评论和争论,希望独立地解决问题,但往往会以偏概全,比较偏激。在情绪方面,经常表现出充满激情,同时又容易因感情用事而不计后果,也容易因在各方面连续遭遇挫折而陷入焦虑和抑郁;在交往方面,他们特别重视自己在集体中的地位,交友比较理智,往往容易选择兴趣、性格、理想、信念比较接近的同龄人成为知心朋友,友谊存留时间比较长,并能够使用一定的道德准则去评价自己和他人的行为;在意识层面,他们能把自己的行动和未来的发展及社会的需要联系起来,开始对自我的人生发展进行积极主动的规划和探索,他人对其自我意识的影响渐渐淡化,自我决策的能力显著提升;在情感方面,由于性激素的分泌,使他们产生了性冲动,明显地打破了原有的心理平衡,对性的体验较为敏感、丰富,他们开始更加注重自己的体貌特征,爱照镜子,爱打扮,总希望自己的外貌漂亮得体,能吸引异性。

值得注意的是,16—18岁的青少年仍处于从稚嫩的儿童期向成熟的青年期过渡时期,生理发展迅速,而心理发展却相对落后,使得他们在生理与心理、心理与社会关系的发展上表现出不同步性和不平衡性。此时的他们虽然极其向往独立自主和丰富的社交,但往往表现得不够理智、易冲动,也较为敏感、脆弱，有时会因为同伴的一个表情、一句话而影响学习。女生由于比较敏感，因此她们在情感方面比男生更脆弱。

（二）16—18岁儿童的家庭教育指导要点

1. 引导儿童树立积极心态，尽快适应学校新生活

家长需要有意识地与这一时期的青少年探讨有关人生、理想等三观问题，引导他们树立积极的人生态度；经常与他们沟通交流，及时了解和掌握儿童的学习情况、思想动态；主动与学校联系，了解他们可能遇到的适应问题并及时提供方法（解决办法）和情感上的支持。

2. 积极引导儿童与异性正确交往

家长需要根据该年龄阶段儿童身心发育和个性特点，引导儿童积极开展社交活动和正常的异性交往；利用日常生活的相关事件，适时适当适度地开展性健康指导；对有"早恋"行为的儿童，家长应有意识地提供经验参考，帮助他们提高应对问题时的实际处理能力，切忌"越俎代庖"、粗暴武断。

3. 培养儿童责任意识和合作精神

设立家庭会议，定期或不定期地针对家庭中需要协商的事宜或亟待解决的问题召开家庭会议，与儿童一起平等、开放地协商、讨论解决办法或制定规则。明确家庭成员必须共同分担家庭事务；鼓励儿童在集体生活中锻炼自己，让儿童品尝与人合作的快乐；鼓励儿童积极参与社会实践活动，在活动中学会乐于与人相处、勇于承担责任。

4. 培养儿童做一个知法、守法的好公民

家长需要自觉加强法律知识学习，掌握家庭法制教育的内容和方法，努力提高自身法制意识；有意识地向儿童普及基本法制常识；注意以身作则，自觉遵守法律，为儿童树立榜样；当儿童的合法权益受到侵害时，及时介入并切实维护儿童安全与合法权益，必要时可寻求心理或法律援助。

5. 指导儿童树立理想信念，规划未来

家长需要有意识地引导儿童从小树立社会责任感，树立国家意识；通过参观、体验、游学等形式使儿童主动进行生涯探索，并在尊重和鼓励的前提下与儿童共同协商规划未来；从儿童实际出发，不断调整自身期望；引导儿童学会将理想与现实的奋斗相结合。

6. 引导儿童树立自信心，以平常心对待升学

家长在迎考期间需要保持正常、有序的家庭生活，合理安排生活作息，营造轻松、和谐、有序的家庭氛围，保证儿童劳逸结合，身心愉快；引导儿童理性分析，保持适度期待；鼓励儿童树立自信心，以平常心面对考试；为儿童升学择业提供参考意见，并尊重儿童对自身的未来规划与发展意愿。

7. 培育儿童树立劳动意识，体验劳动乐趣

劳动是实现人的健全发展的重要途径。党的十九大也指出，要培养德智体美劳全面发展的社会主义建设者和接班人。因此，家长在子女教育过程中，应对孩子进行力所能及的劳动教育，这既可以促进身体健康、增强体质，还可以培养孩子的

独立性、促进智力发育形成良好的个性品质。

（三）常见问题及应对策略

1. 负面网络文化影响，不良社群干扰

高中阶段儿童自控力不强，部分儿童易受到网络游戏、网络暴力等不良网络文化影响，盲目模仿抽烟、酗酒、盗窃、打架斗殴、吸毒等不良行为。学校、家庭、社会要共建文明、健康的社会环境，支持儿童参加有益的社会实践活动，丰富儿童课余生活。此外，父母要以身作则，引导儿童了解负面网络文化的危害，与儿童协商上网规则并相互监督，增强儿童自我防范意识和自我保护能力。帮助儿童树立正确是非观，观察儿童的表现，如发现异常及时干预；培养儿童自觉抵御负面网络文化侵蚀的能力。

2. 焦虑情绪倾向明显，社会适应不良

高中阶段儿童因学业压力过大，易出现注意力不集中、浮躁、悲伤、无助等负面情绪倾向，严重影响正常学习和社会生活。父母要树立合理的学习要求，加强亲子交流，关注儿童的情感需要和社会性发展，注重能力的协调发展。父母、教师、儿童共同协商学业规划，诊断学习问题并及时干预，引导儿童形成个性化的学习风格。父母通过寻求专业指导，掌握、辨识、干预儿童异常情绪和行为的有效策略，缓解儿童的焦虑情绪，提高儿童的自我认知能力，引导儿童主动适应社会。

3. 自卑心态时有发生，思想容易极端

自卑心是一种因过多地自我否定而产生自惭形秽的情绪体验。高中生是自卑感多发期，这种心理使他们常常不敢交际、害怕失败、多愁善感、瞻前顾后。父母、教师要与儿童加强沟通疏导，使其明白所有的担心都是多余的，只要拿出勇气正确地面对，积极地尝试；很多事实证明了，多一次尝试，就多一次转机。消除自卑的方法是建立自信，父母和教师要帮助儿童设立适度的奋斗目标做自己能达到的事情，不断地给自己肯定，学会正确地对自己做出评价。

4. 容易发生过早恋情，陷入恋爱误区

处于高中阶段的儿童往往并没有成熟的观念来考虑恋爱的问题，在异性交往的过程中容易出现过早恋爱现象，这种恋爱有可能是双方自发的恋爱，也可能是单相思。父母、老师发现这个问题时切不可不分青红皂白地训斥、打骂，要能正确认识到由性生理成熟引发的性意识觉醒提前的趋势。帮助他们正确地对待，给他们指出方法，提供多种健康的活动，使他们能处理好异性交往问题。

5. 没有劳动习惯，缺乏劳动意识

今天的孩子普遍缺乏劳动意识和劳动能力，甚至不爱劳动，歧视劳动者。这种现象发生在孩子身上，究其问题却在成年人身上，特别是父母，忽略了对孩子正确劳动观念和习惯的培养。家长要从小培养孩子爱劳动，使孩子养成爱劳动的好习惯，懂得幸福生活要靠劳动；尊重劳动人民，懂得珍惜别人的劳动成果，爱惜公共财物；培养好的思想品德，养成勤俭朴实的习惯，热爱集体、尊重他人、吃苦耐劳，在劳动中体会创造的成功与快乐。

第三部分

特殊儿童的家庭教育指导

第三部分 特殊儿童的家庭教育指导

一、心理和行为障碍儿童的家庭教育指导

（一）心理和行为障碍儿童的特点

心理和行为障碍儿童会持续性的表现外向性的攻击、反抗、冲动、过动等行为，以及内向性的退缩、畏惧、焦虑、忧郁等行为，或其他精神疾病等问题，以至于儿童在生活、学业、人际关系等方面存在显著困难，需向其提供特殊教育与相关服务。

1. 心理特点

心理和行为障碍儿童的智力正常，但思维灵活性较差，不能灵活地做出选择和判断；容易出现自我认知偏差，不能完全正确看待自己的优缺点，自我评价不恰当；情绪控制能力较差，情绪波动大；对外界刺激的觉知不灵敏，对外界光线或声音的刺激反应迟缓，或做出过激反应；注意力涣散，记忆力差，难以对某一事物集中精力或形成浓厚的兴趣；常出现焦虑、过分害羞、恐惧等心理。

2. 行为特点

这类儿童喜欢单独行动，不喜欢与他人交往。大多数心理和行为障碍儿童的同伴关系较差，不受同伴欢迎。在安全环境中会对熟悉的人喋喋不休，在非安全环境总会沉默寡言、判若两人，且表达能力较差，给人以"胡言乱语"的感觉，常会用很低沉或很尖锐刺耳的语调讲话；生活自理能力较差，无法正确地表达自身的需求。在饮食和睡眠上无规律，卫生习惯不好，对自身的异常表现觉知迟钝；经常发脾气，喜怒无常，在

一些情境中做出不适宜的行为表现，如自残、攻击或破坏等；有时会表现出对事物的漠不关心，常会不自觉地做出一些重复性动作，如挠头发、扯衣角、摆动身体、耸肩、咬指甲等。这类儿童经常会出现一些反抗行为，如打架、大叫、不顺从、哭泣、破坏、粗暴等。部分心理和行为障碍儿童还会表现出进攻或退缩行为。表现出退缩行为的儿童，通常比较幼稚，孤立自己，喜欢做白日梦，而不喜欢与同伴接触和玩乐。他们当中情况比较严重的儿童会退行到先前的发展阶段，极度幼稚或生活完全不能自理，甚至产生自杀的念头。大多数情绪和行为障碍的儿童缺乏对事物的普遍兴趣，注意力涣散，昏昏欲睡。心理和行为障碍儿童并非具有以上所有特征，一般满足一种或兼有两种以上特征。

（二）心理和行为障碍儿童的家庭教育指导要点

1. 改善环境

家庭环境是儿童接触的第一环境，家庭的氛围和家庭关系的和谐程度直接影响到儿童的身心健康。大多数心理和行为障碍儿童存在家庭环境不良的问题，如父母亲或监护人自身情商较低、夫妻关系不和谐、家庭矛盾尖锐、代际间的教育理念差异导致矛盾突出等，这些都会对儿童的心理健康造成极大的负面影响。如果父母双方的教养方式都非常严厉，则儿童容易形成怯懦、胆小的性格，在情绪反应上容易压抑或掩饰自己的真实情绪，或激起儿童和父母类似的情绪反应，久而久之形成大声嚷嚷，用粗暴的情绪反应解决问题。和谐温馨，夫妻和睦、相亲相爱的家庭更能给儿童带来更多的安全感和归属感，减少心理和行为障碍儿童的不良表现。

2. 正确引导和教育

正确的引导和教育是以良好的家庭氛围作基础的，对儿童实施正确的引导和教育，首先要了解儿童在不同阶段的身心特点，进而实施有效、科学的家庭教育。不要随意地去评价和定性儿童的品行和道德品质，对儿童做出的不合时宜的行为，不随意动辄粗暴的言语责骂或拳脚相加。多用"晓之以理，动之以情"的方式平等地与儿童进行交流，让儿童主动打开心扉，倾诉自己的心声，发泄不良情绪，同时父母给予正确引导。

3. 矫正不良心理和行为

父母首先要对自身的情绪和行为表现有自我觉察和正确的判断，并对自身的不良情绪和行为表现进行纠正，才能更好地帮助儿童矫正不良的心理和行为。通常心理和行为障碍儿童的心理和行为表现与普通儿童有很大区别，父母较为容易察觉。察觉后不能忽视或随意处理，应该送到妇幼保健院、专科医院、精神卫生中心等正规医院进行诊断治疗、必要时父母需要接受心理治疗师相应的指导，以便更好地配合心理治疗师对儿童进行治疗。

（三）常见问题及应对策略

1. 不正视儿童出现的问题

当儿童出现心理和行为障碍时，很多父母却不能正视这些问题，认为儿童小、不懂事，长大点就会好。父母要多观察儿童的表现，了解有关儿童心理发展的相关知识，从而判断儿童的发展情况是否异常，不能简单根据自己的主观判断去看待儿童存在的问题。

2. 不及时去检查或治疗

当发现儿童有心理和行为障碍时，很多父母由于各种原因，如抱着"家丑不愿外扬"的心理，或侥幸觉得长大后问题会消失，不愿带儿童到正规医院进行检查，这将会延误儿童的治疗时机。所以，当父母发现儿童可能有心理和行为障碍时，父母应带儿童到正规医院或有资质的鉴定中心进行鉴定或诊治，应遵医嘱，接受心理治疗，并配合医生的治疗方案对儿童进行心理和行为矫正。

3. 拒绝采用药物进行辅助治疗

当医生建议儿童目前的情况需要药物的辅助治疗时，很多父母总是习惯性地持反对态度。对此，父母应该以医嘱为重，不要执意反对。如果心中存疑，应先积极了解药物治疗的原理、益处及缺点，仔细衡量之后再做决定，而不是一味对药物治疗带有抵触情绪。部分心理和行为障碍儿童可以通过药物进行有效的控制，为心理治疗与教育干预打下良好的基础。例如，对于患有严重焦虑、抑郁、恐怖或者强迫症状的儿童，可使用适当的药物进行治疗，且由专业医生施行。

4. 儿童出现情绪暴躁或不良行为

儿童出现情绪暴躁或不良行为特征时，父母往往需要给予他更多的积极关注和耐心。研究表明儿童的消极行为特征与父母的教养方式呈正相关，即父母对儿童负面情绪的反应是负面或极端的，儿童很可能会表现出隐忍或压抑真实情绪的做法或对抗的情绪反应。因此，父母在遇到儿童出现消极行为或负面情绪时，可以先认真倾听，在倾听的过程中给予适当的反馈，使得儿童的情绪得到合理的宣泄；从认知层面了解儿童产生情绪和不良行为的原因，应找准原因并经过充分地考虑后进行反馈和正确的教育。

5. 儿童出现注意力涣散、对事物漠不关心

儿童出现注意力涣散、对事物漠不关心或很难提起兴趣时，父母不能采取"硬来"的方式，用言语威胁逼迫或粗暴打骂去逼迫儿童培养某种兴趣，而应该给予儿童宽容的心理环境，同时配合耐心的言语解释或行为示范，鼓励儿童去尝试、去体会，激发儿童对事物或事件的兴趣，或将注意力集中到当前的活动中去。除此之外，还可以采取一定的奖励机制激励儿童，再配合相应的行为训练使之得以保持。

6. 儿童出现不合群或不愿意与同伴交流玩耍

儿童出现不合群或不愿意与同伴交流玩耍时，父母应该多鼓励、多劝说儿童与小伙伴多接触，而不是取而代之自己陪儿童玩。同伴关系的发展是儿童社会化的重要环节，亲子关系

并不能代替同伴关系，父母应该多鼓励儿童大胆和其他同伴交流，参与到同伴活动中去。如果儿童年龄较小，父母更不应该任其发展，可以亲自带着儿童和同伴们一同玩乐，待儿童不再产生恐惧或退缩后方可退出同伴活动。

二、视力障碍儿童的家庭教育指导

（一）视力障碍儿童的身心发展特点

视觉是人类最重要的感觉，绝大部分的外部信息通过视觉获得。视力障碍儿童无法完全或不能通过视力去获取外界信息，这必然会对他们的身心发展带来一定的影响。视力障碍是先天或后天各种原因造成的，由于双眼视力有不同程度的缺失，视力障碍儿童的视觉功能与一般人不一样，这些障碍会对他们的生活、学习以及参与社会带来一定的影响，具体表现出以下的特点。

1. 身体姿态异于一般人

视力障碍者有的眼球震颤，有的视野狭窄，有的眼睛容易疲倦和流泪，他们对颜色相近的物品分不清。有些视力严重障碍者会产生摇头晃脑、原地转圈、揉眼睛、甩手腕等异常行为，这是视力障碍儿童的特殊动作和行为习惯，也就是俗称的"盲相或盲态"。这是由于缺乏视觉刺激，个体只能在自身的范围内寻求刺激的行为与动机的表现。在视力障碍个体中，驼背、耸肩比较普遍，看书、思考时喜欢趴在桌子上，还有些视力障碍者的两肩不在一条直线上，出现前后肩、走路拖地、两手在前面试探等特殊行为。造成这些现象的原因有：一是身边人对他们没有身体姿势的要求；二是因视力障碍以致不能模仿他人正确的姿势和动作；三是因胆小对周围事物存有不安全感，为缓解紧张情绪而产生一些异常的行为。

2. 触觉、听觉优于一般人

长期的"以手代目""以耳代目"，使得视力障碍儿童的触觉和听觉功能得到锻炼。他们的触觉灵敏，能利用触觉充分感知周围的事物以及分辨物体；他们的听力敏锐，听行为专注，听注意力集中，听觉功能比一般人强，在音乐学习方面有优势，这是缺陷补偿后的重要表现。

3. 情绪出现困扰

视力障碍儿童在生理、社交、安全等方面与一般人一样有着多层次、多样化的需要。但视觉障碍阻隔了他们与社会的交流，给儿童们的健康成长带来不少的影响，他们要想成功必须付出比一般人更多的努力。视力障碍会给儿童带来许多生活与学习的不便，但这并不是造成他们情绪困扰的唯一因素，父母的养育方式，老师的态度，社会、同伴的评价等都是视力障碍儿童认识自我的重要因素，这些都可能会给他们的情绪发展带来影响，如使儿童缺乏安全感、产生依赖性与被动性、自卑与胆小等。

4. 以自我为中心

视力障碍限制了个体的生活空间和范围，也阻隔了他们和社会的交往。缺乏生活和社会经验，容易形成以自我为中心的倾向，在与同伴交往中表现出不愿与他人合作、不愿受他人的约束、做事从自身的利益考虑等。但这并非视力障碍者固有的心理特征，是可以通过教育改变的。

（二）视力障碍儿童的家庭教育指导要点

1. 转变观念

视力障碍是社会多样化的一种体现，要以一种包容的心态去接纳视力障碍儿童，既不过分关注儿童的残疾，也不放任不管。要给儿童早期学习成长的机会，不越俎代庖，相信经过有效的培养，儿童一样可以成为有用之才。家庭中出现这样的儿童后家长要积极主动的向医院、残联等有关部门寻求支持和帮助，对儿童进行评估和诊断，获取必备的康复器具。

2. 创造适合的家庭环境

家长应为低视力儿童提供良好的照明，强化颜色对比和突出提示。如突出门与墙壁、家具与地板、物品与对比色中背景的反差，在开关周围加上彩条，加大餐具、洗漱用具等的颜色对比，在楼梯的起步和止步配备红色或黄色的提示等。如果儿童是严重视力障碍者，家里的桌子等有尖角的地方要换成圆角；固定物品摆放的位置，便于儿童寻找。

3. 培养儿童的人际交往沟通能力

父母要对儿童多抚触，通过抚触刺激他们的身体，达到与儿童建立亲密亲子关系的目的。尽管他们看不见或无法与人进行有效的眼神交流，或许辨别不了父母的面孔和表情，但仍然需要父母与他们面对面的交流和更多的交谈，通过这种交流和交谈帮助儿童建立安全感，发展他们的语言，提高与人沟通交往的能力。

4. 训练听觉和触觉

视力障碍者获取外界信息的主要感知觉是听觉和触觉，它们对视觉损失严重的儿童来说非常重要。家长要用好儿童的双手和双耳，发挥其功能，如运用乐高玩具、插嵌拼接的玩具、橡皮泥等训练儿童的触觉能力和造型能力；播放儿歌、各种器乐演奏的乐曲等训练儿童的听力，培养其听觉功能。

5. 加强日常生活自理能力及定向行走能力的训练

家长应指导儿童正确认识自己的身体各个部位，了解其作用；教给儿童使用筷子和汤匙的方法；学习使用马桶和蹲便器；辨别衣服的正反面和前后，学习搭配服饰；学会扣纽扣、系鞋带，教给扎头发的方法；学习收纳衣服、鞋袜等。教会严重视觉障碍者辨别空间方向，培养其定向行走能力和使用盲杖；能到超市购物，为自己选购生活物品；熟悉银行取款和存钱流程；学会根据出席场合穿衣搭配，掌握必要的社交礼仪。

6. 培养积极参加活动的意识和能力

带领儿童走出家庭，走向户外，鼓励儿童参加各种活动，比如爬山、游泳、骑自行车、跳绳、跑步等。在户外要向视觉障碍儿童介绍周围的情况，引导儿童运用好残余视力观察、了解、亲近大自然。

（三）常见问题及应对策略

1. 忽视视障儿童社会适应能力的训练

视力障碍的儿童在人际交往中普遍比较被动，他们对周围的人和事物的好奇心不强，不会主动与他人进行沟通和交流，表现出对身边事物漠不关心。在课堂上或生活中与他人交流多是问答式，不多说话。有的学生有交流的意愿但却没有交流的勇气和方式。

父母应引导儿童正确看待自身的残障情况，培养儿童在人际交往中以平等视角去看待他人，做到不卑不亢。不能将儿童禁锢在家中不见陌生人，要多带儿童走进社会与人接触。把儿童看作独立的生命个体，做到尊重包容、不干涉，给他们选择的权利。营造轻松和谐的家庭氛围，家庭成员做到坦诚相待。交流时语言要简洁明了、指向清晰，将要表达的内容准确传递给视障儿童。将学前儿童送到普通幼儿园开展融合教育，让他们从小与普通儿童接触，培养他们的自信心，帮助儿童学习与他人交往的技巧和方式。

2. 不重视儿童集体生活能力的训练

低年级的儿童入校后有的不能独自如厕；不能用筷子吃饭；不能有序收藏服装；着装混乱，不能根据季节变化增减衣物；鞋袜穿反等。

对于以上现象，父母应在儿童入学前有意识地训练儿童的生活技能，如独自如厕、用筷子独立吃饭、学习收纳衣物和分类摆放鞋袜，教给儿童辨别鞋袜、衣服的正反以及着装顺序等。

3. 没有给儿童创设适合的生活环境

多数父母认为儿童看不见或视力不好，不需要在家庭环境中特别为他们创设适合的环境，家庭普遍缺乏无障碍设施，不重视儿童视力作用的发挥和视觉功能的训练。

实际上，哪怕儿童只有光感，都要鼓励他们积极用眼，充分发挥视力的作用。在家庭中要注意地板与墙壁、家具、门、楼梯等颜色的对比；用色彩鲜艳的彩条给电灯开关包边；用不同的颜色区别各类遥控器；收纳好具有危险性的电器并明确告知危险因素，避免儿童触摸发生危险；家具的尖锐边角作包边处理。

4. 与学校老师的联系不够主动

这种情况分两类，一类是儿童在特殊教育学校就读，许多视障住校生一个月才能回一次家，有些偏远地区的学生只能一个学期回家一次。父母把儿童送到学校后不会主动和教师联系，甚至有些父母不愿接教师的电话；另一类是儿童在普校随班就读，部分父母不愿给儿童办残疾证，不愿给儿童贴上一个标签，甚至有些父母向学校隐瞒学生的残障情况。

对特殊教育学校儿童的父母而言，要正确认识到儿童的教育需要家校的配合，孩子的健康成长需要父母的陪伴，最好每星期接他们回家一次，尽可能在孩子的成长过程中给予更多的支持。对那些不在孩子身边的父母来说，要经常主动和班主任老师联系，了解儿童在校的情况，让他们感受到父母对自己成长的关注。对随班就读儿童的父母而言，要正视儿童的残障情况，及时办理孩子的残疾证等证件。要主动将儿童的情况告知学校和老师，让班上的同学也知晓，这有利于构建满足学生学习的融洽教学环境，也有利于学生的健康成长。

三、听力障碍儿童的家庭教育指导

（一）听力障碍儿童的身心特点

听力障碍儿童的身心特点与健全儿童基本一致，在此基础上听力障碍的影响又导致他们独有一些身心发展特点。由于听力缺失带来的语言交流障碍可能导致儿童出现一系列心理问题，儿童容易形成胆小、自卑、易怒、暴躁、离群等不良心理以及情绪。由于听力的缺失，儿童更依赖视觉获取信息，因此听障儿童逻辑思维、抽象思维发展较缓慢，认识世界模式较直观。

（二）家庭教育指导内容要点

1. 正确评估儿童听力水平，寻求相关部门指导帮助

新生儿出生后3天就应当在分娩医院或其他有条件的医疗保健机构进行新生儿听力筛查，初筛不通过者应按医生要求进行复筛。复筛不通过，或者筛查"通过"但成长过程中发现儿童存在听力障碍问题，应到省市级综合医院或专科医院进行诊治。明确诊断有听力障碍的儿童，应寻求当地残联、特殊教育学校、特殊教育培训机构的帮助，制定符合听障儿童的培养

计划。符合条件的积极申请国家相关人工耳蜗植入、助听器验配补助。

2. 多渠道学习听障儿童相关知识，树立正确残障观

父母可以通过网络、书籍学习相关听力障碍知识、手语技能、家庭语训方法。积极正确面对儿童残障，不回避问题，与家庭成员沟通达成一致培养计划，为儿童营造一个积极向上的家庭氛围。

3. 在日常生活中培养听障儿童的交往意识

在家庭日常交往中，选择合适儿童发展的语言（口语、手语、混合）与儿童进行互动，从生活中的物品开始，对儿童进行听力、语言训练。不要因为儿童的听力障碍减少对其语言交往的要求，用肢体的指点取代日常的生活交流。如：儿童要喝水，儿童用手指父母就帮助其完成这个过程，这样就人为地减少了听障儿童使用语言交流的几率；而要让儿童使用语言说明自己的要求，父母再进行满足。

4. 关注听障儿童心理发展

在家庭生活中，父母对儿童要求应宽严并济，而不因为儿童的身体障碍，过分溺爱或过分忽略儿童。在儿童的社会交往中，父母要陪同、引导儿童积极大胆地参与社会活动和交往；必要时父母应与相关人员（同伴、老师、其他父母等等）进行沟通，说明儿童情况，寻求相关人员的理解和支持，为儿童营造一个良好的社会交往氛围。

5. 重视听障儿童文字阅读兴趣及能力的培养

听障人士与主流社会沟通的主要方式是书面语，因此从小培养儿童阅读的兴趣以及能力。这对今后儿童书面语的学习、各学科知识的积累以及获得社会交往能力、现代化信息技术的运用能力有很大帮助。父母应重视培养儿童的阅读兴趣，多带儿童接触书籍、文字。父母陪伴阅读，利用图片、视频、演示等方式帮助儿童理解文字内容。除了书本阅读外，父母还应重视指导儿童进行电视中的字幕阅读、手机中的相关软件文字阅读、社会生活中随处可见的招牌文字阅读，等等。

6. 选择适合儿童的教育机构入学

父母应根据儿童的听力损失、听力补偿情况为儿童选择普通教育机构或特殊教育机构进行教育，积极参与儿童的校园生活学习，主动了解儿童在教育机构中学习以及心理发展的情况。如果儿童无法适应普通教育机构的教学，要及时调整到特殊教育机构中，以免耽误儿童知识积累、语言发展，避免一系列心理问题的产生。

7. 注重培养儿童交往礼仪

由于听力的缺失，听障儿童在社会交往中一些礼仪会缺失，如敲门时会很大声、打招呼时用很大的力气去拍打对方、手机发信息时直呼对方姓名等。父母在平时生活中应提醒儿童注意基本礼仪，并做好示范，帮助儿童掌握好尺度，久而久之形成良好的礼仪习惯。

（三）常见问题及应对策略

1. 无法树立正确残障观

因为种种原因，有的父母无法直面儿童的听力障碍，在0—6岁期间将儿童的残障情况"藏着掖着"或盲目带儿童四处寻就医，希望治愈耳聋，导致儿童无法得到早发现、早干预。这样的父母要克服自己的心理障碍，争取其他家庭成员的理解，学习相关知识，为儿童制定符合自己的培养计划。

2. 过度宠溺或过度冷漠对待听障儿童

因为儿童的残障，许多父母心里觉得愧疚和亏欠儿童，而在生活中过分宠溺儿童；或者因为沟通困难，而在生活中忽视与儿童的互动，冷漠对待儿童。以上两种极端情况都会导致儿童形成不良的性格品质。父母应该首先把儿童当做一般儿童来看待，遵循一般儿童的身心发展规律开展家庭教育；其次在儿童的就医、语言交流、教育安置上进行特别关注，为儿童营造良好的家庭氛围，帮助儿童形成良好的性格品质。

3. 缺乏有效沟通途径，无法进行家庭教育

听障儿童的父母大多是健听人，面对听障儿童，父母不知道如何与之进行日常沟通，因此许多听障儿童的家庭教育缺失，导致家庭关系疏远。在儿童青春期时，因缺乏沟通导致一系列问题爆发。父母可以通过书籍、网络、特殊教育机构学习常用手语，根据儿童学习语言情况（手语、口语、混合）在生活中进行积极、常态有效交流，建立亲密亲子关系，进行有效的家庭教育。

四、肢体障碍儿童的家庭教育指导

（一）肢体障碍儿童的身心特点

1.0—6岁肢体障碍儿童身心特点

婴、幼儿期肢体障碍的发生多是先天性的。轻度肢体障碍儿童的身体只是部分失去功能，其他肢体器官还能发挥功用，而重度肢体障碍儿童会出现全身瘫痪的症状，失去一切活动能力。

一般来说，肢体障碍婴、幼儿的生理发育和普通婴、幼儿一样，只是障碍部位不能发挥正常功用。这类儿童仅有肢体上的障碍或缺陷，而心理上并无明显障碍或缺陷，他们在认知、感知、注意、记忆和思维等方面与普通婴、幼儿并无明显的区别，只是在个性特征方面存在着不同于正常儿童的突出特点。

由于肢体功能的障碍导致他们在学习和生活中面临诸多困难。在这样的困难面前，肢体障碍儿童会感受到自己的特殊，接触外界的机会相对减少，缺乏与人交流、沟通的机会。心理上会出现矛盾，既想和同伴玩耍，但觉得自己又没有能力，不能从那里获得快乐，由此而产生自卑感，行为拘谨，感到处处不如别人。

部分重度或极重度的肢体障碍儿童由于身体功能障碍或缺陷的原因，心理和认知等方面的发展也会受到影响。比如重度脑瘫等疾病儿童，他们大脑发育不及正常儿童，感知觉发展缓慢，感受性低，反应迟钝，导致他们的思维发展也相对迟缓，精力有限，注意力不稳定；加之他们的身体缺陷，使他们的活动能力有限，只能进行单独的游戏，同伴群体之间的游戏无法体验，从而影响他们思维、个性、道德品质和人格的发展。

2. 7—16岁肢体障碍儿童身心特点

轻度肢体障碍儿童的身体发育在这一阶段一般与普通儿童无异，在认知、社交和语言等方面没有明显的差别。他们主要的学习场所是学校，知识习得和思维方式的形成与普通儿童一样，都是从间接经验过渡到直接经验阶段、从具体思维过渡到抽象逻辑思维，逐步建立思维的完整结构。部分中重度肢体残疾儿童由于身体虚弱，精力有限，感知会受到一定影响。

儿童期的肢体障碍儿童的个性发展特征，会明显受到所处环境的限制和挫折的影响。这一时期，肢体障碍儿童已经完全体验到自己身体带来的痛苦，他们的生活和学习都不能像普通儿童一样进行，生活范围受到限制，学习时间不能保证，这种情况导致他们缺乏与人交往、沟通的条件，具有一定的孤独感。身体的障碍给他们心理上带来负担，常有不安全感、敏感和焦虑等心理表现，害怕给别人造成麻烦而受人冷落。他们心理上对关心自己的人充满愧疚与感恩，总想通过行动表明自己的心迹，但往往失败居多，事与愿违。他们比普通儿童面临更多的失败，所以容易出现退缩与过激行为，容易将自己的消极情绪发泄到别人身上。

（二）肢体障碍儿童的家庭教育指导要点

1. 婴幼儿期的家庭教育要点是康复训练

婴、幼儿期（0—6岁）肢体障碍儿童的需求主要是采用抢救性康复、矫形手术等手段使肢体功能最大限度地得到恢复，为未来的生活和康复打下基础。这个时期的肢体障碍儿童，对社区和社会需求主要是康复训练，社会和家庭应该尽全力对他们的身体进行康复训练，消除他们的行动障碍。对于不能利用的身体部位，应尽早引导其学会有效利用其他优势肢体部位，比如，手臂残疾的儿童，可以学会用脚和腿来代替手部的运动。许多手部残疾的儿童学会了用脚写字，甚至还能在书法上有所成就，这都是社会、家庭和儿童共同努力康复的结果。

2. 儿童期的家庭教育要点是接受教育

儿童期（7—16岁）肢体障碍儿童的需求主要是接受教育。良好的教育可以开阔肢体障碍儿童的眼界，使其掌握更多的知识和生活、职业技能，为下一步的就业做好准备。如果在这个时期，家庭、社会、教育工作者能够对其提供更多的关爱，积极地进行教育和引导，实施有效的教育措施，改善家庭社会环境，从而使他们改善障碍程度，提高肢体应有的机能，就能帮助他们及时克服消极的影响，促使其个性品质向着良好的方向发展，提高自我社会适应能力，让其将来也能参与社会建设，成为身残志坚的人。

3. 帮助儿童和父母树立生活的信心

肢体障碍儿童由于肢体功能障碍的原因，其社交能力的发展受到影响，易出现畏缩与亢奋等不良行为。这需要家庭、教育工作者及时进行疏导，帮助其进行运动功能、自理能力和社交能力的提升，使他们能正视所存在的困难，树立克服困难的信心，从而建立起融入生活和社会的自信心，塑造积极乐观的性格。

大多数肢体障碍儿童的父母由于长期处于经济和精神双重高压的状态，极易出现对儿童失去耐心和信心等负面情绪。这些负面情绪会反过来影响儿童康复和父母心理，从而陷入一个恶性循环中。因此社会和相关人员可以通过一些有意义的社区活动，如家长联谊和互帮互助等，让其感受到社会的温暖，帮助其建立起对肢体障碍儿童康复和教育的信心。

（三）常见问题和应对策略

1. 过度溺爱儿童

一些父母认为儿童肢体障碍的原因是自己造成的，所以十分溺爱、迁就儿童，儿童要啥给啥，本来儿童自己能够做的事也不要他做，事事父母代劳，溺爱、袒护儿童到达缺乏理性的地步。

父母应正视儿童所存在的问题和困难，相信通过康复训练和教育可以改善所存在的问题和困难。而康复训练和学习需要儿童主动参与，应该多给儿童参与学习的机会，这样有助于儿童运动功能的提高和生活技巧的掌握。而包办替代则剥夺儿童学习的机会，不利于儿童的功能和学习能力培养。可以多让儿童参与力所能及的事，比如自己吃饭、如厕、洗漱等，这样可以培养儿童生活自理能力和建立自信心。

2. 歧视儿童

由于儿童有缺陷，有的父母将其视为累赘而心生厌恶，养育中视儿童为仇，甚至虐待、摧残儿童；认为家中有肢体障碍儿童是莫大耻辱，将儿童置于家中，避免与外界接触。

教育及相关工作人员可通过进社区宣传特殊教育相关政策、法律、法规和知识，让社会上更多的人能对肢残障碍有充分的了解，消除对肢体障碍儿童的偏见。指导父母利用相关知识正确地对这类儿童进行身体功能、自理能力等各方面训练，为其进一步融入社会打下基础。

3. 缺乏育儿信心

有的父母认为儿童反正有缺陷，没了希望，听之任之，放任自流。对儿童的早期干预不积极、不主动，缺乏信心和行动，这对儿童的发展相当不利。对此，父母要转变态度，树立信心。如今的科学发展已经为肢体障碍人群带来了很多康复方法和替代性器材。父母可以通过对相关康教视频、图像等资料的学习，帮助儿童的身体功能和社会适应能力得到改善，让儿童能立足社会，平等地参与社会生活。

4. 不承认儿童的缺陷

有的父母明知孩子落后于其他儿童，而不愿意承认，不能面对现实，拒绝让其接受康复训练。

教育工作者可以通过分享相似案例及其取得的教育成果，以及相关疾病宣传资料，消除父母顾虑，引导父母面对现实，树立通过康复训练可以改变儿童现状的信心。

5. 对儿童要求过于严厉

有的父母认为儿童有缺陷，今后入学和参与社会将会比常人困难得多，所以必须严格训练；教子极严，刻板、难见笑脸，常常表现出急躁，恨铁不成钢，甚至打骂儿童，使儿童心理压力过大。

肢体障碍儿童与普通儿童和成人一样也有被尊重的心理要求。要尊重他们，不要强硬地让儿童绝对服从。父母要有意识地培养和保护儿童的自尊心和自信心，要善于发现儿童微小的进步，及时对儿童提出表扬和鼓励，以激发儿童的学习兴趣，切忌过度批评儿童，多做正性引导。

五、智力障碍儿童家庭教育指导

（一）智力障碍儿童的身心发展特点

智力障碍儿童是指智力明显低于一般水平，并显示出适应性行为障碍的一类儿童（以下简称智障儿童）。临床上对于智障儿童的诊断必须同时具备三个条件：第一，智力水平明显低于同龄儿童，IQ值在同龄人群均值的两个标准差以下，即70、75以下；第二，表现出社会适应性行为方面的困难或不足；第三，年龄在18岁以下。有些儿童可能会同时合并其他方面的障碍，如脑瘫儿童除智力发育障碍外还合并有肢体运动功能障碍、语言障碍等；某些听力障碍、视觉障碍和精神障碍的儿童也会同时合并智力方面的障碍。与其他各类残疾儿童相比，智障儿童最为突出的心理特点是大脑功能发育障碍。智障儿童在生活中与普通儿童存在差异，父母对智障儿童的教育不能放松。无论从儿童自身的生理、安全、尊重等内在需求，还是社交、自我实现等外在需求，都需要父母给予正确的教育和指导。

智力残疾儿童表现出感知觉缓慢，感知的范围狭窄，感知信息容量小；感知觉不够分化，区分能力薄弱；缺乏感知事物的积极性和主动性。记忆速度缓慢，保持不牢固，再现不完整，识记材料等处理存在困难，记忆目的性欠缺，有意识记差，选择功能薄弱；语言发展迟缓，词汇量少；句式简单，语法不准，大多伴有言语障碍；思维长期停留在直观形象阶段，概括水平低；思维刻板，缺乏目的性和灵活性；思维缺乏独立性和批评性；意志薄弱，缺乏主动性，易受暗示，固执；高级情感发展迟缓，情感不稳定，调节能力差；失败期望高于成功期望，情绪比较消极。

与健全儿童相比，智障儿童在运动发育、运动技能的掌握和实际运动水平等方面都存在一定的困难。这同语言障碍基本一致，即智力障碍的程度越重，运动发育也越差，障碍也越严重。几乎所有的智障儿童，都会有不同程度的交往困难，这与他们的智力因素是密切相关的。一方面由于智力的原因，这类儿童在与人交往过程中存在表达不清晰或不准确的情况；另一方面，他们对别人的表达可能存在一定的理解困难，这样自然就会影响到理解的质量和水平，并产生交往方面的障碍。

（二）智力障碍儿童的家庭教育指导要点

智力障碍儿童对家庭的影响是多方面的，整个家庭系统都受到冲击。对于家庭其他成员也有着相当大的冲击。对于家庭带来的影响主要表现在两个方面：一是主观的负担，即家庭因有了智障儿童而产生的情绪反应，如拒绝、惊吓、愤怒、悲伤、罪恶感、沮丧、退缩、情感矛盾、幻灭、恐惧等。这些情绪反应会随着时间的不同而产生变化，其中失落和悲伤是长期的；二是客观的负担。指与智障儿童有关的问题，包括功能与活动上的限制、健康问题、行为偏差、求生问题等，这些问题可能会影响家庭关系、财务、社交与休闲生活等家庭功能。此外，客观的负担还包括智障儿童安置的决定、提供服务支持的困难、家庭因智障儿童的标记而受到的创伤等。

从智障儿童对家庭造成的冲击和负担看，父母不仅面临家庭的调适压力，而且承受着重建家庭功能的责任。因此，智障儿童父母所需要的家庭教育主要包含两方面的内容，即资讯和沟通。资讯方面主要包括智力障碍问题，如智障的特征、成因、预防；教养的知识和技能问题，如教养态度、学习辅导、生活辅导、行为辅导等；智障的教育服务信息问题，如鉴定与评估、安置选择、个别化教育、社会福利支持信息等。沟通方面则包括自我了解问题，如亲子互动、父母间互动、同胞手足间的互动等；以及精神支持问题，如对父母的支持、对同胞手足的支持等。

（三）常见问题及解决对策

1. 父母的心理压力和危机

一般而言，家里有智障儿童的父母，可能会出现个人价值的危机，这是父母因智障儿童的身心特点，不为其价值观所接受而产生的反应。这个阶段的父母需要的教育辅导是心理咨询或治疗，可考虑转介至心理治疗机构去接受帮助。专业指导人员可以多向父母展示智力障碍儿童的教育成功案例，传递相关经验。父母可在专业人员的指导下掌握适当的教养知识和技能、恢复抚养的信心和希望，并利用社会上的各种服务资源等，帮助儿童健康发展。

2. 父母教育时容易失去耐心

儿童做作业或家务时，大多数父母是愿意在旁边督促辅导的，但教了儿童多次后还是不会，父母们就逐渐失去耐心，不想一遍又一遍地重复，最后干脆放弃。智障儿童由于各种原因形成的脑损伤及各种功能障碍，必须采取特殊的教育方法才能取得教育的效果。首先，教育要有针对性。结合每个儿童存在的主要问题，一段时期一个重点地进行教育。如刚入学的儿童进行规范作息时间、按时起床和上学、生活自理的教育，帮助儿童形成有规律的生活，指导儿童纠正不良习惯。其次，要从实际出发。根据不同儿童的残疾程度和接受能力，采取不同的教育方法，直观、形象、通俗易懂。如学儿歌、看图片、讲故事、做游戏等方式，寓教育于生动活泼的实践中，激发儿童的兴趣，使其体验成功的喜悦，明白道理学会做事。再次，多鼓励和强化。由于智障儿童感知觉迟钝、识记缓慢、注意力分散、思维想象混乱等特点，在教育方面比正常儿童要花费更多时间、下更大的功夫。因此父母要有耐心和毅力，严格要求、训练儿童，持之以恒地进行强化训练；对儿童点滴的进步要给予肯定、鼓励，甚至一定的物质奖励，帮助儿童树立信心，不断克服、矫正身心缺陷，促进身心发展，不能简单粗暴、半途而废。

3. 父母感觉愧对儿童

很多父母对儿童怀有愧疚之心，想要弥补，就会溺爱儿童。他们认为儿童是有残疾的，在校学习已经很累了，看到儿童回家后不愿意学、不愿意做，心疼儿童，就让儿童好好休息。有时候明明是儿童做错了事，也不会责备儿童，养成了儿童骄纵的性格。对此，父母要看清愧疚和教育的区别，将愧疚作为关爱儿童的动力，而不是教育儿童的目的，养育儿童不是为了让父母心安。智力障碍儿童的父母要学会像普通父母一样对待和照顾儿童，在心理教育上不做差别对待，而要多重视知识和技能教育。

虽然儿童的先天缺陷或特殊问题会给家庭教育增加很多困难和挫折，但父母仍然可以培养出健康的儿童。只要父母耐心相伴，以良好的日常行为给儿童做出学习的榜样，帮助儿童纠正错误，就可以帮助这些特殊儿童建立自尊自信、自立自强，成为对家庭、社会、国家有用的人，使更多的残障人士家庭美满、幸福！

第四部分

特殊家庭的家庭教育指导

第四部分 特殊家庭的家庭教育指导

一、农村留守家庭

（一）农村留守儿童的独特困境

留守儿童是指父母双方外出务工或父母一方外出务工、另一方无监护能力的未满十六周岁的未成年人。为了改善家庭经济状况或寻求更好发展，部分农村未成年人的父母选择到城市务工或创业，但受到居住、教育等条件限制，他们选择将子女留在家乡交由他人照料，这客观上导致大量农村儿童在成长过程中父母角色缺位。儿童在成长的关键时期，不能及时得到父母在价值观念上与思想认识上的引导，较少体验到与父母之间的情感联系与支持，他们不易获得安全感、价值感、亲密感和成长的动力。父母与子女长期的分居异地，不仅会造成亲子关系的疏离，同时还可能会给儿童带来其他人际交往的问题。

（二）农村留守儿童的家庭教育指导要点

1. 父母尽量减少双方均外出的时间

尽可能确保父母双方至少有一方，最好是母亲留在家乡照顾子女。母亲是儿童早年依恋关系建立关键期的最重要的角色，依恋是个体与他人之间形成亲密关系的基础，稳定的依恋不仅是个体获得安全感、归属感的基础，也是对个体生命历程中的认知、情感和人际关系的质量具有重要影响的心理因素。

2. 外出务工的父母应与儿童保持良好的沟通

良好的沟通包含沟通的频率、方式与内容等各个方面。父母要有意识主动地、固定地与孩子保持联系，充分利用好网络平台与手机电脑等和孩子保持远程交流，关心孩子在家的生活、学习与交友的状况，及时了解其内心的感受与情绪情感上的变化。建立"留守在家长辈—父母—学校"间的沟通机制，即父母从留守在家的长辈和学校教师处了解到儿童的生活、学校表现及行为养成等较为全面的情况后，可以将情况进行整合，再传递到长辈和老师那里，进而帮助留守儿童改善其存在的问题。通过这样的沟通方式，可以帮助父母、长辈和学校教师较为全面地了解儿童的情况，出现问题可以形成合力及早寻求途径解决，促进儿童健康成长。同时，父母应和留守在家的长辈适时沟通儿童的生活，与学校的老师沟通儿童的学校表现及行为养成，出现问题及早察觉并及时寻找途径解决。

3. 留乡监护儿童的长辈需关注儿童心理健康

作为留守在家的长辈应尽量关心儿童的心灵成长，并非只关注儿童的温饱。此外，多与儿童分享父母小时候的故事，让他们在故事中认识父母、了解父母，在父母不在旁的情况下，懂得理解、感恩，形成良好的道德品质。

（三）常见问题及应对策略

1. 隔代教育问题突出，父母需要密切沟通

大部分留守儿童均是由祖辈监护，"隔代教育"问题最为突出。祖辈大多文化程度偏低，多数是文盲或半文盲，且精力和体力较弱，缺乏科学的家庭教育知识，往往只满足儿童物质、生活上的需求，缺少精神、道德上的教育引导，甚至娇生

惯养，放任自流。父母外出务工期间需与留乡祖辈建立密切沟通途径，可使用视频聊天、书信往来等进一步促进沟通。

2. 保证和满足儿童在财、物方面的适度需求，切忌过度物质补偿

父母长期在外，会觉得欠儿童太多，因而在财、物方面尽量满足儿童的需要，忽视了对儿童合理的管教和约束。这类留守儿童易产生较多问题：焦虑、退缩、抑郁、暴力、逃学、攻击甚至犯罪等。

3. 关注国家扶贫政策，寻找合适的在乡创业机会

当前国家对农村采取大力扶贫政策，青年父母可以在家乡创业拓展生计业务，还能照顾到儿童，更有利于儿童健康发展。

4. 社会环境影响巨大，加强儿童安全防护

对于环境适应能力较差、自制力较弱的儿童来说，他们容易卷入各类安全事故当中去。全国各地，每年发生的留守儿童溺水、触电、打斗等意外伤亡事件屡见不鲜，甚至被拐卖、被侵犯的恶性案件接连不断。对于这个方面，无论是家庭还是学校以及社会都要加强儿童的安全防护工作。

5. 亲情关系的培养是"良药"

长期与父母分离，留守儿童的性格往往变得内向、自卑、悲观、孤僻。加之与监护人的心理距离，当他们遇到问题时，情绪往往无法及时得到排解。不论是否存在经济条件限制还是监护人精力不足，都应将亲情关系的培养放在第一位。关系的培养有助于发展儿童的良好情感,在一段安全的关系当中,儿童可以获取部分心理资源以求在逆境中得到良好发展。

二、进城务工家庭

(二)进城务工儿童的独特困境

进城务工人员是指户籍仍在农村,但个人进入城市打工和在当地或异地从事非农产业劳动 6 个月及以上的劳动者。进城务工人员的儿童由于家庭和社会因素的影响,在人格方面易表现出孤独、内向、行为拘谨、依赖性强、抽象思维能力较弱、自我控制能力强等特点;在心理发展方面与城市儿童相比,显得自卑感较强、缺乏自信心、过于敏感、情绪不稳定;在人际交往方面适应能力差,与人沟通意愿不强,对城市生活短时间内难以适应。进城务工儿童容易存在厌学心理、孤僻心理、自卑心理、怯懦心理、逆反心理、依赖心理、人际关系焦虑敏感、心情烦躁、自我强迫现象严重、学习压力感强、情绪不稳定等心理现象。

(二)进城务工儿童的家庭教育指导要点

1. 积极准备做好心理调适

对于学习环境和居住环境频繁改变的儿童来说,父母要积极做好进城务工儿童学习生活的各种准备,帮助儿童更快地适应新的学习环境。父母需要更新家庭教育理念,积极学习心理知识,了解儿童存在与需要改变的问题,与学校加强联系,

帮助儿童尽快地适应城市生活，为儿童生活与学习打下坚实的基础。

2. 创造有利的生活和学习环境

为了弥补环境变化对儿童的影响，一方面父母应注重家庭成员之间的关系，为儿童创设宽松的心理环境；另一方面应为儿童尽可能创造优质和便利的学习环境，让其可以尽快适应，对学习保持积极的期待。学校生活之余，可以多带儿童参观博物馆，或参与学校组织的各种集体活动，丰富儿童的知识和人际关系，让环境变动的负面效果最小化，体验丰富最大化。

3. 增加亲子沟通

多与儿童交流，了解儿童的想法和感受，在家庭内部开展一些亲子活动。通过家庭之间的亲人互动来弥补儿童的同伴缺失。亲密的亲子关系有助于儿童形成自信的人格特点，使其有更为主动的社交行为，提升社会适应能力。同时，强化儿童的亲社会行为，让儿童养成良好的交友习惯和行为，从而可以在短时间内获得新的朋友，替代流动带来的同伴缺失，并迅速融入新的人际环境，被新的同学和老师所接纳。

4. 合理规划时间

父母需要学会合理统筹和规划工作与生活的时间。流动家庭中的父母通常会忙于工作，无暇照顾儿童，致使其容易陷入情绪和人际困境。很多父母没有意识到是自身工作造成的陪伴缺失，认为工作收入可以弥补一切。对于这种错误理解，父母不仅要改变认识，更要协调好自己的工作和生活，尽可能挤出时间来陪伴孩子，充分利用和儿童相处的有限时间，关心儿童的学校生活，倾听儿童的需要，为儿童的困惑提供指引，让儿童感受到父母的温暖。

（三）常见问题及应对策略

1. 家庭沟通匮乏，亲子关系疏远

进城务工人员忙于生计，早出晚归没有多少精力关照儿童，家庭沟通长期匮乏，亲子关系疏远，儿童内心没有安全感，造成儿童性格孤独内向。父母要学会倾听，适当利用生日、纪念日等"具有特殊、重要意义的"日子和事件，经常和儿童一起旅游或者共同完成一些事情，让儿童感受家庭和乐融洽的氛围，为儿童创造良好的家庭教育环境。

2. 家教方法欠缺，产生不良倾向

有些进城务工人员信奉"棒头出孝子、不打不成才"的错误观念，看到儿童不听话、成绩达不到要求时，轻则辱骂斥责，重则棍棒交加，让儿童心理受到伤害。有些进城务工人员溺爱儿童，造成儿童任性、违逆、对抗、不善与他人相处、不善合作。还有些进城务工人员走向另一个极端，不管束儿童，放任其发展，这些儿童很容易受社会不良因素影响，与社会不良青年结伙，做出违法事情。父母对儿童的成长和发展要有客观、实事求是的评价，对儿童的期望和要求要切合儿童的实际；对儿童的教育应该做到严爱相济，保持冷静、理智的态度。切勿对儿童采用武断强制、简单粗暴的方法，也不过分溺

爱娇宠儿童，更不能放任自流，不管儿童。父母应保持平常心对待儿童，让儿童在宽松愉悦的氛围中学习与生活。

3. 环境改变频繁，人际交往焦虑

进城务工人员儿童跟随父母走南闯北，不断换新环境，转到城市学校就读后，面临着改变自己的巨大压力。要适应城市里先进的教育方式，要改变自己原有的学习方式、思考问题的方式，改变自己的习惯和行为，这些都成为进城务工儿童面临的困境。同时在人际交往方面，有的儿童存在自卑心理，心理上自我封闭，行为上自我孤立，容易远离集体，导致不能与人很好交流；有的外来务工人员儿童渴望与人交往，但又缺少交往能力；有的进城务工人员儿童不愿与人交往，行为偏激，导致人际关系紧张。

父母一方面要积极进行工作规划，尽可能减少环境的频繁改变，给儿童一个相对稳定的学习环境；另一方面，积极培养儿童的交往能力，多鼓励儿童与同龄小孩、教师等交往，多陪伴儿童一起参加集体活动，鼓励儿童的帮助、分享、亲和等行为，让儿童拥有良好的人际关系。

三、离异家庭

（一）离异家庭儿童的独特困境

无论是因争吵分崩离析，还是双方和平分手，父母婚姻的破裂都会对儿童产生强烈的负面影响。从外显行为来看，离异家庭的儿童会在成长发展过程中表现出更多的问题行为，譬如高攻击性、肢体暴力、吸烟喝酒、物质滥用等。在人际关系上，离异家庭的儿童容易缺乏人际支持，会更加孤独、更容易产生人际冲突等。虽然并非所有父母离异都会让儿童出现身心发展方面的困难，但离异都是一个负面事件，会持续影响儿童的心理功能和价值观。这种影响可能因发生的阶段不同而存在程度上的差异，但整体都趋向负面。

父母离异一般会通过以下几个方面影响儿童的身心发展。

1. 父母离婚阶段的争吵或冷战对儿童造成的心理影响

面对父母之间的矛盾冲突和最终分离，儿童会产生一种强烈的无助感、焦虑感和恐惧感，他们既不能阻止父母之间的冲突，也不能阻止父母最终分离的事实，只能为父母冲突感到焦虑和害怕。在日后生活中，当面对类似父母冲突时的情境，那些消极的情绪体验会充溢儿童的内心，导致其无所适从，不能及时调节自己的情绪状态。

2. 产生人际关系上的习得性无助

渴望父母复合的愿望，会让儿童频繁体验到挫败和失望，最终形成一种在人际关系上的习得性无助。日后在面临同伴矛盾等人际冲突时，会对事件的解决产生消极期待。而该期待又会进一步带来更多的焦虑，使得离异家庭的儿童在处理人际矛盾时容易患得患失，或者过度紧张。

3. 对亲密的人际关系有更多的渴求

面对普通朋友关系时，离异家庭的儿童不能像普通儿童一样感到足够的满足。面对亲密的伙伴或师长时，离异家庭的儿童会对关系更加苛刻。情感上的额外需求常常让离异家庭的儿童在人际交往面临更大的压力和挑战。在未来面对恋爱和婚姻时，离异家庭的儿童容易趋向两极化，或强烈渴望，或冷漠灰心，这也为将来亲密关系的维持平添了一些障碍。

4. 容易缺乏对性别角色的理解和认识

在进入青少年期之前遭遇父母离异的儿童，其成长环境会缺乏某一方父母所扮演的性别角色。该性别角色的缺失，容易让儿童对该性别的认识不够全面和深刻，即使通过各种媒体信息或教材书籍获得相应的知识，但仍然容易缺乏与该性别亲密相处的相应经验，以至于对该性别的认识较为浅薄。这一点虽然不会直接产生特定的负面情绪影响，但会给儿童将来的亲密关系制造一些困难和障碍。

5. 容易丧失作为儿童角色的生活经历和情感体验

在与原配离异后，夫妻双方或某一方常常会陷入生活和感情上的困境，譬如寻求新配偶的纠结、经济压力过大、人际上的孤独、道德舆论的压力等。这些情况都会造成抚养儿童那方父母无暇顾及儿童，不能关注儿童的感受。这个客观现实除了会造成儿童情感需求不能得到很好的满足，还会刺激儿童放弃"儿童"的身份，开始扮演父母的角色来安抚难过的父母或弟弟妹妹。当儿童放弃"儿童"的身份时，会产生一种情感早熟的表象，让学校老师等产生一种放心的错觉。从长远来看，这种早熟的表象，背后其实是儿童放弃自身情感需求，为父母和家庭进行的自我牺牲，代价就是自身正常情感需求的停滞发展。成年之后,这种"早熟"的儿童常常无法建立起正常的亲密关系,不能理解作为丈夫或妻子身份时在索取和付出情感上的平衡,让自己的另一半感到无法忍受。

(二)离异家庭儿童的家庭教育指导要点

1. 控制言行,减少夫妻冲突对儿童的情感冲击

在正式离异的前后几年,儿童所受的情感冲击往往最为强烈。在这段时间里,夫妻之间难免会因感情矛盾而产生口角冲突。有智慧的父母会选择在儿童看不见的时候吵架,这能在一定程度上缓解儿童所受的情感冲击程度。但表面的和平掩饰不了夫妻双方关系的紧绷感和陌生感,这种貌合神离的感觉会让婴幼儿时期的儿童感到莫名的紧张和不安,稍稍有些常识的儿童会隐约猜测到父母关系的真相,最后仍然会感到痛苦和难过。现实生活中,并不存在没有伤害的离异,父母要承认给儿童带来的不可避免的伤害,并在此基础之上,尽力做好减损。通过控制自己的言行和调节自己的情绪,避免殴打、摔家具等过度冲击的行为,让离异时期的情感冲击在儿童的理解和控制范围内。

2. 做好亲子沟通,降低儿童自责感

当儿童意识到父母的问题之后,要尽早告知儿童父母的离异与对错无关,与儿童无关,也不在儿童能够干涉的范围。

儿童对于父母的感受非常敏锐,当夫妻关系走向尽头时,儿童大多都能够觉察到父母的变化,不具备离婚概念常识的婴

幼儿即使不知道离婚是什么,也会隐约有预感"坏事"。因此,当夫妻正式确定要离婚以后,要第一时间用心平气和的方式告知儿童父母的离婚与对错无关,避免儿童代替父母的一方来记恨另一方;沟通父母的离婚与儿童无关,避免儿童将父母的离婚归咎于自己的不听话、不优秀,降低儿童的自责感;告知儿童父母的离婚不在其干涉范围内,打消儿童希望父母复合的本能愿望,以及为此去付出努力,让儿童尽快接受父母离婚的事实,投入新生活,走出父母离异的阴影。

3. 提前规划,商讨后续养育方案

父母离异之后,常常是由父母中其中一方来照顾儿童。一个人的精力总是有限,这必然会造成陪伴时间的减少,进而导致对儿童的情感需求不能及时满足等问题。对此,负责抚养儿童的父母要做好事先规划,合理安排好自己的工作、社交和陪伴儿童的时间。在儿童最需要的时候,如家长会、亲子活动等场合,能出现在儿童身边支持他/她。在平日,每天都规律性地为儿童留出一段时间,拉近与儿童的心理距离,强化亲密的亲子关系,譬如晚上睡前半小时,给儿童讲讲故事/或者听儿童讲讲她/他在学校发生的事情等。通过这种方式,父母可以帮助儿童建立对现有家庭的基本安全感,提前规避离婚对儿童发展的负面影响。

4. 为儿童寻找替代性的人际资源

父母离异后,儿童心理发展所需的人际资源会显著减少。譬如没有父亲后,儿童就失去了跟成年男性交往的机会和经验。作为抚养儿童的父母，要主动意识到儿童在人际资源上的缺失，因为儿童自己不会对此有明显的需求，所以这一点特别容易被忽视。要做好这一点，父母要首先反思缺失的人际关系有哪些，通常缺失的是离开儿童的一方。除此之外，抚养者自己也常常是儿童缺失的人际关系。由于个人精力有限，需要工作养家等原因，抚养者陪伴儿童的时间会大幅减少。要解决这些难以回避的人际缺失，抚养者需要让儿童从其他途径来丰富自己的人际关系，譬如同伴关系，抚养者可以多支持儿童与朋友发展友谊，参与集体活动。

（三）常见问题及应对策略

1. 父母如何解释离异

在告知儿童离婚这个事情上，父母要把握两点。第一点是语气要温柔冷静，但内容要以陈述事实为主，不要夹杂自己的感情色彩。很多父母在告知儿童离婚这个事情时，常常夹杂着对另一方的抱怨或憎恨，譬如"你爸那个坏蛋跟别的女人跑了"。这种表达会将儿童拖入父母矛盾之中，不利于对离婚这个事情产生理智的认识。第二点是要用儿童能够理解的语言来描述离婚后的生活。虽然儿童可能通过媒体信息接触到离婚的概念，但毕竟没有实际经历，所以总会胡思乱想。对此，父母要帮儿童讲清楚日后的生活变化，譬如"母亲不会再和我们生活在一起""你每周会有两天由爸爸来陪你"等。

2. 离异后如何应对儿童出现的行为问题

如果儿童是在父母离异后出现行为问题，很可能与父母离异有关。父母在处理这些问题上，不需要因为离婚而刻意对待此事，保持一颗平常心，与儿童沟通，做好儿童的陪伴，不要让婚姻里的情绪影响自己的行为。儿童此时的问题行为，很大程度源自于对家庭的不安，消除这种不安的关键，就在于父母自己做好自己的角色，这样儿童才能逐步放松下来，回归正常。在现实生活中，抚养儿童的一方父母可能需要表现出比以往更加坚定的独立和自信。

3. 儿童缺少人际支持和人际体验

父母离异后，陪伴儿童的人少了一个，势必造成人际角色上的一种缺失。抚养者通常会让家中的老人，即爷爷奶奶或姥姥姥爷来扮演照料和关爱的角色，给儿童提供关爱，这能丰富儿童和老人的互动经验，但并不能丰富儿童与缺失角色的互动经验。如果家庭中缺少的是父亲，母亲可以多带儿童参加一些朋友家庭的共同活动，或托男性朋友的家庭顺便带自己儿童一起参加活动。除此之外，抚养者也可以通过家教等方式，让儿童跟一些他比较认可的中年男性互动，以此来弥补父亲角色的缺失。为了儿童去找新的配偶，这并不是一个可取的做法，它通常会造成新的家庭悲剧。单亲父母要注意儿童的同伴关系，多和儿童聊他和同学的关系，鼓励他重视友情、善待朋友，自己也要欢迎儿童的朋友，鼓励他们一起玩。良好的同伴关系，是弥补儿童父母一方缺失的一种重要手段。

四、重组家庭

（一）重组家庭儿童的独特困境

对于重组家庭的儿童而言，身心发展尤其是心理发展能否顺利进行，关键在于能否获得一个舒适的家庭地位。相比于普通家庭，重组家庭的儿童常常存在"外来人口"和"原生人口"之分。"外来人口"指的是父母各自在原来家庭的儿童，"原生人口"指的是父母在重组之后生的新儿童。"外来人口"和"原生人口"共同分享着现有父母中的一方，同时又各自拥有一个"其他"的父母，这就造成了一种独特的现象，即虽然同在一个屋檐下，却存在家庭背景的差异。正是由于这种差异，重组家庭的内部关系就会特别复杂，不能简单地遵循父母言传身教、儿童耳濡目染的传统模式，必须先处理好儿童之间以及儿童与父母之间的关系后，家教才能顺利实现原有的功能。一般来说，重组家庭的父母需要认真对待的关系有：儿童之间的关系、儿童与原有家庭的关系、儿童与现任父母的关系、现任的夫妻关系、现任夫妻和新儿童的关系。依据重要性来讲，从高到低依次是儿童与原有家庭的关系、儿童与现任家庭的关系、现任夫妻之间的关系、现任夫妻与新儿童的关系。这个重要性的排序，遵循的是时间上的先来后到排序。

（二）重组家庭儿童的家庭教育指导要点

1. 遵守"先来后到"偏爱儿童

对于重组家庭，常常有些儿童是原来家庭带过来的，有些是新家庭所生的。在对待这些儿童时，新父母难免各有各的本能偏好，譬如继母会偏爱自己生的小儿子，忽视丈夫原来家庭的儿女。普通的平等对待并不能抵消这种本能性的偏好，所以很多继父继母即使表面能做到比较平等，但在感情的传递上仍会让儿童感到不适。相对来说，保持一个"偏爱"原生家庭儿童的态度，更有助于让父母平等地对待所有的儿童，使他们建立对新家庭的归属感。如果儿童没有归属感，只是因为迫于生存而与继父或继母住在一起，这段经历无疑是一种心理虐待。按照"先来后到"顺序偏爱儿童，有助于儿童找到适合自己的家庭地位，产生归属感。

2.接受原生父母的影响

由于受到原始家庭的影响，儿童们总会带有亲生父母的某些特质，而这不一定得到新父母的认可，譬如继父不喜欢儿童嘀咕"怎么办啊，怎么办"，而这句口头禅其实是儿童亲生父亲的习惯。如果盲目让儿童改掉一些原生家庭的习惯，会让儿童产生一种被冒犯的感觉。继父继母在面对这类问题时，要先向配偶征询意见，然后再做判断。除非涉及原则性的对错，譬如吸毒等，否则不建议继父继母去改变儿童身上原生家庭的印记。有些儿童在接受继父继母时，会产生一种"背叛"原生父母的感觉。对此，继父继母要学会在儿童面前认可他们与原生父母的关系，即你是原来父亲或母亲的儿子，然后以一种"新伙伴"的姿态，与原始家庭的儿童慢慢相处。

3. 不要急于让配偶的儿童接受自己的教育

父母能够教育儿童，很大程度上是基于儿童对父母的依恋。在家庭重组之初，继父继母并不具备和原始家庭儿童的依恋关系，所以教育内容易流于表面。在这个阶段，继父继母不要一味强调教育内容的重要性，而要表达自己对原始家庭儿童的关心，譬如"我担心你这样做会吃亏"，在关系亲近之后，继父继母才能顺利地教育和引导儿童，做好父母的角色。

4. 切忌采用强制或胁迫方式让儿童接受重组家庭

原生家庭和重组家庭儿童的相处，是大多重组家庭都会遇到的问题。度过了初期几个月的生分，儿童就会在朝夕相处中逐渐接受现在的家庭或父母，也可以慢慢促使孩子打开心扉，拉近感情。重组家庭的父母不要将儿童间的相互照顾视为理所当然，更不要在初期就要求原生家庭的大儿童来照顾不熟悉的弟弟妹妹，这种亲情教育只会起到相反效果。等相处久了，儿童之间会自然拉近距离。重组家庭的父母如果想引导大儿童照顾小儿童，要先给与大儿童足够的关爱，这样他们就会自发地开始关爱弟弟妹妹。强求的照顾会让大儿童对小儿童形成一种爱恨交加的矛盾情绪。

5. 通过法律或其他方式来避免后续伤害

在一些原生家庭中，可能存在夫妻或亲子之间的虐待行为。即使是在离婚和重组之后，仍有一些原生家庭的父母来干扰重组家庭的生活，继续伤害配偶或儿童。对此，重组家庭的新父母常常会陷入人伦道德的两难。此时最好的做法，是通过

法律等第三方力量来解决问题，继父继母的主观卷入，往往会混淆双方的责任，不利于事件的解决。

（三）常见问题及应对策略

1. 配偶原来的儿童不喜欢继父继母

在认识初期，很少有儿童能马上喜欢自己的继父继母。作为继父继母，要以儿童"伙伴"的身份开始跟儿童接触，而不是以父母的姿态自居。儿童对于继父继母的接受，一定是情感在前，身份在后。继父继母自己本身不需要强求自己要立马得到儿童的重视或喜爱，也不用在意儿童拒绝自己的关心。只要能向儿童表达关爱，在关键时刻给予支持和坚持，就已经较好地履行了继父继母的角色。对于儿童的亲生父母，则要学会优先重视与自己儿童的感受，其次才是和新配偶的感情，让儿童感到继父继母并没有夺走自己在爸爸妈妈心中的地位。只有这样，儿童才会有接受新爸爸妈妈的可能，不再将其视为一种关系上的威胁。

2. 面对继父继母，儿童应该怎么称呼

如果儿童还没有对原生父母的记忆，譬如婴儿阶段的小孩，直接称呼继父继母为爸爸妈妈问题不大。但对于已经有原生父母记忆的儿童，继父继母可能需要与儿童商量讨论，另作称呼，或叫"王叔叔"，或叫"王爸爸"。直接在称呼上替代原生父母，并不利于继父继母和儿童建立亲密的关系。

3. 如何跟儿童解释"你姐姐的爸爸不是我"这类问题

在儿童长大一些、具备基本的社会常识后，基本都会遇到类似的问题要回答。儿童之所以会问及类似的问题，并不是想核实关系类型，而是确认自己在家庭中的身份和地位。面对类似问题时，重组的父母可以用儿童能接受的语言如实回答就好。最重要的，是在回答中陈述出儿童在自己心中、在这个家庭中的地位，譬如"在我眼里，你就是我疼爱的儿子，你姐姐疼爱的弟弟"。

五、孤儿家庭

（一）孤儿群体的独特困境

孤儿群体的成长发展要比其他群体更为复杂，因为孤儿的定义虽然简单，但成长环境的种类却非常多样，有些孤儿是在爷爷奶奶身边长大，有些则是在孤儿院等地方长大，还有一些被陌生家庭收养等。虽然抚养者的情况多种多样，但孤儿在成长发展上大致存在两个方面的独特问题。第一个方面是关于孤儿的抚养者。由于不是亲生父母，孤儿抚养者的年龄常常和普通父母年龄不一致，这进而导致抚养者的价值观、文化水平与普通父母存在差异，最为常见的一种情况就是老人带自己的孙子孙女（父母双亡）。由于这种意识或知识水平上的差异，孤儿容易受到一些与主流家庭格格不入的家庭教育，或者根本得不到所需的主流家庭教育，进而导致在与同伴相处和与父母同辈群体（如中年教师）相处方面出现问题。第二个方面是关于孤儿自己。由于没有属于自己独有的双亲或单亲，孤儿不容易依赖和信任抚养者与自己的关系，常常患得患失，生活在一种失去生活屋檐的慢性焦虑之中，归属感不稳定。不少孤儿的抚养者本身就不重视自己收养的孤儿，甚至将其当做自己的奴隶，这种态度和做法会变本加厉地恶化孤儿的归属感。而孤儿本身的特点，注定这个群体是一个相对弱势的儿童群体，容易在各个年龄段爆发出各种情绪和行为问题。

（二）孤儿的家庭教育指导要点

1. 给予孤儿稳定的家庭地位和象征物

孤儿比普通儿童更加渴望稳定的归属感。因此，抚养孤儿的家庭一定要注意那些可以给孤儿带来归属感的象征物，譬如属于他的书桌、房间、玩具等。在对待这些象征物的时候，要格外小心。普通父母摔碎儿童的玩具，儿童可能只是生气。但如果抚养者摔碎孤儿的玩具，孤儿可能会感到一种额外恐惧，这种害怕失去的感觉，容易让孤儿的行为反应更加极端，过度冷漠或过度激动。对于孤儿而言，这些象征物是安全感的重要来源，当拥有足够归属物的时候，这种安全感不见得能直观地观察到，但失去归属物的时候，常常会造成显而易见的心理影响。

2. 教育孤儿在心中给他们的原生父母留一个位置

孤儿的原生父母是一个非常敏感的存在，无论是原生父母双亡，还是被原生父母抛弃，他们在孤儿心中其实都是一个独特的存在。无论孤儿之前是被原生父母善待、虐待，还是从始至终就没有见过，孤儿都会随着社会常识的丰富而知道他们存在的事实，并且意识到他们与自己独一无二的关系。从这个角度来讲，原生父母是孤儿心中特有的一个部分。对此，抚养者要给与足够的尊重，甚至要帮助一些被虐待或遗弃的孤儿认识到，他们并不需要去怨恨自己的亲生父母，孤儿对自己亲生父母的否定，等同于对自身价值的否定。只有当孤儿能够完全接纳亲生父母并在心中给他们留有一席之地时，才能拥有健康的亲密关系。

3. 平等对待孤儿和其他儿童，不要亏待或优待

孤儿对自己在群体中的身份十分敏感，如果孤儿是和其他儿童（如抚养者自己的儿童）在一起，亏待和优待都会让孤儿觉得自己与现有家庭格格不入，进而产生一种被排斥的焦虑。怎么对待普通家庭的儿童，就怎么对待孤儿，这才有助于增加孤儿的归属感。这一点对于父母和教师都通用。

4. 抚养者要明确自己角色的局限，帮助孤儿丰富人际体验

对于一些明显和普通父母不太一样的抚养者，如孤儿的爷爷奶奶，他们首先要意识到自己角色的局限性。如果孤儿只与自己亲密交往，可能会缺乏一些重要的社交知识，譬如丈夫和妻子的角色行为。因此，抚养者要鼓励孤儿，或帮助孤儿去接触一些正常儿童都会经历的人际关系环境。虽然不追求孤儿能和普通儿童一模一样，但至少可以通过这些观察和体验，具备基本的人际知识和体验。这样儿童在成年后，才会更好地胜任新的环境，建立健康稳定的亲密关系。

（三）常见问题及应对策略

1. 孤儿因和父母有关的缘由和同学打架

在处理这类问题上，责任和对错的真实情况往往比较复杂，但有一个宗旨可以把握，即如果冲突事件涉及孤儿父母的敏感信息，一定要将孤儿的问题行为和孤儿因父母话题产生的情感区分开来。单独和孤儿谈父母相关的内容，再单独谈打架等行为表现，譬如"你感觉他在取笑你是孤儿，所以生气想打他，这是正常的想法或做法，我不会为这一点责怪你。但打架不是一个好的解决问题的方式，如果下次再遇到类似情况，你可以先尝试……（用另外一种方法）来处理，不要急着打架"。当冲突涉及敏感内容时，譬如是对方骂"你爹都不要你了"，我们更要先重视孤儿的感受，在安抚感受后再进行指导教育。

2. 孤儿被人欺负

对于孤儿这个敏感而又弱势的群体，如果被人欺负后还一直吃亏，会形成一种对人际交往的恐惧和习得性无助，阻碍孤儿成年后的社交表现。发生霸凌事件后，抚养者要尽力保护孤儿的尊严，不能随意妥协，让儿童受屈。这并不是简单地替孤儿对霸凌者进行打击报复，而是为孤儿在群体中的角色地位做长远考虑。譬如通过学校和老师，对霸凌者施以适当惩罚，并进行道歉，以此恢复孤儿在群体中的尊严和形象。与此同时，抚养者在私下要关注儿童的情绪，除了外在的保护措施，还要多与孤儿沟通,传达"他们并不比别的儿童差"这一想法。

3. 孤儿缺乏父母式的人际体验

常见的一种做法,就是给孤儿找一个家教,或报兴趣班,这个家教老师正好和他的爸爸妈妈同样年纪。父母是一个照料和教育者的角色,这一点正好和私人家教或兴趣班的带队老师比较契合。这些角色在与儿童互动时,因职业原因有动力来照顾儿童,也有立场来教育儿童,所以比较适合为孤儿提供爸爸妈妈式的人际体验,供他们学习和体验,获得与成人打交道的社交技巧。

六、服刑人员家庭

(一)服刑家庭儿童的独特困境

服刑家庭指父母中的一方或双方因触犯法律而在监狱服刑。这一特点造成了多种多样的家庭困难,譬如剩下的一方父母离婚或改嫁/娶,造成了父母离异或家庭重组等情况;或者导致家庭陷入严重的债务危机,进而产生了一系列生存问题。基于服刑原因和服刑长度等现实因素,服刑家庭的核心问题可能多种多样。对此,本指南建议使用者首先遵守儿童在各个年龄阶段的发展特点来指导家教;其次根据服刑对家庭结构造成的改变,参考前面家庭类型的指导建议;最后,再针对服刑的污名效应,在家教中做好准备工作。

（二）服刑家庭儿童的家庭教育指导要点

1. 家庭内部成员应正视服刑这一事实

负责照顾儿童的那一方父母或其他抚养者，应该在儿童的理解范围内，向儿童描述清楚服刑的真相，并引导儿童对服刑和服刑的父母建立一个正确的态度。在承认犯罪的事实的同时，强调服刑父母对儿童的关爱是独立的，父母服刑与父母关爱并无必然关系。

2. 通过定期探望，保持与服刑父母的亲情联系

如果因为服刑而断绝亲子之间的联系，一方面会对儿童造成过多的情绪压力，产生各种行为问题；另一方面，这也不利于服刑结束后亲子关系的恢复。家庭内部成员不能避讳服刑的污名效应，要共同面对，并将家庭生活和服刑事件独立开来，实现"服刑只是换了一下家庭聚会的时间和地点"这种效果。

3. 对家庭外部人员，视情况保守服刑的秘密

虽然坦然面对真相是一种可取的道德态度，但现实压力往往超过个体和家庭的承受能力。服刑的事情可能让儿童成为同学指指点点的焦点，可能成为某些问题行为解释的刻板原因，如"他爸偷东西，这肯定是他偷的"。长远来看，这种影响已经超出了大部分个体所能承受的上限，并带来一些现实层面的不利因素。服刑本来就是一个巨大压力事件，所以应尽量避免徒增舆论压力。

4. 不要刻意利用服刑作为教育儿童的反面教材

父母对儿童的教育，并不是通过展示没做什么，而是做

了什么。所以反复利用服刑做教材，反而容易出现相反效果。因此，关注儿童的感受和遭遇，可以拉近亲子间的距离，缓解儿童的情绪压力，减少儿童内心父母的矛盾形象，更快地帮助认清"犯罪的爸爸/妈妈仍然是一个心疼自己的好父母，他们的错误仅限于社会层面"。

（三）常见问题及应对策略

1. 探监时的亲子沟通

探监时，谈话内容以关心和祝福儿童为主，譬如儿童在学校的生活、和朋友的关系等，或者还要多久就可以在狱外见到彼此等。面对父母服刑这个事件，儿童常常需要额外的人际支持。有一个好朋友分享"秘密"，对青少年时期的儿童是一个莫大的安抚。服刑父母在和儿童聊天时，要多关心他的人际交往情况，安抚他的焦虑情绪，让他不要害怕交朋友。另外，由于在监狱，服刑父母对儿童的管教可能会起到反效果，所以探监时不需要特意纠正儿童的问题，只是安抚儿童的情绪就可以。

2. 服刑事实被泄露

当服刑的事实泄露之后，再隐瞒就没有什么意义。这种情况对于儿童是一个莫大的挑战，但坦然承认事实，并表态"虽然父母出了事情，但我仍然关心他们"，是一种相对有利于保护自身和服刑父母的解决方式。至少，这种态度能够挽回或激发其他同伴的尊重和理解。但事实上，对于很多儿童，这种表态都是一件困难的事情，它需要足够的父母情感和关爱做基础，才能鼓励儿童做出这种表态。遇到类似问题时，儿童常常需要父母或专业人士的帮助和引导，才能做出正确的表态。

3. 服刑父母担心服刑事实会损害自己在儿童心中的形象

对于这一点，服刑的父母不用太过担心。对于儿童而言，父母的形象更多是基于和父母的情感经历，而非父母对社会做出的贡献或危害。只要父母一如既往地在情感上关爱儿童，自身形象就不会受到实质性影响。表面来看，服刑多少都会带来一定的负面印象，但很多时候这是儿童对父母"再犯错＝失去父母"的担心，而非对父母犯错的情感排斥。父母只要做好父母的角色，终究能够得到儿童的理解和接受。

第五部分
家庭教育法律指导

一、父母在儿童成长过程中应承担的义务

家庭是儿童成长的第一场所,父母是儿童成长的第一老师。父母在儿童健康成长过程中需承担起相应的义务,主要包括以下几个方面。

(一)养护义务

养护义务是指父母在儿童成长过程中必须承担儿童的抚养、监护的义务。儿童具有稚嫩性和可塑性,父母在抚养时应针对儿童的发展需要给予力所能及的照顾。监护则强调父母作为成年人有监管儿童行为、保护儿童安全的义务。儿童在成长过程中若是权利受到侵犯时,作为监护人父母有义务为其维权。为了保护儿童的权利,我国相关法律对养护义务做了规定。《宪法》第四十九条明确规定:"父母有抚养教育未成年子女的义务。"《中华人民共和国民法典》第二十六条规定:"父母对未成年子女有抚养、教育和保护的义务。""成年子女对父母负有赡养、扶助和保护的义务。"同时《中华人民共和国民法典》第一千零五十八条规定:"夫妻双方平等享有对未成年子女抚养、教育和保护的权利,共同承担对未成年子女抚养、教育和保护的义务。"对于父母死亡或无抚养能力的情况,《中华人民共和国民法典》第一千一百零七条规定:"孤儿或者生父母无力抚养的子女,可以由生父母的亲属、朋友抚养;抚养人与被扶养人的关系不适用本章规定。"对于父母离异的情况,

《中华人民共和国民法典》第一千零八十四条规定："父母与子女间的关系，不因父母离婚而消除。离婚后，子女无论由父或者母直接抚养，仍是父母双方的子女。离婚后，父母对于子女仍有抚养、教育、保护的权利和义务。离婚后，不满两周岁的子女，以由母亲直接抚养为原则。已满两周岁的子女，父母双方对抚养问题协议不成的，由人民法院根据双方的具体情况，按照最有利于未成年子女的原则判决。子女已满八周岁的，应当尊重其真实意愿。"《中华人民共和国预防未成年人犯罪法》第六十一条规定："公安机关、人民检察院、人民法院在办理案件过程中发现实施严重不良行为的未成年人的父母或者其他监护人不依法履行监护职责的，应当予以训诫，并可以责令其接受家庭教育指导。"

（二）教育义务

1.具体含义

教育义务主要是指父母要以身作则，保证良好的家庭教育，同时保证适龄未成年子女按时接受并完成义务教育，不能剥夺子女受教育的权利。具体包含两方面含义：

首先，父母自身要以身作则，为子女做好表率。《家长教育行为规范》指出：父母"要举止文明、情趣健康、言行一致、敬业进取，各方面为子女做榜样"。在儿童成长过程中，父母以身作则、言传身教至关重要。《贵州省未成年人家庭教育促进条例》第十四条指出："父母或者其他家庭成员应当以身作则，尊重未成年人；树立正确的家庭教育观念，学习家庭教育知识，掌握科学的家庭教育方法，提高家庭教育能力。父母或者其他家庭成员应当根据未成年人成长规律，对未成年人进行爱国主义、理想信念、社会公德、家庭美德、遵纪守法、生活技能、安全知识等方面的教育和有目的、有意识的行为，促进未成年人身心健康，形成优良品德、健康人格和良好行为习惯。"

其次，父母有保证适龄未成年子女按时接受并按规定完成义务教育的义务，并为子女提供受教育的必要条件。《中华人民共和国教育法》《中华人民共和国义务教育法》《中华人民共和国未成年人保护法》《中华人民共和国妇女权益保障法》《中国儿童发展纲要（2011—2020）年》等法律法规中分别指出："尊重未成年人受教育的权利，保障适龄未成年人依法接受并完成义务教育"，"不得使接受义务教育的未成年人辍学"，"应当为未成年子女或者其他被监护人受教育提供必要条件"。

2. 实现途径

父母可以通过以下途径实现教育义务。首先是营造温馨的家庭环境，言传身教。如《中华人民共和国未成年人保护法》第十五条规定："未成年人的父母或者其他监护人应当学习家庭教育知识，接受家庭教育指导，创造良好、和睦、文明的家庭环境。"《中华人民共和国教育法》第五十条指出："未成年人的父母或者其他监护人应当为其未成年子女或者其他被监护人受教育提供必要条件。"其次要关注子女的身心发展和习惯养成。如《中华人民共和国未成年人保护法》第十六条指出:"父母或者其他监护人应当关注未成年人的生理、心理状况和情感需求;教育和引导未成年人遵纪守法、勤俭节约,养成良好的思想品德和行为习惯;保障未成年人休息、娱乐和体育锻炼的时间,引导未成年人进行有益身心健康的活动。"再次要学习家庭教育知识。如《中华人民共和国未成年人保护法》第十五条指出:"父母或者其他监护人应当学习家庭教育知识,接受家庭教育指导。"《中华人民共和国家庭教育促进法》第十八条指出:"未成年人的父母或者其他监护人应当树立正确的家庭教育理念,自觉学习家庭教育知识,在孕期和未成年人进入婴幼儿照护服务机构、幼儿园、中小学校等重要时段进行有针对性地学习,掌握科学的家庭教育方法,提高家庭教育的能力。"《家长教育行为规范》中指出:"学习和掌握教育子女的科学知识及方法,针对子女的年龄特征、个性特点实施教育。"从次要尊重子女受教育的权利。如《中华人民共和国未成年人保护法》第十九条指出:"未成年人的父母或者其他监护人应当根据未成年人的年龄和智力发展状况,在作出与未成年人权益有关的决定前,听取未成年人的意见,充分考虑其真实意愿。"最后要主动寻求多方配合。如《中华人民共和国教育法》第五十条指出:"未成年人的父母或者其他监护人应当配合学校及其他教育机构,对其未成年子女或者其他被监护人进行教育。学校、教师可以对学生家长提供家庭教育指导。"《中华人民共和国家庭教育促进法》第十九条指出:"未成年人的父母或其他监护人应当与中小学校、幼儿园、婴幼儿照护服务机构、社区密切配合，积极参加其提供的公益性家庭教育指导和实践活动，共同促进未成年人健康成长。"

二、父母不履行养育义务可能承担的法律责任

若父母在家庭教育过程中不履行相应的养育义务，将依法追究其法律责任。主要包括三种情况：一是不履行养护义务；二是侵害子女受教育权；三是家暴、虐待、遗弃儿童。

（一）不履行养护义务

父母不履行抚养、监护子女的义务应承担的法律责任如下：

1. 行政处罚

《中华人民共和国未成年人保护法》第一百一十八条规定："未成年人的父母或者其他监护人不依法履行监护职责或者侵犯未成年人合法权益的，由其居住地的居民委员会、村民委员会予以劝诫、制止；情节严重的，居民委员会、村民委员会应当及时向公安机关报告。公安机关接到报告或者公安机关、人民检察院、人民法院在办理案件过程中发现未成年人的父母或者其他监护人存在上述情形的，应当予以训诫，并可以责令其接受家庭教育指导。"《中华人民共和国家庭教育促进法》第四十九条指出："公安机关、人民检察院、人民法院在办理案

件过程中，发现未成年人存在严重不良行为或者实施犯罪行为，或者未成年人的父母或其他监护人不正确实施家庭教育侵害未成年人合法权益，根据情况对父母或其他监护人予以训诫，并可以责令其接受家庭教育指导。"《中华人民共和国预防未成年人犯罪法》第四十二条规定："未成年人的父母或者其他监护人应当积极配合矫治教育措施的实施，不得妨碍阻挠或者放任不管。"

2. 撤销监护资格

《中华人民共和国未成年人保护法》第一百零八条规定："未成年人的父母或者其他监护人不依法履行监护职责或者严重侵犯被监护的未成年人合法权益的，人民法院可以根据有关人员或者单位的申请，依法作出人身安全保护令或者撤销监护人资格。被撤销监护人资格的父母或者其他监护人应当依法继续负担抚养费用。"《中国儿童发展纲要（2011—2020年）》中进一步提出建立完善不履行监护职责或严重侵害被监护儿童权益的父母或其他监护人资格撤销的法律制度，逐步建立以家庭监护为主体，以社区、学校等有关单位和人员监督为保障，以国家监护为补充的监护制度。

3. 法律追责

《中华人民共和国民法典》第一千零四十二条规定："禁止家庭暴力。禁止家庭成员间的虐待和遗弃。"《中华人民共和国民法典》第三十四条指出："监护人不履行监护职责或者侵害被监护人合法权益的，应当承担法律责任。"即未成年子女的父母是未成年人的监护人,不管父母尽没尽到监护责任,父母都要承担责任,若尽到监护责任,可以减轻责任(详见《中华人民共和国民法典》第三十四条)。

(二)父母侵害子女的受教育权

父母不让适龄子女接受完整义务教育,同样要承担法律责任。首先是接受批评教育,仍未悔改还将面临罚款的处罚。《中华人民共和国妇女权益保障法》第十八条规定:"除因疾病或者其他特殊情况经当地人民政府批准的以外,对不送适龄女性儿童少年入学的父母或者其他监护人,由当地人民政府予以批评教育,并采取有效措施,责令送适龄女性儿童少年入学。"《中华人民共和国未成年人保护法》第十七条规定:"未成年人的父母或者其他监护人不得虐待、遗弃、非法送养未成年人或者对未成年人实施家庭暴力。"贵州省教育厅《关于教育行政处罚及程序的规定(试行)》第四十五条规定:"适龄儿童、少年的父母或监护人,未按法律规定送子女或被监护人就学接受义务教育,农村由乡级人民政府,城市由市、市辖区人民政府或者其指定机构,经教育仍拒绝送子女或被监护人就学的,根据情节轻重,给予罚款的处罚。"

(三)父母实施家暴、虐待、遗弃儿童

1.撤销监护资格

对于未履行监护责任或者侵害儿童权益的父母,如果经

教育仍不悔改的,将撤销其监护人的资格,同时公安机关要给予行政处罚。如《中华人民共和国未成年人保护法》第一百零八条规定:"未成年人的父母或者其他监护人不依法履行监护职责或者严重侵犯被监护的未成年人合法权益的,人民法院可以根据有关人员或者单位的申请,依法作出人身安全保护令或者撤销监护人资格。被撤销监护人资格的父母或者其他监护人应当依法继续负担抚养费用。"

2. 行政处罚

《中华人民共和国未成年人保护法》第一百一十八条规定:"未成年人的父母或者其他监护人不依法履行监护职责或者侵犯未成年人合法权益的,由其居住地的居民委员会、村民委员会予以劝诫、制止;情节严重的,居民委员会、村民委员会应当及时向公安机关报告。公安机关接到报告或者公安机关、人民检察院、人民法院在办理案件过程中发现未成年人的父母或者其他监护人存在上述情形的,应当予以训诫,并可以责令其接受家庭教育指导。"

3. 刑事处罚

若父母对儿童实施家暴、虐待、遗弃,视情节严重与恶劣程度,给予父母判刑、拘役与管制三种刑事处罚方式。如《中华人民共和国刑法》第二百六十条规定:"虐待家庭成员,情节恶劣的,处二年以下有期徒刑、拘役或者管制。"

三、未成年人违法监护人应承担的法律责任

(一) 监护人承担的责任

1. 监护主体

根据《中华人民共和国民法典》，当未成年人出现违法犯罪时，可以担任法定监护人的主体有三类：第一类为近亲属。包括未成年人的父母，父母死亡或丧失监护能力的未成年人的祖父母、外祖父母和成年兄姐。第二类是关系密切的其他亲属、朋友。根据自愿原则，并且经未成年人的父母所在单位或者未成年人住所地的居民委员会、村委会同意，可以作为未成年人的监护人。第三类为未成年人的父母所在单位或者未成年人住所地的居民委员会、村民委员会或者民政部门，在没有前两类主体作为监护人的情况下可以担任未成年人的监护人。

指定监护人是在对监护人的担任产生争议的情况下，由未成年人的父母所在单位或者未成年人住所地的居民委员会、村民委员会在未成年人的近亲属中进行指定或提起诉讼由法院进行裁决而产生监护人的方式。委托监护是指由未成年人的监护人将其监护职责部分或者全部委托给他人的监护方式。

2. 承担责任

当违法主体是未成年人时，其法定监护人承担的责任主要有两类：一是监护人的完全责任。监护人承担完全责任的法律依据是我国《中华人民共和国民法典》第二十六条："父母对未成年子女负有抚养、教育和保护的义务。"当未成年人实施了侵权行为致人损害，而未成年人又没有自己的独立财产时，

如果其监护人存在没有履行监护职责的情形,或者其监护人不能举证证明其尽到了监护责任,在这种情形下,监护人就要对未成年人实施的侵权行为承担完全的责任。第一千一百八十八条规定:"有财产的无民事行为能力人、限制民事行为能力人造成他人损害的,从本人财产中支付赔偿费用。不足部分,由监护人赔偿。"二是监护人的减轻责任。《中华人民共和国民法典》第一千一百八十八条规定:"无民事行为能力人、限制民事行为能力人造成他人损害的,由监护人承担侵权责任。监护人尽到监护职责的,可以减轻其侵权责任。"当未成年人实施侵权行为致人损害时,如果其监护人在履行监护责任方面并无过失,并且能够举证证明自己尽到监护责任,在这种情形下,监护人由于履行了监护职责而免于承担完全的责任,只承担减轻责任。

(二)民事、刑事行为能力人的划分

1. 民事行为能力人划分

根据未成年人的年龄和精神健康状况,《中华人民共和国民法典》将未成年人分为完全民事行为能力人、限制民事行为能力人和无民事行为能力人。

十八周岁以上且精神正常的人为完全行为能力人。但考虑到我国的现实情况,即有的人是在十六周岁就参军或者参加工作,因此法律规定:"十六周岁以上的未成年人,以自己的劳动收入为主要生活来源的,视为完全民事行为能力人。"

八周岁以上的未成年人为限制民事行为能力人。这是由于八周岁以上的未成年人已具备一定智力水平，对事物具有一定的识别能力和判断能力，因此"可以独立实施纯获利益的民事法律行为或者与其年龄、智力相适应的民事法律行为"。但考虑到他们依旧是未成年人，智力发育尚未健全，不能独立地理解和判断自己的行为及其后果，所以只具有部分的行为能力，而不具有完全的行为能力。并且"实施民事法律行为由其法定代理人代理或者经其法定代理人同意、追认"。

《中华人民共和国民法典》第二十条规定："不满八周岁的未成年人为无民事行为能力人，由其法定代理人实施民事法律行为。"由于此类自然人年龄尚小，处于生长发育的最初阶段，智力水平普遍较低，不具有综合的认识能力和判断能力，更不能理性地从事民事活动，故认定为无民事行为能力人，应由其法定代理人代理民事活动。

2. 刑事责任能力

刑事责任能力是指行为人构成犯罪和承担刑事责任所必须具备的刑法意义上辨认和控制自己行为的能力，不具备刑事责任能力者即使实施了客观上危害社会的行为，也不能成为犯罪主体，不能被追究刑事责任；刑事责任能力减弱者，其刑事责任也要相应地适当减轻。

《中华人民共和国刑法》第十七条，对刑事责任年龄做出明确的规定："已满十六周岁的人犯罪，应当负刑事责任。已满十四周岁不满十六周岁的人，犯故意杀人、故意伤害致人重伤或者死亡、强奸、抢劫、贩卖毒品、放火、爆炸、投放危险物质罪的，应当负刑事责任。已满十二周岁不满十四周岁的人，犯故意杀人、故意伤害罪，致人死亡或者以特别残忍手段致人重伤或者严重残疾，情节恶劣，经最高人民检察院核准追诉的，应当负刑事责任。对依照前三款规定追究刑事责任的不满十八周岁的人，应当从轻或者减轻处罚。因不满十六周岁不予刑事处罚的，责令其父母或者监护人加以管教；在必要的时候，依法进行专门矫治教育。"

因此，当未成年人出现犯罪行为时，通过具体犯罪行为及刑事责任能力来判断是否承担刑事责任。

四、未成年人教育权利的法律救济渠道

（一）读书经济困难

家庭中出现因劳动力缺失、变故等导致经济困难，未成年人被迫面临无法入学、升学或辍学等情况时，为保障未成年人的受教育权，可以寻求法律保障。

1. 法律支持

为了保证家庭经济困难的学生能够接受教育，我国教育法律法规通过资助、帮助等形式来保障受教育权。《中华人民共和国教育法》第三十八条规定："国家、社会对符合入学条件、家庭经济困难的儿童、少年、青年，提供各种形式的资助。"《中华人民共和国义务教育法》第四十四条规定："各级人民政府对家庭经济困难的适龄儿童、少年免费提供教科书并

补助寄宿生生活费。"

我国主要是提供以下政策支持：一方面是"两免一补"政策。2001年，我国开始对农村义务教育阶段贫困学生实行"两免一补"政策，即免教科书费、免杂费、补助寄宿生生活费，使得农村贫困学生也能顺利完成义务教育阶段的学习；另一方面是助学金资助。2019年，财政部、教育部、人力资源社会保障部、退役军人部、中央军委国防动员部制定了《学生资助资金管理办法》，其中分别对普通高中及中等职业学校的助学金管理作了如下规定："普通高中国家助学金的资助对象是学籍注册在读的家庭经济困难的普通高中生，金额平均标准为2000元/人/年，根据地区不同情况实际标准在1000～3000元之间；中等职业学校国家助学金的资助对象是具有中等职业学校全日制学历教育正式学籍的一、二年级在校涉农专业学生和非涉农专业家庭经济困难学生，资助标准也是2000元/人/年。"

2. 维权流程

家庭贫困学生可通过申请助学金来维护教育权利，可参照如下程序：

第一，了解情况。通过学校、当地政府、行政主管部门及其官方网站，如当地教育局网站等，了解申请的要求、时间、需要准备的材料；

第二，贫困证明。准备家庭贫困证明材料，学生可以写一份家庭情况的介绍书，说明为什么要申请助学金。例如家庭无劳动力、单亲家庭、孤儿或残疾等,造成家庭困难,无法正常支付学费。将情况说明拿到当地村委会、居委会、民政局、社保局等进行盖章,证实学生家庭情况属实;

第三,助学申请。填写助学金申请书,申请书一般从所在学校、当地相关部门或者网站获取,申请书一般写清楚基本信息和申请理由即可;

第四,提交材料。将证明材料和申请书上交学校或者当地教育局,等待最终的审核和确定。

(二)学生欺凌

《中华人民共和国未成年人保护法》第一百三十条中解释:学生欺凌,是指发生在学生之间,一方蓄意或者恶意通过肢体、语言及网络等手段实施欺压、侮辱,造成另一方人身伤害、财产损失或者精神损害的行为。中小学学生欺凌事件近几年频频发生,很多事件恶劣程度令父母和老师都瞠目结舌,对受欺凌学生身心造成了极大的伤害。许多受到欺凌的学生选择容忍和隐瞒。为了预防和制止欺凌事件的持续恶性发展,国家出台了相应的法律法规对校园欺凌事件进行治理。

1. 法律支持

首先是保护主体。《中华人民共和国未成年人保护法》第六条规定:"国家、社会、学校和家庭应当教育和帮助未成年人维护自己的合法权益,增强自我保护的意识和能力。"第三十九条规定:"学校应当建立学生欺凌防控工作制度,对教职员工、学生等开展防治学生欺凌的教育和培训。学校对学生欺凌行为应当立即制止，通知实施欺凌和被欺凌未成年学生的父母或者其他监护人参与欺凌行为的认定和处理；对相关未成年学生及时给予心理辅导、教育和引导；对相关未成年学生的父母或者其他监护人给予必要的家庭教育指导。"可见，保护儿童免受校园欺凌的主体是多元的，包括国家、社会、学校和家庭。

其次是教育惩戒。《中华人民共和国未成年人保护法》第三十九条规定："对实施欺凌的未成年学生，学校应当根据欺凌行为的性质和程度，依法加强管教。对严重的欺凌行为，学校不得隐瞒，应当及时向公安机关、教育行政部门报告，并配合相关部门依法处理。"《加强中小学生欺凌综合治理方案》（2017）指出，针对不同情形的欺凌事件，有关部门要结合其他职能部门共同做好教育惩戒工作。"情节轻微的一般欺凌事件，由学校对实施欺凌学生开展批评、教育；情节比较恶劣、对被欺凌学生身体和心理造成明显伤害的严重欺凌事件，学校在对实施欺凌学生开展批评、教育的同时，可邀请公安机关参与警示教育或对实施欺凌学生予以训诫；屡教不改或者情节恶劣的严重欺凌事件，必要时可将实施欺凌学生转送专门（工读）学校进行教育；涉及违反治安管理或者涉嫌犯罪的学生欺凌事件，处置以公安机关、人民法院、人民检察院为主。"《教育部等九部门关于防治中小学生欺凌和暴力的指导意见》（2016）指出："对实施欺凌和暴力的中小学生必须依法依规采取适当的矫治措施予以教育惩戒,学校和父母要进行严肃的批评教育和警示谈话,情节较重的,公安机关应参与警示教育。对屡教不改、多次实施欺凌和暴力的学生,应登记在案并将其表现记入学生综合素质评价,必要时转入专门学校就读。"

最后是行政、刑事处罚。《教育部等九部门关于防治中小学生欺凌和暴力的指导意见》(2016)规定:"对构成违法犯罪的学生,根据《中华人民共和国刑法》《中华人民共和国治安管理处罚法》《中华人民共和国预防未成年人犯罪法》等法律法规予以处置,区别不同情况,责令父母或者监护人严加管教,必要时可由政府收容教养,或者给予相应的行政、刑事处罚,特别是对犯罪性质和情节恶劣、手段残忍、后果严重的,必须坚决依法惩处。"

除了上述这些法律法规,贵州省也出台了相应的校园欺凌治理管理办法,即《贵州省加强中小学生欺凌综合治理实施方案》(2018),父母可以了解其具体内容,运用相关法律法规维护子女权利。

2. 维权流程

作为父母,要预防孩子遭受校园欺凌,而当儿童在学校受到欺凌时,可参照如下程序维护儿童的权利:

第一,父母应该有对儿童权利的保护意识。一是,教育儿童学会尊重他人,与同学友好相处,防止儿童成为欺凌者;二是,要关注儿童的校园生活,多与儿童交流,并随时与老师进行沟通,了解儿童在校情况。

第二，当发现儿童受到校园欺凌时，父母不应忽视或容忍。应与学校积极沟通，防止事态的进一步扩大，对校园欺凌的容忍可能会给儿童带来更大的伤害。

第三，依据合法程序来处理校园欺凌事件。父母不能用以暴制暴的方式去解决校园欺凌事件，依法定程序处理是基本原则。应及时向学校反映情况。如果属于轻微的欺凌事件，要求学校协调及严肃处理，对于欺凌者给予相应的教育惩戒及道歉；如果对于学校的处理不服，认为有失公正，可以向相关部门，如教育局进行申诉，调查或复查欺凌事件；如果属于严重的欺凌事件，例如造成了身体的伤害，或者引发了更为恶劣的事件，在向学校反映情况的同时，应向公安机关报案，进入法律程序解决，追究欺凌者的法律责任。

（三）儿童转学、入学受阻

当下社会竞争、人才竞争愈演愈烈，父母为使儿童能够"不输在起跑线上"，对于学校选择要求越来越高，"择校热"成为教育现状中急需解决的问题之一。与此同时，学校一方为提高升学率出现"择生热"，即在义务教育阶段，部分学校通过考试对学生进行筛选，甚至通过各种借口和条件阻止学生入学、转学，这些均侵犯了学生的受教育权。

1. 法律支持

就近入学。《中华人民共和国义务教育法》第十二条："适龄儿童、少年免试入学。地方各级人民政府应当保障适龄儿童、少年在户籍所在地学校就近入学。父母或者其他法定监护人在非户籍所在地工作或者居住的适龄儿童、少年，在其父母或者其他法定监护人工作或者居住地接受义务教育的，当地人民政府应当为其提供平等接受义务教育的条件。具体办法由省、自治区、直辖市规定。县级人民政府教育行政部门对本行政区域内的军人子女接受义务教育予以保障。"

此外，我国教育部办公厅《关于做好2018年普通中小学招生入学工作的通知》明确要求："合理确定入学条件，确保符合条件的应入尽入，不得随意提高入学门槛"，"推进免试就近入学全覆盖。各地要根据适龄学生人数、学校分布、所在社区、学校规模、交通状况等因素，按照确保公平和就近入学原则，并从当地实际出发，为每所义务教育阶段学校科学划定服务片区范围。"

学籍管理。《中小学生学籍管理办法》（2013）第四条规定："学生初次办理入学注册手续后，学校应为其采集录入学籍信息，建立学籍档案，通过电子学籍系统申请学籍号。学籍主管部门应通过电子学籍系统及时核准学生学籍。"第十四条也规定："学生转学或升学的，转入学校应通过电子学籍系统启动学籍转接手续，转出学校及双方学校学籍主管部门予以核办。"此外，第二十条规定："学生到境外就读的，应当凭有效证件到现就读学校办理相关手续。回到境内后仍接受基础教育的，应接续原来的学籍档案。"

除了上述的法律条文，各地也出台了相应的入学、转学办法，父母可以根据所在地实际情况，了解入学、转学的政策和办法。

2. 维权流程

第一，父母应详细了解当地的入学和转学办法。现阶段的入学、转学政策办法，父母可通过政府公告、教育局官网、学校通知等渠道了解，包括入学年龄、入学区域等要求，就近上学，保障儿童受教育权。

第二，外来父母要了解跨地转校和学籍转移政策，特别是向就近学校和当地教育局了解外来人员的子女入学办法，依法依规为儿童办理转学和学籍地域变迁手续，保证儿童尽快入学。

第三，当儿童正常的入学、转学遭到学校无理拒绝或者被收取规定以外的其他费用时，父母和学生要向相关部门进行申诉，如向教育局反映情况，并要求相关部门在规定时间内给予回复和处理。

第四，如果申诉未能得到答复或者对于答复和处理办法仍不满意，父母和学生可以进一步要求复议或者进入诉讼。复议是指对所反映的事件进行重新审查，而诉讼即进入司法程序，通过法律来维护儿童的受教育权。

（四）肖像权受侵害

信息时代信息的获取、传递越来越便捷，但与此同时信息安全也受到威胁。未成年人的肖像在未经允许的情况下，被他人以营利为目的的各种使用的情况频繁出现，严重侵犯了未成年人的肖像权。

1. 法律条文支持

《中华人民共和国民法典》第一千零一十八条规定："自然人享有肖像权，有权依法制作、使用、公开或者许可他人使用自己的肖像。"第一千零一十九条规定："未经肖像权人同意，不得制作、使用、公开肖像权人的肖像，不得以发表、复制、发行、出租、展览等方式使用或者公开肖像权人的肖像。"

《中华人民共和国未成年人保护法》第一百零六条规定："未成年人合法权益受到侵犯，相关组织和个人未代为提起诉讼的，人民检察院可以督促、支持其提起诉讼；涉及公共利益的，人民检察院有权提起公益诉讼。"

2. 维权流程

第一，父母应该有基本的权利意识，对于儿童的肖像权应该予以重视，不随意外传儿童的照片，在没有获得父母本人和儿童允许的情况下，不允许儿童的照片作为商业用途，例如照相馆宣传、个人或者企业用以获得经济利益。

第二，如果儿童的照片在不知情的情况下被他人以营利为目的而使用，父母和儿童本人应及时报案，并向侵犯者提起民事诉讼，要求其停止对肖像权的侵犯，并给予一定的赔偿。

（五）著作权受侵犯

未成年人对其创作的文学、艺术、自然、科学等作品享有著作权。但现实生活中未成年人和父母都缺少对于作品的保护意识，作品被篡改、破坏和盗用的情况时有发生，这些都损害了未成年人的合法权益，侵犯了他们的著作权。

1. 法律支持

《中华人民共和国民法典》第一千零二十七条规定："行为人发表的文学、艺术作品以真人真事或者特定人为描述对象，含有侮辱、诽谤内容，侵害他人名誉权的，受害人有权依法请求该行为人承担民事责任。"

此外，《中华人民共和国著作权法实施条例》第二条规定："著作权法所称作品，是指文学、艺术和科学领域内具有独创性并能以某种有形形式复制的智力成果。"《中华人民共和国著作权法》第九条规定："著作权人包括：作者、其他依照本法享有著作权的公民、法人或者其他组织。"侵犯著作权的行为大致包括：未经作者同意篡改他人作品、不给予作者署名、未经作者同意发表和使用作品、毁坏作品、不给予合法报酬等情形（详见《著作权法》第四十六条）。

2. 维权流程

第一，父母和未成年人都应提高权利保护意识，子女的智力成果，例如文章、图画、发明等都应给予保护，避免著作权受到侵犯。

第二，当父母与儿童在不知情的情况下，智力成果被出版、修改、盗用等，应及时保留证据，可对侵权人或组织提起诉讼，要求停止对著作权的侵犯并获取一定的赔偿。

五、其他主体的家庭教育指导义务

《关于指导推进家庭教育的五年规划（2011-2015）》明确提出：要健全家庭教育工作领导管理体制，积极推进建立由各级党政领导牵头负责，妇联、教育、文明办、卫生、民政、人口计生、关工委等有关部门共同参与的协调领导体制，形成党政领导、妇联和教育部门主抓、多部门合作、社会力量参与的家庭教育工作格局。家庭教育指导需要多方主体共同参与，主要涉及到以下主体。

（一）学校

在现实生活中，未成年人除了作为子女或被监护人之外，学生也是其重要角色之一。因此学校作为重要的教育主体，教师作为专业教育工作者，指导家庭教育合情合理。很多法律条款均指出学校参与家庭教育指导的重要性以及义务性。如《中华人民共和国教育法》第五十条就规定："未成年人的父母或者其他监护人应当配合学校及其他教育机构，对其未成年子女或者其他被监护人进行教育。学校、教师可以对学生父母提供家庭教育指导。"

对学校参与家庭教育指导的途径，相关法律法规也做出了规定。一是保证时间。《中华人民共和国未成年人保护法》第三十三条指出："学校应当与未成年学生的父母或者其他监护人互相配合，合理安排未成年学生的学习时间，保障其休息、娱乐和体育锻炼的时间。"《中华人民共和国家庭教育促进法》第二十二条指出："未成年人的父母或者其他监护人应当合理安排未成年人学习、休息、娱乐和体育锻炼的时间，避免加重未成年人学习负担，预防未成年人沉迷网络。"二是告知计划。《中华人民共和国预防未成年人犯罪法》第三十二条规定："学校和家庭应当加强沟通，建立家校合作机制。学校决定对未成年学生采取管理教育措施的，应当及时告知其父母或者其他监护人；未成年学生的父母或者其他监护人应当支持、配合学校进行管理教育。"三是健全机制。《教育部关于加强家庭教育工作的指导意见》（2015）指出："中小学幼儿园要建立健全家庭教育工作机制，统筹父母委员会、父母学校、父母会、家访、父母开放日、父母接待日等各种家校沟通渠道，逐步建成以分管德育工作的校长、幼儿园园长、中小学德育主任、年级长、班主任、德育课老师为主体，专家学者和优秀父母共同参与，专兼职相结合的家庭教育骨干力量。将家庭教育工作纳入教育行政干部和中小学校长培训内容，将学校安排的家庭教育指导服务计入工作量。"从以上法律条款可以看出，学校作为教育未成年人的主要场所，也是进行家庭教育指导的重要主体。学校应更好地沟通学生与父母，在提升家庭教育中发挥重要作用。

（二）政府

政府行为在稳定性、权威性、覆盖面等方面具有显著的优势，政府组织作为各项政策的执行者在社会事务中发挥着重要作用。《中华人民共和国未成年人保护法》第八十二条指出："各级人民政府应当将家庭教育指导服务纳入城乡公共服务体系，开展家庭教育知识宣传，鼓励和支持有关人民团体、企业事业单位、社会组织开展家庭教育指导服务。"《中华人民共和国家庭教育促进法》第七条指出："县级以上人民政府应当制定家庭教育工作专项计划，将家庭教育指导服务纳入城乡公共服务体系和政府购买服务目录，将相关经费列入财政预算，鼓励和支持以政府购买服务的方式提供家庭教育指导。"《教育部关于加强家庭教育工作的指导意见》（2015）指出："各地教育部门要切实加强对行政区域内中小学幼儿园家庭教育工作的指导，推动形成政府主导、部门协作、父母参与、学校组织、社会支持的家庭教育工作格局。"此外，《关于进一步加强和改进未成年人思想道德建设的若干意见》（2004）也指出："各级妇联组织、教育行政部门和中小学校要切实担负起指导和推进家庭教育的责任。"同时，也指出了政府指导家庭教育的方法路径，即"要与社区密切合作，办好父母学校、家庭教育指导中心，并积极运用新闻媒体和互联网，面向社会广泛开展家庭教育宣传，普及家庭教育知识，推广家庭教育的成功经验，帮助和引导父母树立正确的家庭教育观念，掌握科学的家庭教育方法，提高科学教育子女的能力。充分发挥各类家庭教育学术团体的作用，针对家庭教育中存在的突出问题，积极开展科学研究，为指导家庭教育工作提供理论支持和决策依据。"

（三）社会

社会组织不同于政府和企业，我国也有很多政策文件指导社会组织参与家庭教育。如《中华人民共和国未成年人保护法》第九十九条指出："地方人民政府应当培育、引导和规范有关社会组织、社会工作者参与未成年人保护工作，开展家庭教育指导服务，为未成年人的心理辅导、康复救助、监护及收养评估等提供专业服务。"《公民道德建设实施纲要》（2001）指出："要突出加强社会教育，巩固家庭教育、学校教育、单位教育的成果，促进公民道德教育的深化。"在《全国家庭教育工作"十五"计划》（2002）中也提出："逐步建立健全中、小、幼父母学校、社区家庭教育指导与社会家庭教育指导相结合的家庭教育指导工作体系。社区家庭教育指导工作要有较大幅度扩展。"此外，一些政策明确提出了社会主体参与家庭教育指导的途径和方法。如《中国儿童发展纲要（2001—2020年）》（2001）指出："90%以上的城乡社区建设一所为儿童及其家庭提供游戏、娱乐、教育、卫生、社会心理支持和转介等服务的儿童之家。"在《中华人民共和国家庭教育促进法》第四十六条指出："图书馆、博物馆、文化馆、纪念馆、美术馆、科技馆、体育场馆、青少年宫、儿童活动中心等公共文化服务机构和爱国主义教育基地，应当每年定期开展公益性家庭教育宣传、家庭教育指导服务和实践活动，开发家庭教育类公共文化服务产品、广播、电视、报刊、互联网等新闻媒体和方法，营造重视家庭教育的良好社会氛围。"

除此之外,地方政府和相关部门也为此出谋划策,陆续出台了相关政策文件。如《贵州省未成年人家庭教育促进条例》(2017)第二十八条规定:"城乡社区教育机构、儿童之家、青少年宫、儿童活动中心等,应当建立父母学校或者家庭教育指导服务站点。鼓励有条件的单位和个人创办父母学校,开展规范化的家庭教育指导服务活动。父母或者其他家庭成员参加家庭教育指导实践活动,其所在单位应当支持。"

"儿童关爱指导分册"编委会

主　编：袁凤琴
副主编：赵鹏娟

编　委（按姓氏拼音顺序排名）：
丁红芳　郭林鑫　孔海燕　李　英　李　珍
刘　静　刘荣婷　刘艳丽　蒙朝霞　邱燕霞
熊　宇　袁应红　袁真强　字海燕

* 《贵州省家庭教育指南》儿童关爱指导分册是"贵州省儿童心理关爱现状、问题与对策研究"项目的研究成果
本成果为贵州省妇女联合会家庭教育指导专项课题经费支持成果，成果归贵州省妇女联合会与贵州省家庭教育指导中心课题组共同所有，未经授权，严禁复制！

贵州省家庭教育指南
（下）

GUIZHOUSHENG JIATINGJIAOYU ZHINAN
XIA
ERTONG GUAN'AI ZHIDAO FENCE

主　编　袁凤琴
副主编　赵鹏娟

贵州省妇女联合会指导、贵州省家庭教育指导中心　组织编写

民族出版社

前　言

儿童期是一个人身心发展的关键期，也是自然人向社会人转变的关键期，需要家庭、学校、社会给予他们更多的关爱。虽然每一个儿童都是完全不同的独立个体，对每一个儿童的关爱方式也不完全相同的，但是儿童成长的各个阶段都存在着一般性规律，面临着一些普遍性问题。因此《贵州省家庭教育指南》儿童关爱指导分册以贵州省儿童在成长过程中遇到的普遍性问题为导向，以儿童发展的一般规律为依据，分析出现问题的原因，从家庭或家幼、家校共育的视角提出关爱策略，希望能为家长、教师关爱孩子，甚至为孩子们的自我调节提供参考（因为主要涉及"儿童关爱"理论，本册将0—18岁孩子都以"儿童"称之）。

本册共为三部分：第一部分贵州省儿童关爱概述，主要简述儿童关爱定义、儿童关爱的主体以及儿童关爱的理论与技巧；第二部分是贵州省儿童关爱常见问题与对策，从总体上分析贵州省儿童关爱的普遍性问题以及不同类型家庭儿童关爱存在的问题以及相应的关爱建议；第三部分是贵州省不同年龄阶段儿童关爱的具体问题与策略，主要描述学龄前儿童、小学、初中、高中各阶段儿童成长过程中遇到的问题，分析问题产生的可能原因，提出关爱的策略（其中高中阶段以家校沟通为主要途径提出关爱策略）。

本册第一、二部分由袁凤琴编写，第三部分由赵鹏娟、袁应红、孔海燕、邱燕霞、蒙朝霞、字海燕、李珍、刘艳丽、袁真强、刘荣婷、李英、郭林鑫、丁红芳、熊宇、刘静、袁凤琴编写。

《贵州省家庭教育指南》儿童关爱指导分册的编写，由于时间紧，又要遵循儿童发展的一般规律，很多内容都是借鉴或运用已有的研究成果来解决儿童关爱的现实问题，在此表示衷心的感谢！同时感谢"贵州省儿童心理关爱现状、问题及对策研究"课题组所有成员的付出，以及被调研幼儿园、中小学和家长们的支持和帮助。如有不当之处，敬请批评指正。

目 录

第六部分　儿童关爱概述

一、儿童关爱内涵 ……………………………………… 135
二、儿童关爱的主体 …………………………………… 135
三、儿童关爱的基本理论 ……………………………… 135
四、儿童关爱理念 ……………………………………… 140
五、儿童关爱的技巧 …………………………………… 142

第七部分　贵州省儿童关爱常见问题与对策

一、贵州省儿童关爱存在的普遍性问题及对策 ………… 149
二、贵州省不同类型家庭儿童关爱存在的问题
　　与解决建议 ………………………………………… 157

贵州省家庭教育指南(下)

第八部分 贵州省不同年龄阶段儿童关爱的具体问题与策略

一、学龄前儿童关爱的具体问题与策略…………… 171
二、小学阶段儿童关爱的具体问题与策略…………… 219
三、初中阶段儿童关爱的具体问题与策略…………… 270
四、高中阶段儿童关爱的具体问题与策略…………… 314

第六部分

儿童关爱概述

第六部分 儿童关爱概述

一、儿童关爱内涵

儿童关爱是儿童健康成长的重要保障。儿童关爱是指社会、政府、学校、家长以及其他监护人为了儿童的健康成长在生活、学习、安全、心理等方面提供的保障，施加影响的理念和行为。

二、儿童关爱的主体

从广义的角度来讲，国家、社会、政府、学校、每一位公民都是儿童关爱的主体。从狭义的角度来讲，儿童关爱的主体主要指直接影响儿童成长的家长、其他监护人以及教育者。本文中的儿童关爱的主体，不仅指国家、社会、政府，更主要指儿童的父母、其他监护人、学校和教师等。

三、儿童关爱的基本理论

可以说心理学和教育学的很多理论都是儿童关爱的理论基础。这里仅介绍儿童关爱的最基本的理论：多元智力理论和生活教育理论。

（一）多元智力理论

1983年，美国哈佛大学心理学家霍华德·加德纳出版了

《智力的结构》一书,认为"智力是在某种社会或文化环境或文化环境的价值标准下,个体用以解决自己遇到的真正的难题或生产及创造出有效产品所需要的能力"。每个人都至少具备语言智力、数理逻辑智力、音乐智力、空间智力、动觉智力、人际交往智力和自我认知智力等七种基本智力,由此提出了"智力多元论"。

1. 语言智力

语言智力是指听、说、读、写的能力,是指个人能够顺利而高效地利用语言描述事件、表达思想并与人交流的能力。

2. 数理逻辑智力

数理逻辑智力是指运算和推理的能力,表现为对事物间各种关系如类比、对比、因果和逻辑等关系的敏感,以及通过数理运算和逻辑推理等进行思维的能力。

3. 音乐智力

音乐智力是指感受、辨别、记忆、改变和表达音乐的能力,表现为个人对音乐,包括节奏、音调、音色和旋律的敏感,以及通过作曲、演奏和歌唱等表达音乐的能力。

4. 空间智力

空间智力是指感受、辨别、记忆、改变物体的空间关系并借此表达思想和情感的能力,表现为对线条、形状、结构、色彩和空间关系的敏感,以及通过平面图形和立体造型将它们表现出来的能力。

5. 动觉智力

动觉智力是指运用四肢和躯干的能力，表现为能够较好地控制自己的身体，对事件能够做出恰当的身体反应，以及善于利用身体语言表达自己的思想和情感的能力。

6. 人际交往智力

人际交往智力是指与人相处和交往的能力，表现为觉察、体验他人情绪、情感和意图并据此做出适宜反应的能力。

7. 自我认知智力

自我认知智力是指认识洞察和反省自身的能力，表现为能够正确地意识和评价自身的情感、动机、欲望、个性、意志，并在正确的自我意识和自我评价的基础上形成自尊、自律和自制的能力。

多元智力理论认为每个人都在不同程度上拥有上述七种基本智力，智力之间的不同组合表现出个体间的智力差异。每一个人的智力都各具特点，并有自己独特的表现形式，有自己的学习类型和学习方法。因此，对儿童心理关爱也需要根据儿童的智力特点"对症下药"，使对儿童的关爱确实成为促进每一个儿童健康成长、充分发挥其长处的有效手段。

（二）生活教育理论

生活教育理论是陶行知先生的教育思想提出来的。陶行知先生毕生从事教育，在批判和改革传统教育理论的基础上创造性地提出了生活教育思想，并贯穿于教育活动始终。

生活教育理论的内涵是"生活即教育""社会即学校""教学做合一"。

1."生活即教育"

（1）"生活含有教育的意义。"从生活的角度来说，"生活含有教育的意义"。陶行知认为，生活无时无处不含有教育的意义。因此，我们要依靠生活来对学生展开教育。生活为什么能发挥教育的作用呢？陶行知认为，人与人在现实生活过程中总会出现一些小摩擦，这些摩擦会促使人们相互改变自身以往的思想行为，从一定意义上来说也就是双方都受了教育。

（2）"教育应以生活为中心。"从教育的角度说，"教育应以生活为中心"，通过生活来进行，并使生活不断得到提高。陶行知主张，教育要通过生活来进行，也就说，"要想让学生接受什么样的教育，便须引导学生过什么样的生活"。只有将教育与生活结合起来，在生活中进行教育，教育才能成为真正的教育。

（3）"生活决定教育。"从生活与教育的关系来说，"生活决定教育"，"教育改造生活"。陶行知说："从生活与教育的关系上说，是生活决定教育。"又说："教育就是生活的改造"。生活决定教育，首先体现为教育的起源、目的、原则、方法都为生活所决定，都是为了"生活所必需"。其次，生活的全面性导致了教育的全面性。再次，生活的变化必定会导致教育领域的变化。最后，生活的连贯性导致了教育的终身性。同样，教育反过来也改造社会生活，推动生活发展。一方面，教育能够推动社会的政治、经济、文化发展；另一方面，教育也能提升个人的素质，引导其过积极向上的生活。

2."社会即学校"

（1）"社会含有学校的意味。"从社会的角度说，"社会含有学校的意味"。陶行知认为，生活中处处有教育，那么作为生活场所的社会也理所当然是教育的场所。也就是说，社会含有学校的功能。用他的话说就是"社会即学校"。

（2）"学校含有社会的意味。"从学校的角度来看，"学校含有社会的意味"。也就是说，学校要了解社会的需求，与社会生活实际联系起来，培养适应社会需求、能够为社会改造和发展服务的人才。

（3）社会与学校相互影响。从社会与学校的关系来说，社会对学校教育有着重大的影响，正确运用社会力量，能够使学校不断进步；同样，学校教育的好坏也会影响整个社会的面貌，学校也能够帮助社会不断发展。

3."教学做合一"

"教学做合一"，简单来说就是"教与学都以'做'为中心"。什么是"做"呢？陶行知认为，单纯的劳力，只是蛮干，不能算真正意义上的做；单纯的劳心，只是空想，也不能算真正意义上的做，真正的做应该是在劳力上劳心，双手与大脑的结合。由此可见，"教学做合一"并非只重视实践技能而忽视科学理论，只强调个人直接经验而轻视他人间接经验，它强调教育必须以社会生活实际的"做"为中心，只有行动和思想结合才能取得"真知"。陶行知先生的这种主张能够加强教育与社会生产劳动的联系，培养学生手脑并用的能力，从而促进学生的全面发展。

生活教育理论鼓励孩子参与到生活之中，从"做"开始，给孩子动手尝试的机会。尤其是家庭教育，应以生活为中心，让孩子参与劳动，抓住具体生活中的每一个细节，将教育融入生活，利用生活中的具体事件来教孩子。并在做的过程中，有意识地培养孩子手脑并用的习惯和能力。生活教育理论鼓励孩子走进社会，打破"教育只局限于小家庭的"的牢笼，解放孩子的生活空间，让孩子到大自然、大社会里去接受教育，为孩子的成长提供一个开放的空间，使其能在这片广阔的蓝天下自由地翱翔。

综上所述，多元智力理论给儿童关爱的启示是要针对儿童智力组合的差异，扬长避短。生活教育理论给儿童关爱的启示是要以生活为中心进行教育，"教、学、做合一"。

四、儿童关爱理念

儿童关爱理念是人们把理论转化为行为的中介，是指导人们关爱行为的意识。儿童关爱应具备以下两种最基本的理念。

（一）勤未必能补拙，扬长远胜于补短

我国常常用龟兔赛跑的故事来激励孩子们要坚持不懈，

这具有一定的积极意义，因为成功必须持之以恒，但努力未必一定成功。如果把龟兔赛跑的故事重新改写，改成龟兔游泳比赛。结果不言而喻，无论兔子如何努力，肯定赢不了乌龟，还有可能因此丧命。其实，对于绝大多数人来说，智力都是中等水平，天才很少，弱智也很少。但同处于中等智力水平的人的智力组合是不同的，每个人的长处也是不同的，因此发现儿童的长处，引导儿童在优势项目上不断努力、坚持不懈，远胜于在不足的地方进行弥补。

（二）爱在左、同情在右

对儿童的关爱，有两点比较重要，那就是爱心和同情心。借用冰心先生的一句诗来表达，就是"爱在左、同情在右"，即对儿童的关爱要有爱心和同情心。爱是对儿童的关爱之情，同情是对儿童的困难、不幸要有同情心。对于儿童，家长、老师们应该蹲下来，从儿童所处的年龄来看待事情，站在儿童的视角来切身体验儿童们的感受，让儿童真实感受到他人的关爱之情和同情之心。爱和同情是儿童关爱的必要条件，是一切关爱行为的出发点。但对儿童的关爱如果仅有爱和同情也是不够的，真正要引导孩子健康成长还必须针对不同的个体，采用不同的方式来激发他们，帮助他们建立自尊心、激发他们的表现欲、提升他们的自我效能感，提升他们为美好的生活不断努力的激情和能力。千万别把关爱变味成了"管、卡、压"，变成对儿童的驯服。

五、儿童关爱的技巧

很多人都认为非常关爱儿童，但效果并不理想，其主要原因是对儿童关爱的方式不恰当，因此需要了解儿童关爱的必要技巧。

（一）发现、抓住儿童的闪光点及时鼓励

鼓励不仅可以起到激发、勉励儿童，也可以使亲子关系、师生关系更加和谐。但是鼓励不能总是用"你一定行""你真棒"这类空洞、笼统的话，否则效果不佳。因此鼓励要源于真实生活，融入真情。儿童关爱主体要以关爱、理解、赏识的心态看待儿童，敏锐地捕捉儿童身上的"闪光点"，找到鼓励儿童的落脚点，才能收到良好的效果。

（二）给儿童创造为家庭、班级、集体做贡献的机会

无论是在家还是在学校，都应该故意给儿童制造一些为亲人、为班级做事的机会。做事的难度可以根据儿童的年龄来定，鼓励他们干些力所能及的事情。做得好要及时表扬，即使做得不尽人意，也要随时表示欢迎感谢，使孩子感觉到成人的善意的支持，肯定他的能力，激发儿童做事的热情。

（三）接受儿童的合理建议

无论是在家里还是在学校，都可以经常征求孩子们的建

议，认真听取他们提出建议的原因，以及切实可行的做法，可行的话都可以采纳他们的建议。在反哺时代的今天，孩子可能比成人更容易学习新鲜知识，有着异于成人的观念和看法。听取他们的意见或建议不仅体现对他们的尊重，彰显他们的主体性，更是培养他们责任感的重要途径。

（四）接纳孩子的过失

俗话说孩子的不断犯错就是孩子的不断进步。孩子就是从不断的错误中学习新事物的。面对孩子的错误，家长教师不要一味责怪，而应该和孩子一起分析出现问题的原因，寻找解决的途径，避免下次再犯同样的错误。这样才能让孩子向我们敞开心扉，让孩子有安全感，培养再次尝试的勇气，也能不断提高孩子承受挫折的能力。

（五）重视孩子努力的过程

儿童能从头到尾地、成功地完成一件事情肯定值得表扬。如果父母只有在事情成功完成的时候才给予孩子鼓励，那么鼓励的机会就大大减少了。在孩子做事的过程中也要随时给予孩子鼓励，如此一来孩子就会明白任何努力都是有价值的。

（六）理解接纳孩子不平的情绪，引导孩子从不同的角度看问题

当孩子遇到挫折，出现不平静的情绪时，父母老师不妨

从孩子的年龄去感受体验孩子的情绪，理解接纳孩子不平的情绪，这样孩子不平情绪就得到了缓解。然后再提醒他在这次事件中应该吸取的教训，让孩子学习从不同的角度和立场去看待事情、分析问题。

（七）以己之长克己之短

每个孩子都有自己的长处，但也有不足。对于孩子的不足，一味地批评，效果并不好。要利用他们的长处，发挥他们的优势为家庭、为班级集体做贡献，培养他们的责任意识。同时鼓励他们慢慢克服自己身上的不足，使自己变得更加优秀，让他们搭上成长的快车。

（八）先扬后抑，引导儿童主动认识错误改正错误

儿童在成长的过程中，难免犯这样或那样的错误。虽然我们提倡赏识教育，但是也必须要让孩子知道错误、改正错误。因此，当孩子犯错误的时候，家长、老师切记不要一味指责，甚至把成芝麻烂谷子的事情又统统唠叨一遍。而应该与孩子一起分析他这样做的合理因素以及犯错的原因，引导孩子慢慢认识自己的错误，并改正错误。

（九）身体力行，言传身教

孩子很多时候通过模仿成人来学习，家长和老师是孩子们模仿的主要对象。家庭、学校是孩子成长的主要环境，家

长、老师一定要注意自己的言行，因为孩子随时关注着父母、老师的言行，也在无意识地模仿着父母、老师的言行。因此在家里和学校，父母、老师希望孩子做的事情，如多看书，自己也应该多看书；不希望孩子做的事情，如玩手机，自己也最好不做，或少做。让孩子不仅接受我们的言教，还感受我们的身教。当然，我们也要不断从孩子身上吸收好的东西，给孩子表达自己的机会，让孩子感受亲子关系、师生关系的平等，感受到被尊重和自我的价值，提升他们的成就感。让关爱的过程变成相互交流会、亦师亦友陪伴孩子一起成长的过程。

第七部分

贵州省儿童关爱常见问题与对策

第七部分
贵州省儿童关爱常见问题与对策

本书通过对贵州省7个地区34所学校问卷调查、访谈、案例分析，对贵州省儿童关爱的现状进行了了解。选取的样本考虑到城市和农村，兼顾民族地区、非民族地区以及移民地区。共发放问卷6274份，其中儿童问卷3450份，有效问卷3377份，有效率为98％；家长问卷2114份，有效问卷2030份，有效率为96％；教师问卷710份，有效问卷696份，有效率为98％。通过对资料的统计分析，发现贵州省家庭对儿童的衣、食方面的关爱做得比较好，但也存在着很多问题。为了便于表述，分别从贵州省儿童关爱存在的普遍性问题和贵州省特殊类型家庭儿童关爱存在的问题进行分析，并提出解决对策。

一、贵州省儿童关爱存在的普遍性问题及对策

（一）贵州省儿童关爱存在的普遍性问题

1. 部分监护人的主体意识有待进一步提升

不论是农村还是城市，部分监护人存在着关爱主体意识不强的现象。在农村，监护人每天都忙于农活或者其他的事情，对孩子的关爱主要是保证孩子吃饱穿暖。外出务工人员对留守在家儿童的关爱意识急需提升，很多父母与孩子的联系较少，交流内容主要是关于孩子的学习，与孩子见面次数也很少。在城市，由于生活节奏的不断加快，工作压力与日俱增，因此对孩子的关爱也面临很多困难。通过调查发现，有30％左右的人认为只要有人照顾孩子，自己就能放手，似乎对孩子的关爱

可以由别人代替。可见部分人对儿童的关爱的主体意识不足，有待进一步提升。

2. 儿童关爱的知识不足，教育理念有失偏颇，教育能力有所欠缺

斯宾塞对教育方面知识的重要性进行过论述，强调每个人都应该学习有关教育方面的知识。但是在调查中发现大多数家长对教育方面的知识了解不够，特别是关于儿童成长方面的知识比较欠缺；对儿童成长的心理特征了解不够，尤其是对孩子思维发展方面的知识不太了解，因而在对孩子进行教育的时候普遍存在站在成人的角度进行说教的问题。对孩子的教育往往不能根据孩子不同发展阶段的年龄特征和思维特点进行教育，教育能力明显不足。主要原因是大部分家长都没有接受过儿童心理学、发展心理学、教育理念、教育方法等方面的教育和培训，教育理念跟着感觉走，教育方法跟着情绪走。农村家庭的监护人（包括城市流动儿童的家长）存在此问题的现象尤为突出。大部分家长在碰到孩子考试不理想时，往往都认为是孩子努力不足，缺乏帮助孩子提升学习能力的方式方法，进而导致孩子更不爱学习，讨厌学习。

3. 陪伴孩子、与孩子交流的时间不足

家长关爱孩子的一个重要方式就是陪伴孩子的成长。在陪伴孩子的过程中，孩子能充分地感受到父母的关爱，并在与父母的合作交流中学会与他人打交道，学会谦让礼仪、学会换位思考、学会与人合作。父母在陪伴孩子的过程中能更好了解孩子的个性，培养孩子的性格，养成孩子良好的行为习惯，培养良好的亲子关系，从而减少盲目的不切合实际的说教。可是调查的结果显示，无论是农村还是城市监护人陪伴孩子的时间并不多，尤其有效陪伴更是少之又少。

4. 关注孩子的学习成绩，但不够重视学习习惯的养成

无论农村还是城市，大部分监护人都非常重视孩子的教育，对孩子的学习成绩都非常关注。但对孩子学习习惯的养成方面就显得不够重视。在调查中发现，对孩子学习习惯的培养方面存在着两方面的问题，一是放任不管型。这类监护人基本上不了解学习习惯对孩子学习的重要性，往往会拿个别例子为自己找台阶。如有家长就说："你看某某家的孩子，他们的父母天天打麻将，孩子还要给他们送饭，可人家照样考上重点大学。"二是过度陪伴型。这类家长觉得孩子的学习非常重要，每天陪着孩子学习才能安心，却不知道培养良好的学习习惯比每时每刻陪着孩子做作业更加重要。

5. 家校联系不紧密，教育的合力没有得到充分的发挥

影响孩子成长的因素很多，而家庭、学校是影响孩子成长的最为关键的因素。家庭与学校联合，在关爱孩子的理念、方法等方面达成共识，将会对孩子习惯的养成、性格的形成、人格的养成方面取得事半功倍的效果。从问卷调查结果看，家校联系不够紧密。在与教师的访谈中也了解到，部分家长不太配合学校对孩子进行教育，有少数家长甚至对教师说，"我要是能管得住孩子，送他\她到学校干什么？"在与家长的访谈中也有一些家长抱怨说:"学校动不动就叫家长,烦死了!""为什么学校总是把他们的责任推给家长?"甚至有些家长把孩子教育的责任推给学校,与学校的联系也是"被迫"的,因而家校联合实际上难以做到,联合教育的力量也没有得到充分的发挥。

(二)贵州省儿童关爱存在的普遍性问题的解决建议

1. 加大执法力度,强化监护人的主体意识,保证儿童关爱底线

苏联著名教育家安·谢·马卡连柯说:"现今的父母教育子女,就是缔造我国未来的历史,因而也是缔造世界的历史。"因而家庭教育的重要性不言而喻。我国素有重视家庭教育的优良传统。中国有"法不入家门"的传统观点,但是随着社会的不断发展,关于家庭教育的理论不断丰富和完善,家庭教育开始纳入法律的视野。贵州省也颁布了《贵州省家庭教育促进条例》。但还需进一步加强法律的执行力度,让监护人清楚地了解自己的基本权利与基本义务,强化监护人的主体意识,为家庭,尤其是特殊家庭的儿童关爱提供法律支持,保证儿童能得到家庭关爱的底线。

2. 普及家庭学知识,强化家庭学培训,更新家庭教育理念,提升家庭教育能力

在中国,家庭教育基本上都是"父传子承",家庭教育方面的知识都是靠自身的经验,凭感性认识得来的。因此,普及家庭教育知识，强化家庭教育培训，更新家庭教育理念，提升家庭教育能力就显得极为迫切。具体可以从以下几个方面进行。

（1）学校增加家庭学方面课程，积累家庭教育方面的知识

在我国基础教育阶段，特别是在初中、高中阶段增加家庭教育方面的知识，使学生在年轻时候就了解家庭教育的重要性，以及如何进行家庭教育的相关知识，为成人后正当地完成为人父母的职责打下基础。虽然我国基础教育课程体系中有部分关于青少年身心特点的知识，但很少与家庭教育联系起来，使得人们难以在以后的家庭教育中学以致用。就目前的课程来看，可以把青少年相关方面的知识与家庭教育方面的知识进行整合，把家庭学方面课程整合到学校课程体系之中。

（2）进行家庭学婚前培训，明确家庭责任

登记结婚是人生中的大事，是核心家庭形成的开端。在年轻人结婚登记之时进行家庭学培训是最合适的时间，也是唯一能以"强制"的方式让每个人都参与的最佳时间。如巴西政府规定，任何人结婚之前，都要学习两周的家庭学课程……集训考试合格才能办理结婚登记；否则，不能成家，婚后出生的孩子也不被国家法律所承认。培训内容包括家庭成员的责任、家庭成员之间相处方面的知识、孩子孕育方面的知识、孩子监护与教育方面的知识等，使人们在结婚之时就能明白婚姻的含义，懂得自己将要肩负的责任，并能学习到有关的知识内容，做好从"为人子\女"到"为人父\母"的心理、知识和能力

的准备。

（3）发挥家长学校的培训功能，使家庭关爱更具针对性

从目前调查的情况看，大多数学校都成立了家长学校，但就其发挥的作用来看，很多家长学校形同虚设。建议盘活家长学校的资源，发挥其应有的功能，对学校学生的家长、其他监护人进行有效培训。学校比较了解学生的具体情况，因而在家长学校的培训中，更应该针对当前学生家庭关爱中所存在的问题，进行家庭关爱理念、关爱内容、关爱方式、学生身心特点等方面的培训。通过培训，使监护人明白孩子的特点，懂得如何去关爱孩子、应该从哪些方面关爱孩子。

（4）通过各种信息技术，宣传儿童关爱的重要性，普及儿童关爱的知识

目前，很多家长对儿童关爱的重要性认识不足，有关儿童关爱的知识储存不够。可以通过各种现代技术手段，加大儿童关爱重要性的宣传，普及儿童关爱知识，让监护孩子的意识在每个人的心里生根发芽、牢牢扎根，在任何时候都不会忘记关爱孩子的成长是自己肩负的责任和使命，同时知晓应该关爱孩子的成长内容、知识、方法等。如可以通过电视、手机、互联网等方式普及家庭关爱重要性以及家庭监护方面的知识、方式方法的宣传，使家庭关爱的重要性、家庭关爱方面的知识深入人心，家喻户晓。

3. 合理安排时间，多陪伴孩子，不缺席孩子的成长

如今的社会，似乎人人都很忙，忙于生计、忙于工作、忙

于研究、忙于应酬、忙于自娱等，但是忙于陪伴孩子成长的家长却不多。众所周知，孩子和父母由血缘纽带联系起来，父母是孩子的第一监护人，对孩子的监护不仅是物质方面也包括精神方面。为生存得更好些，农村的年轻父母往往去城里务工，几乎没有参与孩子的成长。而工薪阶层又由于工作压力大、社会应酬多，再加上有爷爷奶奶或外公外婆帮忙照顾孩子，孩子的父母似乎有了更多的理由去做其他的事情，因而也在很大程度上缺失了参与孩子的成长。不管是哪一种家庭，不管是什么理由，父母都应该尽量抽出时间陪伴孩子，参与孩子的成长。因此建议下班的路应该是回家的路，上班时间没有办法陪伴孩子，可下班后就应该回家陪伴孩子，在陪伴孩子的过程中了解孩子，在陪伴孩子的过程及时发现问题解决问题，在陪伴孩子的过程中倾听孩子的心声，在陪伴孩子的过程中提升自己的关爱能力，真正做到与孩子共同成长，把监护孩子的责任变成陪伴孩子共同成长的乐趣。

4. 注重孩子良好学习习惯的养成，把孩子变成"好之者"和"乐之者"

每个父母都希望孩子能够取得优异的学习成绩，考上全国甚至世界最好的大学，因而都非常关注孩子的学习成绩。甚至为了不让孩子输在起跑线上，不惜花费重金让孩子参加各种学习班，恨不得把孩子的时间全都用在学习上。可我们的家长往往只关注了孩子学习时间，而忽视了孩子学习习惯的养成和主观能动性培养。孩子的学习成绩的好坏除了与孩子的智力因素有关之外，还与孩子的学习习惯有极为重要的关系。因为良好的习惯可以减少行动的阻力，一旦养成了良好的学习习惯，就会习惯成自然，把学习变成自然而然的事情，不需要意志力的参与就能抵制外界的各种诱惑。中国古代的大教育家孔子就说："知之者不如好之者，好之者不如乐之者。"良好的学习习惯可以减少孩子学习的阻力，一旦孩子用心学习就一定能取得较好的学习效果，较好的学习效果又助推孩子学习的动力，从而形成良性循环，最后变成"好之者"和"乐之者"。

5. 明确社会、学校、家庭的责任，发挥教育的合力，共同促进儿童健康成长

贵州省大多数监护人都认为教育是家庭、学校的共同责任。但也有部分家长认为孩子一旦上学后，教育孩子就变成了学校的事情了，甚至学校通知开家长会，监护人都不愿去参加。老师打电话给家长，希望他们协助教育孩子时，有的家长甚至说："我能教育孩子，我送他到学校干什么？"学校对孩子的教育变得困难的三个原因：一是实行免费义务教育后，学生进入学校没有任何门槛，因此读书变成了教师要他读书，而不是他要读书；二是因为过分强调对学生的保护，使得学生对教师是有恃无恐，遇到老师的批评，学生不仅不愿意接受，还动不动就威胁教师说要到媒体去曝光，要去教育管理部门去告老师；三是学生发生事故，家长就会追着学校、老师不放，媒体有时也为了吸引眼球而片面地进行报道，处理结果往往都会偏向学生。无形中把教师推到了不利的地位，也弱化了学校教育的效果。

因此，一是应该完善法律，明确家庭、学校各自的责任。二是家长对教育孩子应有正确的认识。孩子正处于人生观、价值观的形成时期，如果一味地放纵孩子，最终只会不利于孩子的成长。因而教师采用适当的方式纠正孩子的不良行为是对孩子负责的做法，家长应该配合才能取得良好的效果。三是社会对学生受伤事件要有正确的引导和处理。在处理类似事件时，应该有明确的责任认定，并根据责任认定给予处理，而不是把责任推给学校和教师，只是一味"同情"家长。家庭、学校、社会教育合力的形成需要整个社会对教育有正确的认识，对孩子监护责任有明确的责任划分，需要有正确的价值导向，总之需要整个社会参与重塑。

二、贵州省不同类型家庭儿童关爱存在的问题与解决建议

除了以上讨论的贵州省儿童关爱存在的普遍性问题以外，还存在一些特殊性问题。根据家庭儿童关爱问题的特殊性，把贵州省家庭划分为贵州省农村留守儿童家庭、贵州省城市工薪阶层家庭和贵州省进城务工人员家庭三种类型进行探讨。

（一）贵州省农村留守儿童家庭关爱存在的主要问题及解决建议

1. 贵州省农村留守儿童家庭关爱存在的主要问题

留守儿童的家庭监护除了具有贵州省儿童关爱存在的普遍性问题之外，还存在着以下一些特殊的问题。

（1）委托监护人角色定位不准确，监护力度不足

调查显示，留守儿童的父母外出打工之后，大多将自己的孩子交给爷爷奶奶、外公外婆或其他亲戚。爷爷奶奶或外公外婆对孙子辈的照顾，往往会缺乏理性认知，产生"隔代亲"，会一味地溺爱孩子，养成孩子一些不良的性格。而亲戚作为监护人，大多抱着一种"让孩子吃饱喝足就够了"的想法，对孩子的学习、生活、交友等方面的情况关心不够。在监护人访谈中，有亲戚监护人就说，"自己忙着干活赚钱，能保证孩子有饭吃就不错了，至于其他方面的照顾真是心有余而力不足"。且亲朋好友往往认为教育留守儿童不是自己的本份，而是碍于情面不好拒绝，是一种形式上的交代，角色尴尬，尺度很难把握，在处理很多事情时不知道该轻还是该重，往往只能采用能得过且过的粗放式教育。同辈监护的监护人往往处于刚成年或者未成年的时期，对生活的阅历较浅，处理问题的能力较弱，在留守儿童（监护人的弟弟或妹妹）眼中没有父母的权威，并不承认监护人的身份。因此他们不服监护人的管教，常常出现语言顶撞和行动上的还击，使得监护人感到自己没有能力对自己的弟弟妹妹进行教育，也无法对他们进行有效的开导。同样

的，单亲监护（大多是母亲监护）的情况也不会太好。由于农村孩子母亲受教育程度不高，又要承担家里家外所有的劳动，再加夫妻长期分居，因而对孩子的监护基本上停留在保证孩子吃饱穿暖的层面。总体而言，留守儿童的监护人多数主要监护孩子的吃穿，对其他方面的监护则较为不足。

（2）部分留守儿童与委托监护人之间关系不佳

有部分的留守儿童由于长期与父母难以见面，难以相处，因此在心理上更加的敏感。特别是委托给亲戚监护的留守儿童，他们本就有寄人篱下的感觉，再加上监护人的教育方式方法不恰当，就难以形成良好的交流氛围。即使监护人愿意与儿童沟通，交流平时学习、生活中的事情，留守儿童自身也不愿意与其交流。在监护的过程中，一般父母在身边的儿童在遇到与同学发生纠纷时，往往会告诉父母，而留守儿童则不愿意与其监护人交流，甚至有时会与监护人发生冲突。认为父母不在身边，其他人也没有管教自己的资格。

（3）部分留守儿童父母缺位又失职

留守儿童由于长期与父母分离，与孩子共同生活的时间则少之又少。这些父母不仅在孩子成长过程中缺位，而且在孩子成长的过程中没有尽到自己监护、教育的责任，认为只要挣钱给孩子用就算是尽到了父母的责任了，因而可以说他们失职。在调研中一位老师说：有一次，他们班的一位留守儿童没有来上学，她无法联系到这位学生，到学生家也找不到，于是打电话给学生的父母，结果学生的父母说没关系，过几天他就回来了。幸运的是这位学生过了两天真的又回来上学了。万一这位学生发生了安全事故，责任不知道由谁来承担。这位老师说起这件事都心有余悸。另一位老师谈到他班上的一位留守儿童时表现出极为无奈。他说：小明（化名）的父母皆外出打工，每月只给孩子生活费，对孩子的教育情况不闻不问，几天不跟孩子联系是常态。

（4）部分留守儿童父母的补偿心理给孩子的成长带来不良影响

部分留守儿童父母对孩子常常抱有愧疚心理，为了弥补这种愧疚，他们往往从金钱方面给予补偿。当孩子拥有了一些金钱却又缺乏正确引导的情况下，经不住外面的诱惑而做出不理性的行为。在调研的过程中，有一位老师就说："班上一位留守儿童，经常逃掉晚自习走两个多小时去县城的网吧上网，快到天亮时，吃了东西回学校。然后上课就打瞌睡。"这当然是个别学生的极端行为，可有这种补偿心理的留守儿童家长并不是少数，而孩子也能明显感受到父母的这种心理，因而变着花样向父母伸手要钱，从而对孩子的而成长产生不良影响。在一所学校的调研中，校长告诉我们说："一天早上有八个孩子未来上课，他们组织老师到周围的网吧去找，结果在网吧中找到了他们。这八个孩子全是留守儿童。"

2. 贵州省农村留守儿童家庭关爱问题的解决建议

（1）易地扶贫搬迁，精准扶贫，留住外出务工人员

留守儿童是因为农村地区经济不发达，家长外出务工而

造成的。留守儿童在家庭关爱方面存在这样或那样的问题，最好的解决方法就是发展农村经济，缩小城乡经济收入的差距，留住外出务工人员。贵州省委省政府以脱贫致富和改善民生为目标，以就业和增收为核心，以改变生存环境和发展条件为主线，以贫困程度深的自然村寨整体搬迁为主攻方向，加大政府投入，创新投融资方式，加大"一方水土养不起一方人"地方贫困人口搬迁力度；完善后续扶持政策，将扶贫搬迁与新型城镇化相结合，与区域经济发展相结合，强化搬迁成效监督考核，围绕"建房、搬迁、就业、保障、配套、退出"六个关键环节，周密组织、精心实施，确保"搬得出、稳得住、能致富"，目的是为了从根本上解决我省居住在深山区、石山区、石漠化严重地区"一方水土养不起一方人"的贫困农户生存发展问题，确保打赢科学治贫、精准扶贫、有效脱贫这场攻坚战。这无疑是留住外出务工人员的最好方式，也是解决留守儿童子女关爱问题的最好办法，不过这是一个艰巨、浩大而又长期的工程，需要全社会共同的长期的努力才能实现。

（2）明确挣钱的目的，劝返外出务工人员

人们外出务工的主要目的是改善家庭经济状况，为孩子创造更好的生活环境，这样的想法和做法都无可厚非。但是，值得思考的是经济方面的改善是不是真正有利于孩子的健康成长呢？从调研的结果看，留守儿童普遍出现以下三种情况：一是自制力很好，可以管理好自己，希望在学校取得优异的成绩来回报父母；二是自制力很差，离开了父母就随心所欲，自由自在，做自己想做的事，逃学上网的大多是这些孩子；三是害羞、胆怯，害怕别人欺负，在学校不积极参加任何活动，也不太和别的小朋友玩耍。虽然有少部分留守儿童因为父母的离开而变得更加懂事，有其积极的意义，但是这种早熟也可能是拔苗助长，不一定真正有利于孩子的成长。总的来说，父母外出务工有其不得已的苦衷，但是父母应该弄清外出务工的初衷大多是为了给孩子一个更好的生活和成长的环境。可今天外出给孩子带来的影响也许是完全没办法用金钱来弥补的。因此，外出务工之前，先要厘清为什么要外出挣钱，如果没办法妥善安排孩子，可能会得不偿失。社会和学校都可以从这个角度劝说外出务工人员，劝说一方或双方都留下。虽然对于一个家庭来说，经济上可能有些损失，但更有利于孩子的健康成长。

（3）不得不外出务工的父母们必须做到缺位而不失职

如果父母别无选择，一定要外出打工，也要尽量做到以下几点，争取做到缺位而不失职。

第一，要克服各种困难，尽量留下一方在家里照顾孩子。因为单亲，特别是母亲照看的孩子至少在生活上是有保障的，可以让孩子在心理上多少有点依靠，对孩子健康成长有好处。

第二，外出打工的父母要选择好监护人，尽量给孩子创造一个好点的成长环境，使留守儿童的日常生活不至于受到太大的影响。

第三，在思想上和行动上重视对子女关爱问题，要尽可能经常回家看望子女，关注子女的心理、学习和生活状况，让子女感受到亲情的温暖。如父母在外也可以通过打电话、写信等方式经常与子女进行情感交流和亲子互动，使他们能够充分感受到父母的爱。建议外出的父母，只要能写信，请尽量多与孩子通信，因为父母的只言片语会给孩子极大的安慰；而且在他们想念父母的时候，还可以阅读父母的信件而获得支持和安慰，感受到亲情的温暖。

第四，要与孩子的班主任、监护人保持经常性的联系，共同商讨教育的策略与办法，使孩子能在良好的环境中健康成长。

第五，如果有条件的话，在寒暑假期间，父母最好能把孩子接到自己打工的地方和自己一起生活。一是和孩子增进感情；二是让孩子见见世面；三是让孩子了解父母的辛苦，以激励他们努力学习、奋发向上。

第六，如果寒暑假无法与孩子团聚，每年春节应尽量回家与孩子团聚，让孩子感受到家的温暖。

（二）贵州省进城务工人员家庭儿童关爱存在的主要问题及解决策略

1. 贵州省进城务工人员家庭儿童关爱存在的主要问题

（1）部分进城务工人员家庭对孩子学习环境的保障不力

大部分进城务工人员都有在外挣钱回家修房的想法，且工作不稳定、工资待遇也不是很高，因而带着孩子来到城市后，对居住的要求也不高，常常都是一家几口人居住在一个房间，做饭、洗衣、学习都在同一个房间，使得孩子连一张适合他们学习的干净的书桌都没有，更不别说有一个属于自己的安静的学习环境了。在与教师的访谈中，有教师就说："如果在批改作业时发现作业本上有油渍，或封面不干净的话，十有八九这个学生就是流动儿童。"

（2）部分进城务工人员家庭儿童难以适应新环境，监护人有效疏导不力

进城务工人员工作的一个最大特点就工作的不稳定性，一个地方的工作完成后，他们就得另外找工作，流动性比较大。孩子跟着他们进城后，也得跟着父母一起流动。正因为频繁的流动，使得流动儿童又要随着父母搬离刚刚熟悉一点环境的居住地，离开刚刚熟悉的学校和同学，让本不熟悉城市生活的孩子经常处于一种紧张状态，容易造成适应环境方面的障碍。可是儿童的父母工作比较辛苦，早出晚归，很少有时间去关注孩子的这些变化，再加上他们的文化层次都不太高，即使注意到这些情况，也难以进行有效的开导。

2. 贵州省进城务工人员家庭儿童关爱存在问题的解决建议

家庭是一个人一生中最早参与的群体，也是一个人一生参与时间最长的群体，家庭对于一个人的成长有着重要影响。目前，由于农村外出劳动力整体受教育水平较低，这就决定了他们在职业层次、经济状况、生活质量等方面都不尽人意。而且他们又很难获得再学习的机会，所以绝大多数进城务工人员家庭难以给子女提供一个良好的家庭教育环境。因此，为了改

善进城务工家庭子女的关爱问题,可以从以下几个方面入手：

一是提升进城务工人员的整体素质。有条件的社区可以考虑举办外来人口学习班等,对外来人口进行培训和再教育,增强其城市生活适应能力和就业竞争力。这既有利于社会的发展,也有利于进城务工人员个人能力的提升以及家庭环境的改善,间接为孩子营造一个良好的生活空间。

二是建立家长学校,帮助进城务工人员树立科学儿童关爱理念。进城务工人员整体文化层次不高,教育方法、教育手段比较简单。因此,有条件的社区、学校应定期向们宣传国家的教育方针和现代家庭教育的新理念、新方法,改变他的家庭教育知识结构,使他们掌握科学的家庭教育方法和科学教育女的能力,从而从整体上提高流动人口的家庭教育水平,发挥家庭教育的正功能。

三是要帮进城务工人员认识儿童关爱的重要性。由于进城务工人员外出的主要目的是经济活动,他们每天从早到晚都忙于挣钱,忽视了对子女生活上的照顾和学习上的关心。家庭的经济功能几乎完全取代了家庭的教育功能和情感功能,导致家庭儿童关爱功能失调。英国学者研究表明："教育的贫乏现象主要并非贫穷的结果,父亲的态度及母亲的照顾比物质需要的水准更为重要。"

（三）贵州省城市工薪阶层家庭儿童关爱存在的问题及解决建议

1. 贵州省城市工薪阶层家庭儿童关爱存在的问题

（1）对子女的学业要求过高，孩子自由支配时间较少

在城市当中，教育竞争的压力大，因此许多城市工薪家庭从子女小的时候就开始为其前途进行规划，从小就开始培养孩子的兴趣、特长，目的是为了不让孩子输在起跑线上。因而当孩子上学后，家长恨不得让孩子每时每刻都学习。在问卷中，孩子最想对监护人说的话中，约有50%的孩子写道"希望不要上那么多的课外辅导课；不要练钢琴；别总是让我学习"等。在与家长的访谈中也发现，几乎每个孩子都在上课外补习班，不同的是有的上一两个补习班，如英语、数学，有的上五六个补习班，如英语、数学、钢琴、作文、体育特长班等。本属于孩子的周末，他们比平时还忙，穿梭在各个补习班之间，甚至连饭都只能在路途中吃点快餐。这样忙碌，孩子是否能完全接受、消化所学的知识，是否有时间积累必要的生活实践知识，是否能持之以恒地保持学习热情而不厌倦学习等值得所有监护人深思。由于家长过于看重孩子的学习成绩，因而很多孩子如果考试成绩不理想就不敢告诉家长。

（2）新型城市"留守儿童"普遍存在，两代人对孩子的关爱理念不一致

城市双职工家庭，由于孩子父母都要上班，孩子的监护由爷爷奶奶或外公外婆和孩子的父母共同完成。所谓新型城市

"留守儿童"主要指的就是这些孩子。这些孩子的父母每天早出晚归，与孩子相处时间主要是在周末，而周一至周五主要由爷爷奶奶或外公外婆监护。这容易产生两代人对儿童的养育观念不一致、教育方法不一样，监护人之间可能会产生一些不愉快，同时会造成孩子"看风使舵"的不良行为，即孩子可能有选择地接受有利于自己的教育方而抗衡另一方，久而久之不利于孩子人格的健全发展。

2. 贵州省城市工薪阶层家庭儿童关爱问题的解决建议

（1）统一家庭教育理念，引导孩子健康成长

家庭是孩子的港湾，这个港湾应该是风平浪静，或者说港湾的水的流向应该是一致的。如果港湾是几股流向不同的激流相互撞击的地方，孩子就只能在浪尖跳舞，这对于还不能掌控方向的孩子来说会随时被不同的激流所影响，难以形成健全的人格。因此，对于两代人或父母关爱或教育理念不一致的家庭，一定要进行充分的沟通和交流，达成一致的意见。即使遇到不认可的关爱理念和行为时，也不要当着孩子的面相互指责对方，而应事后沟通交流寻求解决的对策，避免造成孩子的认知冲突。

（2）合理安排孩子的时间，正确对待学习成绩，引导孩子健康成长

家长，尤其是城市家长特别关注孩子的学习。其实关注孩子的学习并没有错，可作为家长，眼中不能只有孩子的学习成绩，因为学习成绩只是孩子成长表现的一个方面。如果家长

过于关注孩子的成绩,忽略孩子的其他方面的培养,就会给孩子安排过多的课外补习而剥夺了本属于孩子的自由活动、积累生活经验的时间,这并不利于孩子的成长。伟大的哲学家、教育家怀特海在《教育的目的》中,从过程哲学理论出发,将人的智力发展过程分为三个阶段:浪漫阶段、精确阶段和综合运用阶段。他认为不同阶段应采用不同的学习方法,教授不同的科目。这有利于帮助正确安排儿童的时间,正确选择学习的方式,正确引导孩子的健康成长。

总的来说,统一家庭教育理念,正确对待学习成绩,是培养孩子全面健康成长的关键,也是孩子能幸福成长的关键。

第八部分

贵州省不同年龄阶段儿童关爱的具体问题与策略

第八部分
贵州省不同年龄阶段儿童关爱的具体问题与策略

儿童进入幼儿园之前，儿童关爱的主体主要是家长；一旦儿童进入幼儿园，儿童关爱的主体就不仅仅是家长了，还涉及学校、教师。儿童关爱需要家园家校共育才能取得更好的效果。而且随着年龄的不断增长，儿童自主意识不断加强，自我调节、自我观念的改变也尤为重要，这也是儿童成长的体现。但是儿童的自我成长离不开家长、老师的指导帮助。虽然本部分根据儿童的学龄阶段，分别描述学龄前、小学、初中、高中阶段儿童成长过程中遇到的常见问题及具体案例，分析问题产生的原因，从家庭关爱的视角、家幼家校共育的视角提出关爱策略，但是其中也包含了引导儿童进行自我调节、自我改变的策略，目的也是促进儿童的自我关爱、自我成长，为步入社会做准备，从而实现儿童关爱的真正目的。

一、学龄前儿童关爱的具体问题与策略
（一）学龄前儿童家庭关爱的具体问题与策略

问题 1

怎么选择 0—1 岁宝宝阅读书本？怎样进行早期阅读？

案例

很多家长都很疑惑：如何进行早期阅读教育？什么样的书最适合 0—1 岁宝宝进行阅读呢？如何进行？

原因

这一阶段的宝宝生理上处于不断变化的不稳定期，视觉在

逐渐发展，但无法集中注意力研究过于复杂的图画，喜欢用听觉和触觉探索世界。这个阶段的阅读主要是通过阅读行为给宝宝听觉、视觉、触觉等方面的刺激，促进宝宝更快更好成长。

策略

该阶段幼儿的阅读方式主要是亲子共读，需要父母共同参与阅读。不同年龄段选择不同的书本。

（1）0—3个月。刚出生的宝宝绝对是最佳听众，像一块小海绵，不管父母读什么他（她）都很有兴趣听。这时候的宝宝视力还很差，但是对黑白对比明显的图案很有兴趣，可以每天给宝宝看几分钟的黑白卡，给他讲讲卡片的内容，这样能够刺激宝宝的视力发育。

（2）3—6个月。3个月后的宝宝开始可以活动自己的小手了，这个时候布书可以上场了。布书一般都设计得有响纸、小铃铛、小布条等，小宝宝会很感兴趣。而且布书方便洗，即使小宝宝放到嘴里也没关系。

（3）6—12个月。6个月后，有的宝宝可以坐立，针对宝宝爱玩、能坐、会爬的特点，可以准备以下书：

①翻翻书。一两本就可以，给宝宝展示翻书的过程，让宝宝体验到惊喜的感受，同时也鼓励宝宝自己去翻书，这是锻炼儿童精细动作的好办法。

②触摸书。提供不同质感的物料素材，宝宝会很有兴趣地摸来摸去，自己翻页感受不一样的触感。

③洞洞书。如果宝宝最近一段时间总爱拿小手指戳你的鼻

第八部分
贵州省不同年龄阶段儿童关爱的具体问题与策略

孔、眼睛等，出现类似的戳指行为，可以给他（她）读洞洞书。这类书上有很多大小不一的孔洞，宝宝会好奇地戳来戳去。

问题2

宝宝为什么经常哭闹？

案例

几个月大的欢欢经常爱哭闹。

原因

除了疾病因素，0—1岁宝宝的哭闹通常都是基本需求的表达，而这个年龄段宝宝的各种需求应该被及时的满足，以便让他们建立足够的安全感。

策略

（1）饿。饿的表现有：烦躁、吸吮嘴唇、吃手、试图吸吮靠近他嘴唇的物体（包括妈妈的手指）等，此时应该试着拿奶瓶轻轻碰触他的嘴唇或者将他抱成喂奶姿势。这样宝宝通常会停止哭泣，急切做出吸吮准备。这个时候才开始喂奶，可以避免宝宝大哭时被突然放进嘴里的奶嘴呛到。

（2）尿湿或大便。有些宝宝相对比较敏感，一旦尿布脏了就觉得很不舒服，会哭闹；而有些宝宝则对脏尿布的忍耐程度高一些。值得注意的是，有些宝宝长了尿布疹，甚至小屁屁有脱皮，一旦尿湿或大便，会特别的不舒服，哭得也比较激烈。如果发现宝宝有这种情况，要及时给宝宝清洗干净，并使用护臀霜，隔离大小便对受伤屁屁皮肤的进一步刺激。

（3）困。小宝宝犯困的时候会烦躁或哭闹，同时有揉眼睛、吸吮嘴唇、打呵欠等表现。如果这个时候宝宝还没得到睡眠，宝宝就会亢奋、烦躁、哭闹、拒绝喝奶、不易安抚。宝宝已经很疲劳，但是却睡不着，要花更大的气力才能安抚和哄睡。

（4）肚子不舒服。由于宝宝胃比较浅，胃和食管之间的贲门括约肌也尚未发育完全，宝宝容易因为喝得太饱、体位不当或大人抱的时候手放在胃部等原因而出现胃食管返流或溢奶的情况。还有一种情况是肠绞痛，如果宝宝出现持续性的、2~3小时不能安抚的哭闹，就要考虑肠绞痛的可能了，需要去看医生。

问题 3
为什么哺乳期的婴儿经常出现大便干燥，排便困难？

案例
婴儿贝贝经常出现排便困难，大便干燥。

原因
便秘也是婴儿很常见的一种病症，常常表现为大便干硬、排便困难、隔时较久等。婴儿便秘一般分为功能性便秘和器质性便秘两种，其中以功能性便秘较多见。功能性便秘的原因有三种，即喝水太少、进食太少、食物搭配不合理。

策略
（1）生活中，很多宝宝都不喜欢喝水，所以很容易导致

第八部分
贵州省不同年龄阶段儿童关爱的具体问题与策略

便秘,因此爸爸妈妈们要定时定量地给宝宝补充水分。

(2)进食太少也会导致婴儿便秘,在喂养的过程中,如果母亲的乳量不足、婴儿吃奶过少也会导致新生儿暂时性便秘,爸爸妈妈们可以适量补充奶粉。

(3)食物搭配不合理多指婴儿膳食纤维摄入不足,在婴儿的食谱中,一般蛋白质、钙质含量较高,而碳水化合物、膳食纤维等含量较低,导致粪便中含有大量不能溶解的钙皂,从而引发便秘。

问题4

为什么五六个月以后的孩子经常流口水?

案例

5个月的男宝宝,已经开始添加适量的辅食,不吃东西时总是嘴巴微张,流口水,甚至胸前衣服能湿透,下颌也因为反复摩擦导致皮肤发红。

原因

(1)4—6个月:给宝贝添加的米粉等淀粉类食物,会反射性刺激唾液腺分泌,开始流口水。宝贝5-6个月时唾液分泌明显增多,但宝贝口腔容积相对较小,吞咽调节功能发育还不完善,尚不能及时吞咽所分泌的唾液,因此会出现口水外流。

(2)7—18个月:口水旺盛,口水流得最频繁的时期,恰好处在宝贝的萌牙期。乳牙萌出时顶出牙龈,会引起牙龈组织轻度肿胀不适,刺激牙龈上的神经,也可激发唾液腺反射性地分泌增加。（3）2岁之前：停止流口水，大部分宝贝在两岁之前，因为肌肉运动功能的成熟，逐渐有效地控制吞咽动作，嘴边也不再湿乎乎的了。但也有一些宝贝两岁以后还是不断地流口水。

宝贝流口水虽然不是什么严重的问题，但如果不小心，还是有可能影响宝贝健康的。由于宝贝的皮肤较薄，而口水中又含有一些具有腐蚀性的消化酵酸，所以当口水流到嘴角、脸庞、脖子甚至是胸部皮肤时，很容易让皮肤的角质层被腐蚀；或是因为潮湿而导致霉菌感染，产生发红或湿疹、发炎等症状。父母应该经常帮宝贝擦拭流出来的口水，让宝贝的脸部、颈部保持干爽，以避免湿疹的发生。

策略

（1）手帕。给宝宝擦口水的手帕，要求质地柔软，吸水性强，以棉布质地或毛巾为宜，要经常洗烫。擦时不可用力，轻轻将口水拭干即可，以免损伤局部皮肤。用过的手帕要经常清洗并晒干。

（2）围嘴。给宝贝戴围嘴，防止口水弄脏衣服。

（3）白开水。给宝贝喂些白开水，保持口腔清洁。

（4）清洁。宝贝的上衣、枕头、被褥常常被口水污染，要勤洗勤晒，以免滋生细菌。

（5）在增加辅食（4—6个月时）时，家长有意识地加强其吸、吮、吞、咽的能力；待孩子长牙后，就要尽量少给他吃半流食，或煮得特别烂的食物，而要选择稍硬的食物（如鸡蛋

第八部分
贵州省不同年龄阶段儿童关爱的具体问题与策略

饼等），来提高他的咀嚼能力。

（6）2岁以后，家长也可以让宝宝用吸管吸水喝，或吹气球、吹泡泡、吹笛子等的方式，来训练孩子的口腔肌肉收缩能力，解决宝宝流口水问题。

（7）吃完东西后给宝贝适当喂些白开水，保持口腔清洁。

问题 5

为什么新生儿经常出现发热症状？

案例

出生不久的孩子时常出现发热症状，而且全身都发热，有时会持续好多天，尽管很仔细地呵护，可还是常常发热。

原因

发热又称为发烧，在新生儿群体中也非常常见。这是因为孩子的产热—散热的机制还不是很完善，所以许多因素都能让孩子体温升高。宝宝常见的发热原因包括环境温度过高、微生物感染、脱水、惊吓等。

策略

（1）环境温度过高。如果孩子所在的环境温度过高，也会让孩子的体温上升，因此年轻父母需要经常观察室内外温度以及孩子的状态，适量增减孩子的衣服，来维持孩子的正常体温。

（2）微生物感染。微生物感染也可能会导致很多病症，如流行性感冒、败血症等，许多疾病都会有发热这个症状，并且多表现为高热。如出现这种情况，应及时就医。

（3）脱水。脱水发热常见于刚出生不久的新生儿，因为水分流失过多，且摄入不足，容易让孩子体温升高。这一情况大多在正常哺乳、补充水分之后便会自行消失。

（4）惊吓。由于宝宝的神经系统还没有发育健全，许多的因素都会惊吓到孩子。在我们的日常生活中，有很多的年轻的妈妈爸爸都会遇到这种情况，不知道为什么孩子突然发热了，其实，很有可能是惊吓引起的。所以建议妈妈爸爸适时带孩子进行户外运动并且多与人进行交流，而且在平时也不要在孩子面前吵架、吼叫。

问题6

为什么有些一个月左右的婴儿睡觉时身体会发生抽动？

案例

快1个月大的浩浩在睡觉时，身体会时常发生抽动的情况。

原因

出生不久的宝宝神经系统发育不成熟，对肌肉的支配控制不完全而使身体发生抽动。

策略

出生不久的宝宝会出现不自觉手脚抖动的现象，特别是在小宝宝哭泣和四肢伸直的时候。这些都是正常的现象，主要是小宝宝的神经系统功能还没有发育成熟，神经对肌肉的支配控制不完全而导致的。宝宝在睡着以后，大脑皮层的兴奋进一

步降低。高级神经系统对于下一级的神经元有抑制的作用,但宝宝睡着以后这种抑制作用会更加的低,这样小宝宝睡着以后就会出现小动作,甚至还会反复的出现,这叫做"睡眠肌阵挛"。这些症状可以随着孩子长大慢慢消失。宝宝出现"睡眠肌阵挛"时,妈妈可以把宝宝的手扶住或者是把手放在小肚子上面安抚一下,抖动的现象就会马上消失的。

问题 7

为什么出生一两个月的宝宝睡觉时容易被惊吓?

案例

2个月的贝贝在睡觉时容易被惊吓,整个身体颤抖并双手紧握拳头。

原因

在睡觉时易被吓醒是因为宝宝在妈妈肚子里时,生活空间小,宝宝被子宫稳稳地包裹住,具有安全感。现在宝宝出生了,周边环境发生变化,睡觉时手脚碰不到边是常事,因此在伸展时会感到空空的而惊醒。

策略

父母在宝宝睡觉时尽量陪伴在身边,让宝宝感受到父母的体温,增强宝宝的安全感。

问题 8

为什么4个月的宝宝喜欢玩手、俯卧时用双手支撑起全身？

案例

4个月的的果果很喜欢吃手、玩手，俯卧时还经常双手支撑，想要翻身。

原因

4个月的幼儿自己会玩手，说明幼儿正在通过双手去认识世界，可以提供多种材料供幼儿两手配合抓握玩耍。俯卧时能用双手支撑起全身，说明手臂发育正常，手臂有力，并在支撑起全身的基础上尝试翻身。

策略

（1）多帮宝宝做俯卧翻身练习，增强小臂力量。

（2）鼓励宝宝多抓和玩颜色鲜艳的玩具，两手配合抓握玩耍。

（3）为宝宝提供丰富、营养的膳食，保证充足的能量，提高身体免疫力。

（4）转移孩子的注意力。如经常抚摸孩子，与孩子讲话，将孩子的注意力从手转移到其他事情上来。

问题9

为什么有些孩子在1岁左右断奶时非常困难？

案例

坤坤现在1岁多了，已经添加了适量的辅食，但是晚上21点多睡觉要吃母乳睡觉，23点多又要吃，凌晨4点钟要吃，

第八部分
贵州省不同年龄阶段儿童关爱的具体问题与策略

早上7点又要吃,不给吃就又哭又闹,一家都累死了,为什么断奶这么难?

原因

断奶对妈妈和宝宝来说都是一件极其痛苦的事情,但是随着母乳喂养到6个月时,母乳提供的能量不足以供幼儿进行生长发育,必须添加适量的辅食。断奶在一定程度上可以帮助幼儿饮食规律,营养加强。如果宝宝吃夜奶,会影响睡眠质量,也影响家人的睡眠。如若一直不断奶,孩子在心理上也会受些影响。所以必须适时地、循序渐进地给幼儿进行断奶,逐渐过渡到成人饮食。

策略

(1)在断奶前最好提前做好准备,选择在春季或者秋季,气候不冷不热比较适宜,最好在假期。这样家人有时间和精力陪伴宝宝玩耍,转移孩子想吃奶的注意力,帮助宝宝顺利断奶。

(2)断奶前,先逐渐减少每天母乳的次数,直到完全断掉母乳。

(3)妈妈在断奶前一段时间饮食也要注意,尽量清淡,少喝汤汤水水,不吃下奶食品,为断奶做好准备。

(4)辅食做得精美一些,增加幼儿的食欲,尽量保证饮食规律,睡眠规律。

问题 10

为什么1岁左右的宝宝喜欢玩水?

案例

宝宝1岁了,很喜欢玩水,每次给他洗手他都玩水,根本停不下来,衣服都湿了,不准玩还一直哭。

原因

心理学家认为,宝宝喜欢玩水是因为这样的游戏让他们感到快乐,它对于促进宝宝的发展有着十分重要的价值,通过玩水,宝宝可以发展智力,锻炼触觉。

策略

可以设计玩水游戏。

(1)吹泡泡:准备一个透明的杯子,装上白开水。给宝宝一根管子,让他往杯子里吹气。宝宝会看到,杯子里产生了大量的泡泡。你也可以拿一根管子,和宝宝一起吹,这样可以产生更多的泡泡。

(2)拍打水花:在浴盆里放适量的温水,以盖过宝宝的脚面为宜。把宝宝放进澡盆里,握住他的小手,教他拨动水,以激起水花,这会让宝宝感到很快乐。很快,宝宝就学会自己玩水了。还可以在水里放一两个塑料玩具,让它们漂浮在水上,这样会让宝宝玩得更开心。

(3)拧海绵:洗澡时,准备一块海绵和盛水的塑料小碗等。先给宝宝看一下,再给他做示范一把海绵弄湿,再拧干。然后把海绵给宝宝,握着他的小手,和他一起把海绵浸湿、拧干。最后让他自己玩。宝宝玩熟练后，可以教他把水拧到塑料小碗里。

问题 11

爱上说"不"。

案例

进入一岁半后的六六，忽然多了一个小癖好，那就是跟妈妈对着干，且乐此不疲。妈妈让她快点起床，她"不"；过马路妈妈要牵她的小手，她"不要"；让她饭后再喝饮料，她"不干"……经常弄的妈妈手足无措，不知如何是好。

原因

六六的这个特点，其实是一岁半左右的孩子常见的问题，因为这个时候的孩子，自我意识已经开始萌芽。这使得他们喜欢用否定性的语言确认自己的存在，借以挑战身边的大人。不过，大多数时候，他们的"不"并不具有实际意义，并不是真的"不"想做当前的事情。

策略

（1）当孩子喜欢说"不"的时候，不妨换一种方式跟孩子说话，比如："宝宝，你是想现在起床呢还是再睡两分钟？""你是想吃卷心菜还是想吃玉米烙呢？""你是想让妈妈牵你这只手还是那只手呢？"给孩子选择的机会，孩子在获得被尊重的感觉之后，直接拒绝的概率就会减少许多。

（2）这是孩子自我意识的萌芽时期，家长不要粗暴拒绝孩子表达自己的情绪。

问题 12

注意力不集中。

案例

家中宝宝 18 个月，爱看绘本，爱看图片，但是每次都看一会会儿就要去看其他的东西，总觉得他注意力没有那么集中。

原因

（1）一岁半儿童只能集中注意力 5～8 分钟。这一时期的幼儿有意注意发展得比较缓慢，只有在成人提出非常具体的任务时，才能将注意力集中于有关的对象，而且极易分心。

（2）有意注意是在无意注意的基础上产生的，是人类社会交往的产物，是和儿童言语的发展分不开的。

策略

（1）孩子在这个阶段注意力不集中是正常的，家长可以提出具体任务，让孩子看完后及时反馈。

（2）成人可以用言语提醒，督促，促进孩子有意注意的发展。

（3）亲子共读，增加亲子之间阅读互动。

问题 13

喜欢爬到床上去玩电灯开关。

第八部分
贵州省不同年龄阶段儿童关爱的具体问题与策略

案例

宝宝18个月了,有空总喜欢爬到床上去玩电灯开关。妈妈不知道是该制止他还是要跟他解释说不能玩?

原因

这么大的孩子会对功能性的玩具感兴趣。

策略

(1)家长可以找一些替换性的功能性玩具代替开关。

(2)开关本身没有危险性,所以家长可以让孩子玩并给孩子解释开关的功能。

问题14

脾气暴躁。

案例

将近2岁的多多,脾气越来越大,做什么事情,稍不顺心就大吵大闹甚至大哭大叫,甚至会赖地撒泼,经常弄得爷爷奶奶无所适从。不顺着他吧,小家伙会闹个没完;顺着他吧,又怕养成不良的习惯。

原因

这个年龄段的孩子,已经渐渐有了自己的主张,而且,由于他们特有的"自我中心"式的思维,还特别排斥他人的"异己"想法或行为,难以容忍自己的愿望受阻。但这个时候他们的语言表达能力还比较有限,怨气在心口难开,自然就容易借助发脾气表达自己的情绪了。

> 策略

家长要多站在孩子的角度考虑问题,如果是可以满足孩子的合理要求,在孩子没有哭闹之前满足其合理的需要。如果是不能满足的要求,就给他讲讲道理,适当安慰他的情绪或者试着转移一下注意力。如果孩子还是哭闹,就假装不管他,冷处理。

> 问题 15

爱说一些听不懂的话。

> 案例

1岁多的小豆已经能说很多字或词了,如"妈妈抱""小鸟飞了"。然而,妈妈也会发现他经常会说一些大人听不懂的话,而且嘴里说个不停,这是怎么回事呢?

> 原因

1岁多的小孩,刚学会说话不久,这一时期他会的词汇量还是很有限的,但孩子又想用语言来表达自己的要求与想法,所以孩子会常常说出许多大人听不懂的话。通常把这一时期称为"隐语阶段"。

> 策略

隐语阶段对小孩子的语言发育特别重要。妈妈爸爸们在孩子说出听不懂的话语时,不应该训斥,而是需要去认真倾听,并尽可能及时做出相应的反应。妈妈爸爸平时要用正确的语言多与宝宝交流,教会孩子用正确的语言。一般到孩子两岁后，他们的词汇增加了，能说七八个字组成的句子，这时孩子们基本能用语言来表达自己的需要，他们便不会说一些听不明白的话了。

问题 16

触摸或揉搓自己的下身。

案例

宝宝1岁5个月，天气好，穿得少了，时不时用手摸下身，年轻的父母不知道该怎么办。

原因

宝宝在发现他们身体其他部分的同时，也发现了他们的生殖器，而且发现这是一个得到快感的源泉。这种对快乐感觉的天真无邪地重复是自我发现过程中完全正常的一部分。几乎所有的孩子偶尔都拨弄他们的生殖器。

策略

当父母看到孩子拨弄生殖器时，尽管你感到惊慌，也不要批评，这样只会让你的孩子感到羞耻；甚至可能引起过度反应，使孩子可能更多地拨弄生殖器。父母应用其他活动分散他的注意，在合适的时间，教给孩子生殖器的正确名称，并告诉孩子不要触摸，更不能让其他人触摸，让孩子慢慢学会保护自己。

问题 17

害羞、胆怯。

> 案例

蕊蕊快2岁了,她很害羞,见到陌生人就畏畏缩缩地躲在父母身后,也不敢和叔叔阿姨打招呼,往往害怕出现在陌生场合。有什么方法可以让孩子变得开朗大方一些呢?

> 原因

2岁的孩子怕生与否,与家长的教养方式有很大的关系。两岁的孩子对周围的环境充满好奇心,喜欢探索世界。但是由于刚刚学会说话和走路,所以当身旁有陌生人或刚进入一个陌生的环境时,可能会比较敏感;再加上他们对父母有一定的依赖性,所以会出现紧紧贴在父母身后的情形。

> 策略

父母平时可以多带孩子到户外玩耍,多接触同龄的孩子,训练他们快速熟悉新环境的能力,慢慢消除害怕心理。

> 问题 18

经常"自虐"。

> 案例

一岁半的辰辰在不高兴时经常动手打自己,拍脸、拍头、拍腿,难以阻止。

> 原因

这是孩子在表达自己的情绪,并不是心理问题。宝宝心情不好时有不同的情绪表达方式,有的会哭闹,有的会"自虐"。

第八部分
贵州省不同年龄阶段儿童关爱的具体问题与策略

策略

家长要及时发现宝宝的小情绪，给宝宝以心灵上的安慰，也可以拿宝宝平时最爱吃的东西，或者最爱玩的玩具来转移宝宝的注意力，让宝宝尽快从消极的情绪中摆脱出来。还要注意，很多宝宝在情绪不好的时候，会拿身边的东西打自己，所以，在宝宝会出现"自虐"倾向的阶段，一定要确保家中坚硬锋利的东西放在宝宝不可碰触的地方，以免宝宝伤害到自己。

问题 19

害怕大的声响。

案例

孩子对大的声响，包括打雷、电铃、汽车喇叭声等感到害怕。

原因

（1）心理生理因素。有些孩子生性胆小，心理承受能力较差，对外界刺激比较敏感。特别是婴幼儿，由于身体发育不健全，大脑、心脏等重要器官还非常稚嫩，因而承受不了外界的大的，特别是突如其来的刺激，如巨大的雷鸣声等。

（2）生活环境因素。有些孩子生活在经常会突然发出巨大声响的环境中，外界的刺激常使孩子产生心悸、恐怖。

（3）不良教育因素。当孩子不听话、不守纪律或犯某种错误时，一些家长不能循循善诱地教育孩子，在孩子没有任何心理准备的情况下，动辄大声训斥孩子，或以迷信来吓唬孩子。

策略

（1）根据孩子心理和生理的特点，有计划地开展一些游戏活动，锻炼孩子的胆量，增强其心理和生理上的承受能力。对他们的点滴进步要给予及时肯定、适当表扬，切不可对孩子采取置之不理的态度。

（2）尽量避免孩子生活环境中产生巨大声响对孩子的刺激。如果家长事先已发现将要出现巨大声响时，应提早告诉孩子，让孩子有充分的心理准备。成人更不能在孩子毫无准备的情况下，以一声尖叫或其他大的声响来故意吓孩子。

（3）正确地教育。对孩子的教育要讲科学、讲道理。当孩子犯错误或不听话时，成人切不可用恐吓的方法，如用大声斥责、打雷来吓唬孩子。应科学地向孩子解释一些会发生巨响的自然现象，如打雷；告诉孩子在听到雷鸣这一类大声响时，可把嘴巴张开，或不断吞咽唾沫，不仅可以减轻恐惧，还使内外耳的气压平衡，不致损伤耳膜。

问题20

总是抱着小毯子睡觉。

案例

每天睡觉前，倩倩必须把一条粉红色的毯子放在枕头边，她总是把脸贴在小毯子上才愿意入睡。如果哪天小毯子被妈妈洗了还没有干，倩倩就哭闹着不愿意睡觉。

第八部分
贵州省不同年龄阶段儿童关爱的具体问题与策略

原因

这是一种明显的依恋行为的表现,倩倩将小毯子看成是获取心理安全的替代物。儿童依恋的物品会有所不同,有的是纽扣,有的是布娃娃等他们稔熟的物品。

策略

这种特定的依恋物品的习性的形成,往往和孩子幼年经历中安全感的缺失相关联,因此家长平时要多关注孩子,给予更多的关爱,包括身体上的接触及抚摸和语言、目光上的交流等,使孩子有更多的安全感。可以试着读一个文学作品《小文的毯子》给孩子听,让她慢慢改正。另外改正这个习惯要有足够的耐心,不可能一次就成功。

问题21
黏人。

案例

星星2岁6个月了,平常妈妈上班不在,都是外婆在带她,除了起床看不见妈妈会哭一会儿以外,其他时间都很乖的。但是一到周末妈妈来带她的话,哪怕上个厕所、洗澡都要跟在妈妈旁边,没见到妈妈就哭,别的谁都不理,一定要与妈妈一起,要妈妈陪才肯睡,不然就一直哭个不停。

原因

两岁左右正是建立特殊依恋关系的关键期,这个阶段的宝宝正在跟抚养者或者父母建立某种特殊的情感联系,我们称为依恋。宝宝这种黏人的情况跟妈妈每次都偷偷溜走有很大的关系。妈妈突然就走掉了，宝宝在心理上会很没有安全感，每次跟妈妈在一起就会有很深的恐惧心理。甚至宝宝会想妈妈是不是不要宝宝了。如果长期这样下去，宝宝的恐惧心理会更加强烈，随之而来的就是更加黏妈妈。

策略

（1）每次妈妈要离开之前都要告诉宝宝妈妈要走了，去干什么，什么时候回来，让宝宝对妈妈的回来有所期待，也要让宝宝明白妈妈是去工作，工作结束了就会回来的，不会抛弃她。

（2）适当给孩子建立安全感，当孩子特别黏人的时候可以适当地跟孩子有牵手、拥抱、亲吻等肢体接触的动作，让幼儿感受到你的爱。

（3）把妈妈的照片放在宝宝随时能看到接触到的地方，想妈妈的时候可以随时随地拿出来看看。

（4）创设轻松愉快的亲子相处关系，减少孩子焦虑紧张的情绪。

问题22

不愿与父母分床睡。

案例

宸宸上中班了，在幼儿园小班已经锻炼了一年，可是，在家里他还是不愿意自己睡，非要和妈妈一起睡。有时候即便是

第八部分
贵州省不同年龄阶段儿童关爱的具体问题与策略

他愿意单独睡觉了,半夜里常常又会跑到父母房间里。其实父母也很心疼,但是长此以往也不是个办法。除了睡觉问题。他也很黏妈妈,喜欢和女孩子一起玩。父母不知道是他性格特点造成他不敢独自睡觉,还是父母太溺爱他,导致他太胆小、太依赖。父母担心这样会不会影响他独立性的发展。

原因

随着年龄的发展,幼儿开始意识到男女之间的性别差异,特别是在4—5岁这个阶段,这个时候家长与孩子分开睡,可以给他们自己的空间,培养孩子形成相对独立的人格。案例中的宸宸性格比较内向温柔一点,胆子也比较小,在跟父母分床睡时自然而然会出现不敢独自一人睡觉等情况。

策略

(1)精心布置宸宸的房间,摆放宸宸喜欢的玩具、玩偶、奖状等。给宸宸一个陪伴入睡的玩偶,逐渐消除恐惧感。

(2)循序渐进,慢慢让宸宸单独睡觉。从在父母床边单独留一个小床,到父亲在宸宸房间陪伴宸宸入睡,逐渐过渡到宸宸单独入睡。

(3)每晚入睡前,父母可在宸宸房间给宸宸讲故事,陪伴宸宸入睡。

(4)可以多跟宸宸传递跟勇敢有关的故事,对宸宸单独睡觉的事情给予及时的鼓励,强化宸宸的独睡行为。

问题 23

"人来疯"。

案例

菲菲是个十分活泼的 5 岁女孩,家里一来客人,就喜欢出风头,上蹿下跳,甚至动辄打扰大人和客人之间的谈话,真让妈妈觉得尴尬。训她吧,有客人在不好意思;不训她吧,这家伙欢得像匹小野马……在学校,菲菲表现得和所有小朋友都是好朋友,活泼,喜欢发言表达,也会打扰其他小朋友之间的对话。

原因

(1)渴望得到关注。平素家长对孩子的关注不够,致使孩子不得不想办法吸引家长的注意。

(2)空虚无聊。家长忙于招待客人,使得孩子因寂寞难耐而寻机作乱。

(3)家长平时对孩子管的太严,孩子的情感被压抑,客人的到来,让他们找到了发泄机会。

(4)自我表现的欲望。孩子有了本领,就会有自我表达的欲望,而客人的在场,则给他们提供了舞台。

策略

(1)为了避免孩子因被忽视而作乱,可以适当让孩子参与招待活动。比如,郑重向客人介绍自己的孩子,让孩子帮忙摆摆桌椅碗筷,给客人拿个水果,给孩子适当插话的自由等。

(2)即使孩子的闹腾影响了主客之间的交流,最好也不要

第八部分
贵州省不同年龄阶段儿童关爱的具体问题与策略

当面惩罚和训诫孩子，以免孩子因自尊受伤而"破罐子破摔"，采用转移注意力等比较缓和的办法更为可取。比如，给孩子一件她从来没有玩过的玩具，或借机让孩子搭个积木给客人看看等等。

（3）如果孩子表达出希望展示本领的愿望，也不妨在征得客人同意的情况下，让孩子表演一下。一般来说，表演完毕客人总会给孩子一定的夸赞，孩子的"向好心理"也会因此被强化。如果此时家长再对孩子进行礼貌待客之类的引导，则孩子一般就不好意思再作乱了。

问题 24

不准吃做得漂亮的鱼。

案例

张先生午餐时为父母烧了一条鱼，这条鱼完整地放在餐盘中，上面撒了一些红色的辣椒丝，旁边还放了几片香菜作为点缀，张先生也为自己的作品感到自豪，希望父母能享受美食。这条鱼端上来之后，他的孩子兴奋不已，对着鱼做出各种小动物的兴奋动作。午餐开始了，张先生热情地向他的父母推荐了这道菜，父母双双笑着将筷子伸向那条漂亮的鱼。这时孩子突然用手将盘子护住，急切地喊："不许吃这条鱼，谁都不许吃这条鱼！"张先生看到儿子这样自私，不懂得孝敬老人，非常生气。于是将盘子从儿子紧紧护着的双手中拉出来，一下把鱼夹成几块，分别放在父母的碗中。这一举动带来的结果是：孩子像天塌了一样,暴跳如雷。

原因

中国人做菜讲究色香味俱全,对孩子来说他还不能理解菜做得如此赏心悦目是为了吃。他只知道那是一件让人悦目的艺术品,这件艺术品只要放在眼前,他就感到非常幸福,不希望被人毁坏。

策略

询问孩子不准吃的原因,根据孩子的回答选择恰当的理由与孩子沟通,让孩子明白做菜的目的。在与孩子打成协议之后,鼓励孩子主动把鱼分享给老人,培养孩子孝敬老人的意识。

(二)学龄前儿童家幼共育的具体问题与策略

问题1

入园哭闹。

案例

每年一到9月,早上幼儿园里"哇声"一片。有些家长会在窗户或门外偷偷地观察,还有些家长因为心疼孩子哭而终止送孩子上幼儿园。这种局面家长应该如何应对呢?

原因

孩子在3岁以前,基本上是没有接触过集体生活,都是与自己家人在一起。刚上幼儿园,接触新的环境,不能时刻与

第八部分
贵州省不同年龄阶段儿童关爱的具体问题与策略

自己家人相见，对于孩子来说，肯定是会不习惯的。他们第一次长时间离开自己的爸爸妈妈，面对一个陌生的环境，他们稚嫩的心灵也会有相对的压力。哭，是他们发泄的一种方式，是很正常的事。

对策

（1）提前做好铺垫。在临近入园的日子，家长要告诉孩子"你长大了，要加入一个集体，那里有很多和你一样的小朋友，有和蔼的老师，还有很多的玩具。就像爸爸妈妈每天要去上班一样，这是属于孩子们的班！"只要做足充分思想铺垫，分离焦虑就不那么明显。

（2）把孩子狠心交给老师。送孩子到幼儿园后，果断地交给老师，一个眼神，小班老师都明白，心领神会间老师巧妙地引走孩子的注意力，只需两秒钟，成功脱身！家长可能会问，这样的"成功脱身"后，孩子可能哭得更厉害！很有可能！不过，相信老师们吧，年年见识分离焦虑的娃们，她们更知道如何应对。

（3）最好由父母来送孩子入园。孩子们在这方面特别机灵，如果这个阶段奶奶姥姥送，他们知道老人不上班，更会使劲哭，送园难度更大！如果有条件，和老人分开住一阵更好，让孩子知道现在没有奶奶姥姥当后盾了，会配合一些！

（4）每天接孩子一定不要迟到，最好还要早点到。让他们觉得，上幼儿园不是被抛弃，爸爸妈妈是惦记他们的，一下班就会来接他们。

问题 2

如厕不适。

案例

幼儿初入园时,小朋友惧怕幼儿园厕所里的蹲坑。有的幼儿一天尿湿裤子好几回;有的幼儿上幼儿园几天都不大便,引起大便干燥;有的幼儿因憋大便而经常拉在裤子里。

原因

小朋友不习惯幼儿园厕所里的蹲坑,有畏惧情绪。另外小朋友可能一直都用尿不湿,没有养成上厕所的习惯。

策略

(1)营造适合幼儿的厕所环境。既然孩子们害怕蹲坑,我们就在每个厕坑的两边选适中的位置用环保油漆画上了可爱的小脚印,孩子们看了既喜欢又感到新奇,都争着去踩自己喜欢的小脚印。这样一来既减轻了孩子们的心理压力,又激起了孩子们主动上厕所的欲望,而且当孩子们把自己的小脚和厕坑边的小脚印对准后蹲下来大小便时,不会弄到外面来,真是一举多得。

(2)定时带领小朋友们去厕所,养成定时上厕所的习惯。

(3)用幼儿喜爱的小动物形象来营造"厕所文化";课间播放一些简单欢快的音乐,以缓解紧张情绪。孩子们在入厕时有了愉快的笑容,憋大便的现象渐渐消失了。

第八部分
贵州省不同年龄阶段儿童关爱的具体问题与策略

问题3

鞋子反着穿。

案例

中午起床，老师发现幼儿A、B、C的鞋子反着穿着，于是提醒他们："你们看一下你的鞋子怎么了？"幼儿A马上意识到穿反了，并且坐到椅子上，立即换了过来。紧接着，幼儿B也跑到老师面前问："老师，你看我的鞋子对了吗？"老师说："你自己看看啊！"（其实，那时他已经换对了）他便走开了，可没想到他回去后，竟然把正的又换成了反的。幼儿C就索性不穿了，坐在床边不动了。很明显，他们对鞋子的正反根本分不清。

原因

由于现在的宝宝在家都是宝贝，爸爸妈妈忙于工作，爷爷、奶奶溺爱过度，在家样样事情都包办代替，至于衣服怎么穿、鞋子的反正，那都是大人的事，宝宝只管衣来伸手、鞋来伸脚就可以了，所以致使他们的自理能力较差。

策略

一首儿歌《鞋宝宝》解决问题。儿歌的内容就是教宝宝如何区分鞋子的正反，对宝宝穿对鞋子帮助很大。可以用宝宝的鞋子做演示，让宝宝们也一边把小脚并拢，一边念儿歌："两只鞋宝宝，一对好朋友，穿对了，高兴头碰头；穿反了，生气背对背。"老师还让宝宝相互检查，看一看鞋宝宝是生气了还是高兴了。老师看见宝宝都认真地检查起来，嘴里还说着"高兴了""生气了"。老师还对在幼儿园午餐的平时经常穿错鞋子的宝宝单独讲解，教他们怎样检查自己的鞋子，怎样让鞋宝宝高兴起来。宝宝们都很感兴趣，也表现得特别兴奋。为此，老师还让宝宝们进行了穿鞋子比赛，通过活动，宝宝们不仅能分清鞋子的对错，还大大提高了穿鞋子的速度。

问题4

不愿分享、保护欲强。

案例

彤彤，两岁半女孩，本来是个非常大方的孩子，一岁多的时候就会给来玩的小朋友拿玩具了。可是进入两岁之后，小家伙一下子变得"小气"起来，只要是她的东西，谁也不能碰。更为夸张的是，有时候遇到好看、好玩的东西，她也会毫不客气地霸占起来，说是自己的东西，不让别人动，怎么训都不听……

原因

无论是原来多么善于分享的孩子，到了两岁左右，都可能经历一个喜欢揽护东西的阶段，不愿意跟别人分享，即使她最亲近的爸爸妈妈。这个阶段称为"物权敏感期"，它意味着孩子的心智已经发展到主张自己所有权的阶段。

策略

（1）不强迫孩子分享。孩子到了"护东西"的阶段之后，首先要尊重这一自然的发展规律。孩子的所有权，让他自己做

主,哪怕孩子把气氛弄得很尴尬,也不要强迫孩子。否则孩子很容易习得一种意识——自己的东西是不能做主的。甚至还会认为,妈妈更喜欢分享他东西的那个人,他的感受对妈妈来说不是那么重要。这对于孩子的心理发展并不是多么好的事情。经常被强迫分享的孩子,长大后很容易变得不敢主张自己的正当权益。

(2)分享行为引导和示范。不强迫分享并不意味着要放弃分享行为的引导和示范。应该在孩子面前示范分享行为,给孩子创造条件体验分享的快乐。比如,给孩子一个橘子,让他帮忙分给大家,然后让他体验与大家共享的快乐。另外,当前市面上有许多相关的主题绘本,比如《圣诞快乐》《彩虹色的花》《神奇的花瓣》《鸽子捡到一个热狗》等,都可以买给孩子看。孩子总是比较喜欢模仿绘本中的卡通人物的,一旦他们认同了故事中善于分享的形象,就可能模仿他们的分享行为。即使还不那么自觉,也可以使我们在进行分享教育时也多了一个抓手。再遇到孩子揽护东西时,可以委婉地提醒她"小兔波利是怎么做的呢?""如果换成小猫,他会不会这个样子啊?"以此唤起孩子的分享意识。

问题5

爱咬人。

案例

可可两岁半之后送到了幼儿园。平时挺乖巧的丫头,最近却连连惹麻烦。前几天咬了一个小朋友的手臂，下口不是很重，老师教育了一番，也没有特别当回事。这次不得了，直接咬在了小朋友的脸上，一道牙齿印子。小朋友当下就被咬得直哭！回家后爸爸妈妈也教训了她，可是她还在妈妈的手上也咬了一个大印子。

原因

可能是因为"孩子迟到的口腔敏感期"，或者是孩子长牙时牙龈痒痛，牙齿发育不良造成的；也有可能是孩子在发泄某种不愉快的情绪，或者是孩子语言表达问题。

策略

关注孩子牙齿口腔生长发育问题，关注幼儿情绪问题，多与孩子进行语言沟通，并且及时告诉孩子咬人是不对的，会对别人造成伤害，可以通过小惩罚让孩子戒掉坏毛病。

问题 6

说话结巴。

案例

牛牛快 3 岁了。最近牛牛家人发现他说话变得很奇怪，变得有点结结巴巴，同样一个字要重复好多次，才会说得出来，就连要求妈妈买他最喜欢的冰淇淋，都让大人们觉得听不懂。心急的家人，不愿意见到牛牛有"大舌头"的状况，总是急着打断他的话，要求他说慢一点，或是重新再说一次。家人也不了解为什么以前没有出现的说话问题，快到 3 岁了，就突然变

第八部分
贵州省不同年龄阶段儿童关爱的具体问题与策略

成这样呢?

原因

(1) 2—4岁为儿童语言快速发展的阶段,也是儿童常常出现口吃的阶段。口吃的原因有些是生理原因,但是更多的是心理原因所致。心理原因之一是说话时过于急躁、激动和紧张。2—4岁的儿童急于想表达自己的思想时,容易出现言语流节奏的障碍。原因之二是出于模仿。儿童期是好模仿期,对他人口吃出于好奇,就模仿口吃。

(2) 随着词汇量的大量累积,以及对周围事物充满兴趣与好奇心,同时语言功能尚不成熟,包含口腔动作的控制能力、词汇的组合以及与相对应事物的配对能力不稳定,所以儿童讲话时会出现结结巴巴、词汇无法连接、不断重复字音、拉长字音的情形。

策略

(1) 示范正确的说话方式,让孩子模仿你的说话方式。有学者认为儿童的口吃现象有可能来自于模仿,所以既然孩子能模仿口吃,就能模仿正常的说话方式。但必须用比较慢的节奏与孩子交谈互动,话语要清晰、简洁,句子中不要太多形容词。建议可以由单词、三字词、词组,逐渐增加至简单句或是长句子,不需要操之过急,先建立孩子正确且自然的语言表达习惯。

(2) 听孩子说完,并且协助孩子克服不流畅所带来的心理压力。孩子出现不流畅的情形,不要急着打断他,耐心听完孩子的话，可以帮他再说一次。在轻松的情境下，鼓励孩子，告诉他我们可以一起学习，一起度过不流畅的时期。千万不要指责孩子，或是在公开场合"指导"孩子要如何说话。

问题 7

爱抢东西。

案例

一天早上，朋朋看到王浩拿出一列新火车，他想要，上去就抢。朋朋经常抢别人的东西，他自己的玩具也不愿意与其他人分享。班上找好朋友玩袋鼠妈妈的游戏，没有一个人愿意和他一起玩。怎么办？

原因

两三岁左右的孩子占有欲很强烈，以自我为中心，对待人和事物没有你和他。另外孩子不懂交往的规则，自制力差，不懂得如何与人协商。

策略

（1）积极引导，建立物品所有权的概念。当发现孩子伸手就去抢夺不属于自己的东西时，不必打骂、恐吓，而是引导孩子认知物品的归属，慢慢建立物品所有权的概念，使他们的自我意识更加清楚。

（2）培养良好的行为习惯。为了避免孩子抢玩具，孩子在想玩其他小朋友的玩具时，可以正确地引导孩子，争取他人的同意再去玩，这样既让孩子认识对与错，还培养良好的行为习惯。

（3）做好示范，让孩子学会分享。在日常生活中，懂得谦让和分享，给孩子们做好示范。在孩子把自己的东西分享给其他小伙伴时，要及时表扬，让他从中感受到分享的快乐，提升孩子的社交能力。

问题8

午睡困难。

案例

午睡是个令许多家长头疼的问题。午睡对于正在生长发育中的幼儿来讲十分重要，午睡质量的好坏也直接影响到幼儿的身体健康。如何解决幼儿午睡困难的问题呢？

原因

幼儿在家没有养成午睡的习惯，或是午睡的时间不一致。

策略

（1）养成良好的作息习惯。帮助幼儿养成早睡早起的习惯，早上按时送幼儿入园，使幼儿有较为稳定的作息时间。

（2）保证幼儿户外活动的时间和充足的活动量，促使幼儿因恢复体能的需要而快速入睡。

（3）播放睡前故事或者轻柔的音乐，使幼儿在安静、舒适的环境中放松身体，快速入睡。

（4）消除影响入睡的客观因素，营造安静的午睡环境。

（5）及时奖励。给按时入睡的幼儿奖励小星星，积满一定的星星后就奖励一个小礼物，鼓励幼儿自我约束早点儿睡着。

（6）陪伴敦促。陪伴在难以入睡的小朋友旁边，督促他睡觉，让他无机可乘，慢慢养成独自安静入睡的习惯。

问题 9

咬指甲

案例

中班的一个小女孩儿，身体发育良好，活泼好动，动作协调性好，反应敏捷，语言表达能力强。但她有一个很突出的行为，就是会一刻不停地咬指甲。成人提醒后，她不咬指甲了，却坐不住，过一会儿又开始咬指甲。小手十个手指甲都已经被咬得光秃秃的，从来不需要剪指甲。

原因

咬指甲也称咬指甲症或咬指甲癖，是指反复咬指甲的行为。咬指甲是儿童期常见的一种不良习惯，多见于3-6岁儿童。咬指甲行为的原因可能与精神紧张有关，或者是模仿他人而形成，一般内向、敏感、焦虑等性格特点的小儿容易患此症。部分儿童常伴有其他行为问题，如睡眠障碍、多动、焦虑、紧张不安、抽动障碍、吸吮手指、挖鼻孔等。啃咬指甲有时反映出一种心理情绪，往往与情绪紧张、抑郁、沮丧、自卑感、敌对感等情绪有关。

策略

（1）科学认知。孩子咬指甲行为背后是对爱的渴望，对安全的需求。应该及时给予孩子温暖和关爱，使孩子不因安全感缺失而感到紧张焦虑。

（2）理解接纳，有的放矢。有了对"咬指甲"行为产生的正确认知，就能理解孩子产生不良问题的深层原因，就能冷静地接纳这些不良行为习惯，理智地寻求科学适宜的解决策略。

（3）转移孩子注意力。咬指甲的行为在安静倾听、观看时就会频繁出现，但在游戏活动中或者有事做的时候就会减少，所以多提供活动给孩子减少无所事事的时间。

问题 10

破坏性行为。

案例

坤坤，三岁半的男孩。原本就比较活泼的坤坤越来越喜欢兴风作浪，调皮搞怪，让人怜爱之余，也常常让父母无所适从。如一大早，小家伙就乐此不疲地在洗手间里玩起了舀水的游戏，父母见状去制止他，他却毫无收敛之意，反而一边笑眯眯地看着他们，一边继续往地上舀水，像放慢镜头似的，一副挑衅的表情……班级上组织大型玩具堆砌搭建比赛，有一组女孩搭建了城堡，坤坤跑过来对着城堡就是一脚，城堡倒塌了。有一次班级在做刮刮画，全部小朋友展示后老师将部分作品放置走廊展示区，结果下午发展作品全部被弄坏了，从监控看，坤坤在自由活动时把作品全部胡乱加工了一番。

原因

对于这个年龄段的孩子来说，故意捣乱对于他们来说可是意义重大，因为在捣乱的过程中，他们可以达到如下"目的"：一是体验自己的力量。原来做点奇怪的小动作可以弄得别人那么紧张啊，太好玩了！于是，他们便可能喜欢上捣鬼的游戏，并在借此左右别人的情绪中获得"强大"的自信和乐趣。二是发泄旺盛精力。3岁左右的孩子，大的动作技能已经有了一定的发展，喜欢到处探索，但由于活动和交往空间的限制，这些意愿通常难以得到满足，在旺盛的精力还没有更理性的宣泄渠道之前，捣乱、搞鬼当然成为一种选择。三是满足情感需求。有时候孩子淘气则是因为情感需求没有得到满足，想借此引起大人注意，进而获得关爱。

策略

（1）引导孩子的捣蛋行为，不能强行压制，否则孩子即使一时变乖了，也是治标不治本。耐心分析孩子捣蛋背后的原因，对症下药，方为良策。比如，如果是因为情感需求的缺失，就给予孩子更多的关爱。如果是因为旺盛精力无处发泄，就多带孩子出去走走，给孩子找个玩伴，让孩子更妥当地释放自己的能量。

（2）当孩子通过捣蛋来试探我们的行为反应时，我们也要及时表明自己的态度，借机帮孩子调整行为底线。比如，当孩子拿着插头玩耍的时候，大人一定要妥善制止，平静地把孩子抱开，告诉孩子插头是用来通电的，不是用来玩的，并进行

第八部分
贵州省不同年龄阶段儿童关爱的具体问题与策略

更安全的防护。

问题 11

憋尿。

案例

这天,小雅的妈妈告诉幼儿园的老师,孩子经常一出了幼儿园的大门就要尿尿,而且还是非常着急的那种。在与妈妈的交谈中得知孩子在家就有憋尿的习惯,不到已经快憋不住时不会去尿尿。看得出妈妈也是很无助,期望老师能给予帮忙。如何才能纠正孩子这个不良的习惯呢?

原因

小朋友常常因为贪玩舍不得花时间去尿尿,或是小朋友怕老师,不敢提出自己要尿尿。

策略

(1)养成及时排尿的习惯。与孩子约定定时上厕所,或定时提醒孩子上厕所。坚持一段时间,让孩子养成及时排尿的良好习惯。

(2)细心观察,及时发现孩子憋尿的"先兆"。比如当孩子精神紧张、坐立不安、夹紧或抖动双腿时,就要赶快问问孩子是不是想排尿,提醒他们及时上厕所。

问题 12

挑食。

案例

辰辰平时很挑食，妈妈曾请幼儿园的老师关照他：辰辰最喜欢吃荤菜，不爱吃蔬菜，他不爱吃的菜就不要给他，以免他因此不肯上幼儿园。就这样辰辰养成了挑食、偏食的不良习惯，除了西红柿、土豆外，其余蔬菜几乎碰都不碰，如果要求他吃别的蔬菜他就会呕吐。另外，辰辰从小经常喝蜂蜜水、可乐，不太爱喝白开水。

原因

孩子可能还没有习惯食物的质感，或者觉得食物的口感不佳，就不愿意吃。还有可能是吃零食太多，运动太少。

策略

（1）改善食物的口感。对于很多的食物的质感，孩子们还没有习惯，如果孩子觉得食物的口感不佳，就不愿意吃。比如有些蔬菜所含的纤维质特别多，由于孩子的牙齿不是很强壮，所以孩子吃起来就会觉得不好咀嚼，就对这些蔬菜特别反感。如果遇到这种情况，可以将这些纤维质的蔬菜，切得细小一些或者干脆煮烂，这样吃起来就容易多了。

（2）让孩子参与制作饭菜。在做饭的时候，可以让孩子一起参与菜品的制作，这样你就和孩子有了很多的互动。比如在采购食材的时候，可以让孩子参与进来。孩子参与进来了以后，他们就会有小小的成就感。这时候孩子对于自己所做的菜品，除了会加倍地珍惜以外，还会给予这些菜品更多的关注，无形中就改善了挑食的情况。

（3）营造温馨氛围，激发愉悦情绪。努力创设良好的物质环境和精神环境，特别要为幼儿创设宽松和谐的进餐氛围，餐前不能训斥幼儿，不能强迫进食。进餐前，以亲切的口吻、热情的态度向幼儿介绍饭菜，让幼儿看一看颜色、闻一闻香味、尝一尝味道，还可播放优美舒缓的音乐，使孩子进餐时感到愉悦，无心理压力，激发幼儿的食欲。

（4）进行正确引导，唤起幼儿食欲。一味地强迫他们吃自己不喜欢吃的菜，可能会让他们产生厌恶情绪，加剧他们的反抗。应采取鼓励表扬以及讲故事、做游戏等方式激发他们吃饭的积极性。

（5）鼓励适量运动，增进幼儿食欲。幼儿期，适量的身体活动是十分必要的，能促进孩子消化系统加速运转，使幼儿的厌食现象消失，增进食欲。俗话说："玩得好才能吃得好。"因此，必须十分重视幼儿的体育活动，应保证每天至少有一小时户外体育活动时间，家庭也应充分利用宽敞的场地，陪同孩子开展一些体育活动。

（6）家园携手共育，形成教育合力。著名教育家陈鹤琴指出："良好习惯之养成与否，家庭教育应负重要的责任。"因此，使家长了解、认可并积极配合培养孩子不挑食的习惯，会取得事半功倍的效果。

问题 13

"闹独立"。

> 案例

乐乐是这个学期新来中班的小朋友，今年四岁了，是一个聪明孩子，开学时他的妈妈向老师抱怨，说孩子淘气任性、不听话，想要的东西哭闹着要，不到手不罢休；经常和大人"闹独立"，总是力图摆脱大人的约束，不按照大人的要求去做，抗拒、不服从大人管教。你让他去做的事，他偏不去做；你不让他去做的事，他偏去做。或者表面上答应、内心不服，当大人不在旁边时，就由着自己的性子来。家长担心，孩子如此任性，将会严重影响其个人健康成长。可是不知采取什么方法来引导他，让他改掉身上的坏毛病。

> 原因

（1）孩子的任性行为在一定条件下，是家长的教养方式不当，是对孩子过分宽容娇纵的结果。乐乐任性是在父母的宽容、娇纵下慢慢形成。孩子是家庭的中心，孩子想干什么就干什么，孩子想怎么着就怎么着，在个性品质、行为习惯、社会适应性等方面对孩子没有要求，不注意孩子日常行为规范的养成。不适度的爱和放松教育，无节制地满足孩子吃、穿、玩的要求下，无一定的生活常规和行为准则，则是孩子产生任性的温床。

（2）由于乐乐自身年幼，自制力差、情绪不稳定、易冲动，如果父母用训斥、打骂等粗暴方法压制孩子的正当需要和意见或对待孩子的缺点，将不仅无益于问题的解决，还会造成乐乐的逆反心理。使乐乐进一步用任性的行为来与父母抗争，以执拗来抗衡粗暴，发泄不满。

（3）当乐乐不听话时，父母找不到适当的方式来解决。在束手无策的情况下，父母若对孩子放任自流，久而久之导致任性的形成。

策略

（1）转移注意。乐乐注意力易分散，易被新鲜的事物所吸引，要把他的注意力从他坚持要做的事情上转移到其他新奇、有趣的物品或事情上。孩子注意力被转移后，很快会忘记刚才的要求和不愉快。

（2）明确要求，预防在先。平时对乐乐的行为提出明确的要求，制定一些简单、明确的规则，用事先"约法三章"的办法来预防乐乐任性的发作。规则一旦制定，就要坚决执行，以此来规范孩子的行为，这样可以使孩子明白自己的行为并不能随心所欲的，而应该受到一定的约束。

（3）采用"负强化"的方法，对孩子任性进行冷处理。当乐乐由于要求没有得到满足而任性发脾气或打滚撒泼时，不要心疼、怜悯或迁就，更不能和他讨价还价。可采取不劝说、不解释、不争吵的方法，对待孩子的任性，暂时不予理睬，给孩子造成一个无人相助的环境、当无人理睬时，孩子自己会感到无趣而作出让步。事后，当孩子闹够了，从地上爬起来时，要简单而认真地说明这件事不能做的原因，并对他能克制自己表示出高兴、满意和关心；跟他讲道理，让他明白刚才的行为是不对的。

（4）激将法。利用乐乐的好胜心理，激发起他的自信心去克服任性。

（5）因势利导，因材施教。关注幼儿的反抗心理的同时，对孩子的合理行为与要求，既要满足且要鼓励；对幼儿的不合理要求则要采用适当方式加以引导，避免采用强硬手段。切不可时而抓紧教育，时而放松教导，凭大人的情绪决定教育态度。

问题 14

爱告状。

案例

"老师，涛涛抢了我的玩具。""老师，洋洋把图书给撕破了。""老师，岑岑在玩水。""老师，张子杨看书的时候一直在说话。""老师，小宝没有听老师的话，他是这样跑着去盥洗室的，没有像我这样慢慢走着去。""老师，你看淘淘他们在教室里面跑来跑去的。"最近一段时间，强强像正义的小卫士一样，随时随地都在跟老师报告小朋友的各种"不好的行为"。老师该怎么办呢？

原因

（1）受欺负想寻求保护。

（2）检举他人，希望老师对他的是非判断做出肯定。

（3）维护规则，有规则意识。

第八部分
贵州省不同年龄阶段儿童关爱的具体问题与策略

策略

（1）要尊重、理解幼儿，站在他们的角度去聆听。在倾听"告状"时要认真，不要打断或者斥责孩子，也不要偏听偏信，先要弄清事实真相。如果孩子一时说不清楚，我们可用提问的方式引导孩子回想一下发生的事情，同时可以适当地安慰孩子。

（2）了解事情的大概情况，对症下药。在了解事实后，应根据具体的情况采用不同的处理方式。若是有理的"告状"，一定要及时给予肯定，让他们养成正确的是非判断力；若是其他类型告状，则通过耐心与孩子沟通，帮助他们建立正确的为人处世的原则。总之，不能敷衍也不能一味支持。敷衍甚至不管的态度，可能会导致一些有危害的事得不到及时的解决；更会混淆孩子的是非观，挫伤孩子的正义感。但若一味"支持""鼓励"孩子的告状，孩子独立处理问题的能力总是得不到发展，还会影响孩子良好的性格形成。相信只要能耐心、细心地对待，孩子会很快变得不爱告状了。

（3）当孩子与别的孩子发生矛盾时，成人要教会孩子换位思考，并借此机会教会孩子解决问题的技巧。可以问问告状的孩子："你觉得该怎么解决这个问题呢？"养成他们独立解决问题的习惯。对于3岁以上的孩子告状时，应尽量鼓励他们自己解决问题，否则会养成孩子的依赖心理，还会助长孩子只看别人缺点、不看别人优点、搬弄是非等坏习惯。孩子学会了处理问题的方法以后，就不会动不动告状了，而且对他将来面对困难、解决问题也有帮助。

（4）引导幼儿参与规则制定。这样可以增强幼儿对规则的认识，通过规则判断是非。

问题 15

说谎。

案例

有一次，从幼儿园回来的颜颜有点咳嗽，妈妈担心颜颜发烧就追问她是不是冷，颜颜摇头。妈妈又问她是不是因为吃了很多糖果而导致嗓子不舒服，颜颜瞪大眼睛对妈妈大声地说："绝对没有。"第二天妈妈送颜颜去幼儿园时，老师告诉颜颜妈妈，颜颜的同班小朋友丽娜从家里带了很多巧克力，老师发现糖纸时两个小姑娘已经各自吃了10多块了。妈妈听了非常生气，当着老师的面斥责颜颜："为什么说谎？"颜颜委屈地望着妈妈说："我怕妈妈打我。"

原因

6岁之前，导致幼儿说谎行为的有以下几种情况：一是孩子经常会把现实与想象混为一谈，编故事是孩子心理建设重要组成部分，这属于想象力与现实混淆的无意说谎；二是由于孩子的认知和思维能力发育不够完善，无法区分自我与环境的真实性，导致天真幼稚的无意说谎；三是为了逃避惩罚，有意说谎；模仿行为，有意说谎；想实现某种愿望时，有意说谎。

第八部分
贵州省不同年龄阶段儿童关爱的具体问题与策略

策略

（1）搞清事情原委，确认孩子是否是有意说谎。当我们对孩子陈述的事情产生疑问时，一定要及时把整个事情的前因后果弄清楚，确认孩子是否真的说了谎。如果孩子因想象力与现实混淆，或者天真幼稚这样的原因无意中"说谎"，多半是"无心之举"，父母无需太过担心。

（2）搞清孩子说谎起因。能让孩子产生说谎的动机有很多：或许是因为闯了祸，害怕受到家长的批评；或许是借助谎言来让父母给自己买心动已久的东西；或许是不想做某种事情而选择说谎等。因此，搞清楚孩子说谎的原因，他们为什么要说谎，是最为重要的。根据孩子不同的行为动因，选择相应的解决措施，因材施教，有的放矢，效果最佳。

（3）重视孩子的第一次说谎。当发现孩子初次说谎时，一定要严肃对待，严厉解决。要知道有一就会有二，不加以管制，以后就会越来越严重。千万不要让孩子尝到甜头，以后就会变本加厉；长此以往，便成为习惯了。

（4）建立惩戒机制，培养孩子责任心。孩子说了谎，一定要及时纠正。对他们进行惩罚时，一定要让他们自己明白为什么受到了惩罚，跟他们讲道理，让他们知道说谎的严重性；同时也要让他们知道，犯了错误，不能选择逃避，知错改错是做人诚实守信的基本素养。

（5）建立良好的亲子关系。与孩子建立良好的关系，让他愿意把他的想法、发生在身边的事情与你交流；并能给他提供帮助，而不是一味的指责或惩罚。

问题 16

敏感、内向。

案例

大班的琳琳，她的父母平时忙于做生意，工作比较繁忙，无暇顾及孩子，从来都不接送她上学，生活起居都是由奶奶照顾；而且，她又比较敏感，总是一个人玩，有时一张纸和一支笔，能让她消磨半天的时间。因此，比起集体游戏，她更喜欢选择独自游戏，比如看书写字和画画。

原因

由于父母关心得少，孩子一个人没事做，就经常的写字画画，养成了她内向不爱交往的个性。

策略

（1）抽时间陪伴孩子。妥善安排自己的工作，尽量每天挤出10分钟或20分钟陪陪孩子，多与孩子沟通，了解孩子的需要。同时利用双休日和节假日带孩子出去走走，到大自然中去开阔心胸，增进与幼儿间的感情。

（2）多加关心和呵护孩子。这类孩子比较敏感，做事比较谨慎，应多表扬和鼓励，多参与他们游戏，给他们更多关爱。慢慢培养孩子的自我效能感，提高交往的主动性，这样孩子的性格会逐渐变得开朗起来。

第八部分

贵州省不同年龄阶段儿童关爱的具体问题与策略

二、小学阶段儿童关爱的具体问题与策略

（一）小学阶段家庭关爱儿童的具体问题与策略

问题1

怕黑。

案例

点点是一个二年级的学生，是个可爱的小女生。可是她很怕黑，只要是光线差一点的地方，她都不敢去。晚上睡觉也必须开着灯才行！大家都觉得她太胆小，可点点就是害怕。

原因

（1）人类天生就怕黑，因为黑暗里很容易隐藏东西，而这些隐藏的东西不知道是好还是坏，有可能对我们造成伤害，这是人类的生存经验。

（2）在小孩子的成长经历中，成年人会时不时地告诉他们，不要去黑暗的地方，但是却没有说明原因，或者说了一个自己也不清楚的原因。可能把恐惧情绪无意识地传染给了小孩子，但为什么恐惧却不知道。这会让小孩子更加恐惧！

策略

（1）可以帮助孩子进行行为训练。可以从光线稍暗的地方开始，不断挑战，让孩子待在里面，直到孩子一点都不害怕为止。然后再挑战更黑的地方，逐渐降低孩子对黑暗的恐惧。挑战的过程中可以备一个手电筒，或者从有人陪到没人陪、时间短到时间长。

（2）主动与孩子沟通，了解孩子对于黑暗的解释是什么，找到孩子害怕的主要内容，针对其害怕的内容给出合理的说明，让孩子清楚地知道。

（3）可以和孩子玩一些游戏，如捉谜藏、藏（找）东西等，让孩子在玩的时候逐渐适应黑暗。

（4）在孩子表现出害怕时，多一些支持和鼓励。更多地去关注孩子的需求，多陪伴孩子。

（5）在床头放小灯，让孩子开小灯睡觉，在孩子慢慢长大的过程中消除恐惧。

问题2

假期无聊、烦躁、乱发脾气。

案例

终于放假了，青青不用早起了，每天都可以睡到自然醒，而且不用去上学了。最开心的是青青可以在家里玩游戏了，平时上学期间，青青的爸爸妈妈是严禁青青玩游戏的。但是到了假期，爸爸妈妈白天都要上班，只有青青和爷爷奶奶在家。爷爷奶奶也管不住青青，于是青青就可以在家肆无忌惮地玩手机游戏了。一周过去了，青青由于白天一直玩手机游戏，到了晚上，眼睛总是红红的，而且总是想去挠眼睛。爸爸妈妈发现了之后，就把手机没收了。青青白天在家里特别无聊，就想玩游戏，可是手机又被没收了。于是青青起床之后就开始各种发脾气，赌气不吃早饭，乱扔家里的物品等，爷爷奶

第八部分
贵州省不同年龄阶段儿童关爱的具体问题与策略

奶奶拿他也没办法。

> 原因

（1）小学一、二年级孩子放寒假之后，一般作业很少，所以在家会特别无聊。尤其是工作日，父母都上班去了，而爷爷奶奶因为体力不济也无法和孩子外出玩耍。玩手机游戏就成了他们的最佳选择。

（2）这个年龄阶段的孩子，对于自己的行为还缺乏较强的管理能力，需要家长的监督和管理。

（3）父母在孩子玩手机的问题上，没有及时和孩子进行沟通，只是简单粗暴地把手机收走，孩子难以接受，出现相应的情绪和行为。

> 策略

（1）要尽量丰富孩子的假期生活。放假了，孩子可以做适当的休息，但是不能一味待在家里。长期待在家里就会无聊，无聊就会烦躁、闹脾气。

（2）可以帮助孩子制定假期计划。同孩子一起制定假期总的计划、每月计划、每周计划和每日计划，同时和孩子商定达到目标之后可以得到的奖励。可以把假期的计划放在家里比较醒目的位置，当孩子完成计划后，爸爸妈妈及时给予鼓励。

（3）要帮助孩子认识到一直玩手机对身体的危害。长时间玩手机游戏，对眼睛的危害最大，可能会导致眼睛疲劳，容易得近视；还有就是玩手机的时候经常低头，会导致颈部、肩部肌肉紧张，容易酸痛。一直玩手机游戏，还会导致手指骨节僵硬疼痛。

（4）可以与孩子达成协议，控制玩手机的时间。同时父母是孩子的榜样，也要控制自己玩手机的时间，给孩子做出示范，身教重于言教。

问题3

做作业拖拉。

案例

小轩做作业特别慢，总喜欢磨磨蹭蹭。在课上，老师的课堂作业几乎每次都有完成不了的题。课后作业就更是每天都要拖拖拉拉到很晚。其实他们的作业也不算多，但小轩总是要找点事出来。一会儿去玩文具，一会儿上厕所，一会儿找本子，写的时候又慢吞吞，爱走神。

原因

（1）有的孩子写作业喜欢磨蹭、拖拉，是因为进入小学没有养成良好的学习习惯。有的孩子没有因为拖拉受到过严厉的惩罚，所以也并不觉得这是一个烦恼的事情。

（2）有的孩子性子慢，而家长却都是急性子。家长越催促，孩子越慢，实则是孩子对父母催促的一种无声对抗。

（3）学习遇到了困难，不知道如何解决，也不愿告诉老师、父母。

策略

（1）帮助孩子建立简单的写作业反应链。写作业前把桌子收干净,除了必要的文具,不放分散孩子注意力的玩具。要写作业时,形成"坐桌前—拿出作业本、笔—动手写"的动作流程。

(2)善用有时针分针的小闹钟,给每项作业规定一个时间,与闹钟"赛跑"。

(3)有效陪伴。陪伴孩子写作业时不玩手机,多观察;发现孩子遇到作业难题时,提供可行的帮助。

问题4

特别担心自己期末考不好。

案例

萱萱是一年级的学生,快要到这个学期的期末考试了,对于萱萱来说,这是她人生中的第一次期末考试。她既开心又有些紧张,因为妈妈和萱萱说:"这次期末考试要好好考,如果考好了,寒假里我们就去上海迪士尼游乐园玩两天。"萱萱听了之后,特别兴奋,终于可以去迪士尼玩了,可是同时萱萱又有些担心,万一考不好怎么办呢?这一周语文老师做了期末复习,在课堂上,萱萱一开始特别集中注意力,想认真听。可是过了一会,萱萱就想到迪士尼游乐园,然后就不认真听讲了。被老师点名之后,萱萱又特别担心自己会考不好。

原因

萱萱要经历人生中第一次期末考试了,想着考个好成绩,寒假可以去迪士尼游乐园玩。萱萱在课堂上也比以往认真多了，可是萱萱也因为太兴奋了，上课容易不专心。被老师点名之后，萱萱就特别担心自己考不好。

策略

首先，改变观念。父母要认识到期末考试是检验孩子在这个学期的学习效果的方式之一，孩子通过一个学期的学习，肯定在很多方面都有收获。所以父母还要看到孩子更多其他方面的成长，而不仅仅只看孩子的期末考试。

其次，明确考好的标准。父母通过一些奖励来鼓励孩子认真学习是可以的，但是设置的奖励要尽量明确、具体、适当。比如"期末考试考好了就可以去迪士尼玩两天"，"考好了"是什么意思呢？孩子考到什么成绩算是考好了呢？还是说孩子考到班上第几名算是考好了呢？应与孩子一起制定一个具体的、适当的、可行的学习目标。

再次，设置一个"提醒卡"。父母可以和孩子一起设置一个"提醒卡"，放在文具盒旁边，提醒孩子上课听讲。要是上课不专心了，看到这个"提醒卡"就赶紧认真听课了。

最后，多鼓励孩子关注努力的过程。虽然结果很重要，但在学习过程中，孩子有体验、有付出，这些也都是值得被鼓励的。对于低年级的孩子来说，更重要的是培养孩子的学习兴趣以及良好的学习习惯，从而让孩子对学习有信心，所以可以更多鼓励孩子关注努力学习的过程。

第八部分
贵州省不同年龄阶段儿童关爱的具体问题与策略

问题 5

不想去练武术。

案例

8岁的东东,男,二年级,好不容易等到放寒假,非常开心。但他遇到了一件不愉快的事,就是他的爸爸妈妈带他去体验武术班,然后偏要给他报名,说男生学习武术可以变得很强壮。可是他对武术一点都不感兴趣,也不想去学,不懂父母为什么非要让他学习他不感兴趣的东西,很是苦恼。

原因

(1)小学低年级段的孩子学习主要以兴趣为主,有兴趣的事情不用大人提醒都可以自觉去做,对于不感兴趣的事情就会很抵触。

(2)武术需要孩子能吃苦,孩子平时可能很少吃苦,一下子适应不了难度和强度都较高的活动。

(3)孩子对武术的了解不够,认为只是锻炼身体。同时觉得还有很多锻炼身体的方式,而不是非得学武术。

(4)孩子有自主感,不能接受强加的任务。由此会联想到爸爸妈妈不关心自己,只会强迫自己做自己不喜欢的事情,于是产生了苦恼。

策略

(1)跟孩子一起交流武术,让孩子多了解武术,区分武术与其他运动的不同,看他会不会有可能就对武术会产生兴趣呢?

（2）可以与孩子聊聊关于强身健体的其他项目，提供几个备选项，尊重孩子的选择。看看有没有孩子愿意去学习的项目，满足孩子的自主感，孩子自己选择的项目更能投入。

（3）关注孩子的情绪。孩子很容易真实地将自己的情绪表露出来。当消极情绪占主导的时候，孩子很难理性地去思考，即便事情对他们来说很有利，他们也会拒绝。所以，先安抚孩子的情绪，孩子情绪好了，沟通交流会更容易。

（4）关注孩子身边的朋友都在参加哪些项目，有小伙伴们的带动，孩子更有参与激情。有时候小伙伴的力量比家长的力量还要有用。

问题6

做事要求完美，事事都要做到最好。

案例

9岁的艳艳，小学四年级学生，是一个自律的女孩。该生学习成绩优异，人际关系良好。但是，她也有自己的烦恼。她对自己要求很高，做任何事都要尽力做到最好才肯罢休，否则，就会很自责，哭泣，认为自己没用，自卑。

原因

（1）该生父母都是知识分子，对自己的要求高，对孩子的要求也高。从小就教育孩子要成为佼佼者，不能接受孩子犯错，认为那些错误都是"低级错误"，是"糟糕的人"才会犯的。导致孩子也无法接受自己犯错，认为犯错等于"糟糕的人"。

（2）孩子从小就表现很优秀，犯错的机会比较少，以至于对于"犯错"的接纳度很低。认为自己只要努力就不会犯错，在认知上出现了极端化。

（3）这个阶段的孩子，价值观还没有成型，往往会参考家长的价值观。家长认为对的，他们也往往会接受；家长认为错的，他们也往往无法接受，家长的价值观直接影响了他们价值观的形成。

（4）孩子想要做一个符合父母要求的人，害怕父母会因为她不够好就不爱她。因此，害怕犯错，对自己要求苛刻。一旦犯错，就会非常担心，焦虑。

策略

（1）调整对孩子的要求，能够接纳孩子犯的错，接纳孩子的"不优秀"。让孩子能够感受到父母的爱是无条件的，不是因为优秀才爱她的；无论她优秀还是不优秀，父母都很爱她。

（2）要和孩子一起面对孩子出现的错误，共同探讨解决的方法，帮助孩子接纳自己的错误，找到恰当的方法去改正错误。

（3）要帮助孩子认识到人无完人。每个人都可能犯错，世界上没有完美的人。从认知上帮助孩子做出改变，提升自信。

问题 7

讨厌二宝。

案例

依依，女孩，8岁，三年级，家里排行老大，有一个小2岁的弟弟。弟弟比较调皮，爱哭，每次没有满足到的时候就会哭。这个时候家长则是责怪老大，叫老大让着老二。家长认为姐姐就该让着弟弟，老大有时候很不愿意，大人就从老大手里把东西抢去给老二。家长给依依的感觉是，父母眼中只有弟弟，对自己没有以前关心，于是讨厌老二。

原因

（1）大宝一直在家备受家长们的关心和疼爱，二宝的到来从父母那里分走一部分关爱，老大的心里产生了落差。

（2）三年级的孩子渴望父母关爱，如果家长做得不够公平的话会让孩子心里产生不满情绪。

（3）三年级的孩子有了边界感，如果自己的领域受到了威胁，孩子会产生不安全感，并希望得到家长的尊重。

策略

（1）作为家长，可以多与孩子交流，了解孩子的感受和情绪，关注孩子内心的想法。孩子对自己的情绪调节缺少方法，家长可以帮助孩子及时将不良情绪发泄出来。

（2）可以与孩子进行约定：家长陪老二的时间和陪老大的时间均匀分配，且时间的约定是爸爸妈妈、弟弟和自己都能够接受的。约定建立好了之后就相互监督。

（3）家长要注意顾及孩子的自尊。每个人都有自己的边界，物品也属于边界内。当自己所属物品没有被允许就拿走

第八部分
贵州省不同年龄阶段儿童关爱的具体问题与策略

了,这是对边界的侵犯,是家长不尊重孩子的表现,家长千万要注意。

(4)现在的很多二胎父母会因为新成员的到来,对老大的照顾会比之前少,让老大的心里很不平衡。但是父母们可以在精力允许的范围内多关心老大,孩子也会理解父母的不易,能感受到家长是爱自己的。如果孩子的心里对父母由爱生恨,那就很难建立良好的亲子关系了,不利于孩子以后的成长。

问题8
与妈妈关系不好,很受伤。

案例

8岁,三年级,女生,妈妈每次与其说话都是连吼带骂的,嗓门又大,隔壁邻居都能听到。她不知道妈妈为什么这样,每次因为一件小事都要大发雷霆。每次她妈妈都会说"看到你就烦",自己不明白到底做什么事情被妈妈嫌弃,感觉到很受伤,在内心产生了对妈妈的对抗情绪。羡慕班上某些同学,希望自己的妈妈也同其他同学的妈妈那样温柔。

原因

(1)孩子上三年级,自我意识发展很快。如果被经常否定的话就会产生强烈的负面情绪,此情绪发泄不当就会影响到与身边人的亲密度。

(2)妈妈对待孩子的方式比较粗暴。随着年龄的增长,孩子越来越需要被平等地对待。如果总遭遇不平等对待,孩子慢慢地会压抑自己的情绪。

（3）这个年龄段的孩子在各个方面跟其他同学会有攀比，当攀比失败之后会产生失望。

策略

（1）家长可以换位思考，体验一下当被语言伤害之后会有什么感受，进而理解孩子的感受。如果一味地将自己的想法压在孩子身上，孩子到青春期很大概率会反抗，不利于良好亲子关系的建立。家长要重视良好亲子关系的重要性。

（2）家长可以改变对待孩子的方式。当孩子做了不好的事，可以多教会孩子应对的方法，避免同样的情况再次发生。家庭教育的目的不是压迫孩子成长，而是帮助孩子成长，应多教给孩子成长的经验和方法。

（3）家长可以提升自己教育孩子的技巧，阅读有关亲子沟通的书籍，或是参加有关家庭教育的培训或是活动。只有自己不断学习成长，才能真正帮助到孩子，陪伴孩子一起成长。

问题 9

讨厌上补习班。

案例

豆豆一点都不喜欢周末，因为豆豆的周末不是在上补习班，就是在去上补习班的路上。豆豆从上幼儿园开始就学习画画和舞蹈，以前周末只学习画画和舞蹈，豆豆还是很开心的。可是自从上了四年级，妈妈又给豆豆报了思维班和英语学习，于是周末都被占满了。除了上补习班，豆豆还要完成学校作业和补习班作业。豆豆越来越不开心了，越来越讨厌上补习班了。

> 原因

豆豆的周末被补习班占满了，没有休息的时间，身心疲惫，所以导致原本喜欢的课外学习，现在也都讨厌了。再加上，上四年级后家长没有经过与孩子讨论、商量，就给孩子增加了两个补习班，招致孩子的不满。豆豆自我意识开始萌发，很多事情慢慢地有自己的主见，豆豆讨厌上补习班有可能是想表达对家长安排的不满。

> 策略

（1）家长方面，在给孩子报名补习班前，最好是先与孩子进行沟通，向孩子介绍该补习班的情况，包括基本情况，如上课地点、时间、老师等；还有上该补习班的意义，让孩子对上补习班有心理准备，而不是感觉到自己被安排。孩子上完补习班后，要观察孩子的状态，是比较轻松愉悦的，还是紧张焦虑的。可以把家长的观察、发现带着疑问与孩子探讨，关心孩子。当孩子刚开始对补习班出现抵触心理时，要先了解原因，不要单方面就认为是孩子的问题，因为也有可能是补习班氛围的原因。当孩子因为上补习班而身心俱疲时，家长也要适当安排休息放松的时间，否则给孩子报补习班会适得其反。孩子对补习班也会越来越反感，原本感兴趣的课外学习也会变得厌倦。家长还要与补习班的老师多沟通，了解孩子在课上的学习状态，考察该补习班是否真地适合孩子的发展。

（2）孩子方面，首先，要让他要找到讨厌上补习班的真正原因，是因为这个补习班的内容不喜欢？还是因为不喜欢这个补习班的老师或同学？是因为太累了，在补习班上无法专心学习？还是因为不喜欢被父母安排？亦或是其他原因……

其次，再针对主要原因来解决问题。孩子应及时与父母沟通，让父母了解自己的想法；同时也要去了解父母为他报这个补习班的想法。最后，要有遇到问题解决问题的心态，而不是一味地表达自己的不满，却不主动解决问题。如果仅仅只是表达不满，长此以往，会损害孩子的身心健康，也会影响到亲子关系。

问题 10

跟父母斗气。

案例

宽宽，男生，11 岁，五年级，不满父母对待自己的方式，认为爸爸妈妈从来不维护自己，对父母有很多怨气。和同学发生矛盾时，他认为父母不仅不帮助自己，还反过来帮助其他人来责怪自己；有时候事情比较严重，不分青红皂白就被打骂。他认为爸爸妈妈对自己有不公平之处，并且还听不进理由。总之父母就是认为无论什么都是他的错，叫他下次不要那样了，导致他怀疑自己不是爸爸妈妈亲生的。

第八部分
贵州省不同年龄阶段儿童关爱的具体问题与策略

原因

（1）孩子对父母的教育方式不满，尤其是父母比较粗暴的教育方式，使孩子心里产生了失望和愤怒。

（2）把自己的父母与别人的父母进行对比，产生了落差，从而心生疑惑。

（3）这个年龄的孩子成长得比较快，希望能得到父母的认可，获得一定的自主权。

策略

（1）作为家长，不要单方面看到别人家的孩子是如何的好，自己的孩子是如何的糟糕。孩子的心中也有对比，认为别人家的爸爸妈妈都很好，自己家的父母很糟糕。千万注意不要用自己孩子的短处去跟别人家孩子的长处相比较，这对孩子很不公平，会严重影响孩子的自信心。

（2）当孩子做了我们不允许的事情时，家长不要急于发泄自己的愤怒情绪，当人在愤怒的时候很难做到理性判断，容易误伤孩子幼小的心灵。先冷静下来，搞清楚整个事情的来龙去脉，看看是谁的过错。如果是自己孩子的，再教育也不迟；如果是其他小孩，那一定要给孩子一个公道。

（3）孩子在内心对父母的教育方式表示否定，这样的教育方式是比较失败的，会让孩子离父母越来越远。家长可以心平气和地与孩子召开家庭吐槽大会，一吐对对方的不满。事先约定好，不论说什么，都不能生气。再聊聊希望对方是怎么样的，可以一起讨论如何在自己可以做到的情况下让大家都比较舒服，建立良好的亲子关系。

问题 11

寒暑假里只想看电视。

案例

小瑾特别喜欢寒暑假，因为爸妈去上班了，家里都只有她一个人，想怎么玩就怎么玩。看电视剧爽到爆，一天十多集，还可以熬夜看个够！但爸妈在的时候就很烦，每次都要和他们大吵一架。小瑾觉得爸爸妈妈总是合起伙来骂她，说她天天看电视，动都不动一下；说她不做暑假作业，还逼她早起去公园跑步、去菜市场、去超市……小瑾觉得爸爸妈妈变着花样折磨她。她一点儿也不想出去，就想看电视！爸爸妈妈很生气地说："看电视看电视，你都快被电视吸进去了！"她也怒气冲冲地顶撞他们："吸进去就吸进去，我就是想看，其他的我什么也不想干！"

原因

（1）假期来临，孩子很容易从繁忙变得清闲，从快节奏变成慢节奏。孩子很容易陷入"温柔的陷阱"，动力不足，对外出、交友提不起兴趣。

（2）大多数孩子一到放假就沉迷于看电视、上网、玩手机，实则是假期没有规划的结果。

策略

（1）放假了，家长可以和孩子一起开个家庭会议，认真

地计划剩余的暑假时间安排些什么活动，什么时候看电视（看电视的时间可以逐渐减少一些）、什么时候做作业、什么时候必须要去运动等。根据孩子的情况达成一致协议，帮忙督促执行。

（2）让孩子对看电视或玩电脑的时间自己做一个规划，控制在每天一至两个小时。鼓励孩子在看电视或电脑前定一个闹钟，时间到了，就告诉自己离开电视机或电脑，去做别的事情。如果做到了，孩子可以给自己说一声："你做到了，真棒！"

（3）家长要多关心孩子，不能放任不管。多带孩子去参加他喜欢的运动或者其他兴趣爱好。比如跑步、跳绳、游泳、爬山、跳舞、画画等，让假期生活丰富一些。

问题 12
父母不允许暑假出去玩。

案例
茜茜，六年级女生，小学毕业了，和几个好朋友约好暑假一起出去玩。茜茜认为这是一个难得的机会，也许以后大家就不在同一个学校，就很少能够一起玩了。可是爸爸妈妈坚决不让茜茜去！茜茜好苦恼啊。多次尝试和爸爸妈妈沟通，并再三保证一定注意安全，可是父母就是不让茜茜去。

原因
父母不允许茜茜出去玩的原因可能是担心她的安全。另外还因为茜茜与父母之间的沟通不充分。

策略

（1）家长要耐心听一听孩子的想法，了解这次旅行对孩子来说有什么样的意义等。只有了解孩子的想法了，才更能理解孩子。

（2）向孩子表达对出行安全的担忧，与孩子一起制定一套"外出安全指南"，要让孩子知道不允许外出的真正原因是什么。如果只是一味地不允许，反而会引起孩子的反抗。

（3）给予孩子一个自由与受保护的空间。孩子需要成长，很多事情孩子以后都要独立面对，所以家长有时候要适时放手，让孩子学习独自面对和处理问题。同时也要让孩子感受到父母永远在背后支持着、保护着他。

问题 13

离家出走。

案例

默默是一名五年级的学生，就快要放假了，他心里十分期待。但是，爸爸妈妈告诉他，已经给他报了几个补习班。还说马上就是六年级了，必须好好努力了，否则，上不了好的中学，将来就考不上好的大学，找不到好的工作，没有好日子过了。这让默默觉得压力好大呀！本来默默的成绩也还是可以的，和他差不多的其他同学也没有上这么多的补习班。其他同

第八部分
贵州省不同年龄阶段儿童关爱的具体问题与策略

学都在商量假期要去哪里玩,而他就只能等着上补习班。他觉得很烦,又不知道该怎么办,于是选择了离家出走。

原因

(1) 父母在没有征得孩子同意的情况下,就私自为孩子报了很多补习班,这让孩子觉得,他一点权力都没有,完全没有被尊重,产生无价值感。

(2) 本来是一个值得期待的假期,结果却变成了"换个地方上课",孩子在学习之余,没有喘息的机会。这让孩子压力一下子就变得很大,感觉看不到希望。

(3) 父母没有觉察到孩子在情绪和行为上的变化,没有及时和孩子沟通。孩子感受不到父母的爱,感受到的只有要求,让孩子处于无助的状况。不知道该怎么表达自己的想法,也不知道该向谁表达,产生强烈的无助感。

(4) 这个阶段的孩子自我意识已经逐步发展起来,想要得到别人的尊重,想要别人把自己当做成年人来看待。而个人的能力又不足,出现理想与现实的差距,容易自我否定。

策略

(1) 父母需要与孩子良好地沟通,告诉孩子,无论孩子学习怎样、做了什么、在哪里,父母都是爱他的。让孩子感受到父母的爱,增强其安全感和价值感。

(2) 父母在报补习班时,应先与孩子协商,让孩子理性看待补习班。让孩子自己思考:有没有确实需要补充学习的科目?如果有,需要怎么做?如果没有,又怎么做?

（3）父母需要与孩子详细地沟通一下，了解孩子为什么不愿意去补习班；用心去体会孩子不愿意去的原因，针对原因与孩子进行沟通，并调整安排。

（4）父母可以和孩子一起做一个假期计划，里面包含学习和娱乐等多个方面。让孩子感受到自己假期的生活是可以自己做主的，也是有娱乐时间的。降低孩子的焦虑情绪，增强其自主感。

问题 14

不想回家。

案例

小均希望父母能经常陪陪他，能和他说说话，能听听他的烦恼，能分享他的开心。可是，他的父母总是很忙，好像有做不完的工作，有数不清的应酬，经常都是他睡了父母才回来。偶尔早上上学前能见一下，也是匆匆忙忙的。每次回到家，他都会觉得家里面空空荡荡的，没有温暖。他越来越不想回家，经常在放学后到处闲逛，有时会深夜才回家。在别人眼里，他是个开朗活泼的人，和同学们也能友好相处，整天嘻嘻哈哈的，好像什么都无所谓。可是，没有人知道他的心里有多孤单！

原因

（1）这个年龄段的孩子已经开始独立，有自己的想法，寻求成人感。但是，还没有真正地成熟，仍然需要父母的陪伴和

第八部分
贵州省不同年龄阶段儿童关爱的具体问题与策略

支持。但小均很少有机会和父母交流，让小均产生明显的孤独感、无价值感。这对他已经造成了困扰，他无法自己从困扰中走出来。

（2）父母没有与孩子沟通关于自己工作的事，让孩子觉得父母只是在用工作躲避自己。他并不知道父母工作的不易，也无法理解父母，对父母产生抱怨。

（3）父母没有及时发现孩子的情绪和行为变化，让孩子觉得父母是不在乎自己的、不爱自己，对父母失去了信心，从而不想回家。

策略

（1）父母要经常抽时间来陪伴孩子，了解孩子生活中、学习中遇到的新鲜事，与孩子共同分享生活中的乐趣；同时，也了解孩子在生活中、学习中遇到的困难，与孩子共同探讨解决的方法，与孩子共同面对各种挑战。这样做，孩子才会有较强的安全感，感受到父母的爱，觉得自己是有价值的。

（2）父母可以与孩子分享自己工作中的快乐、烦恼、困难等，让孩子充分了解父母的工作，知道父母是真的很忙而不是借口。

（3）父母需及时了解孩子的情绪和行为，了解孩子的思想状况，与孩子真诚地交流，共同探讨解决问题的方法。让孩子感受到父母的爱，孩子才喜欢回家。

问题 15

怕妈妈。

案例

文浩现在五年级,他很害怕妈妈待在一起。以前他和爷爷奶奶一起生活在乡下,成绩一般。后来妈妈把他接到了城里上学,妈妈是做生意的,很忙很忙。一天几乎见不着面,偶尔因为检查作业才坐在一起。妈妈要求很严格,每次检查他的作业都不满意,常常生气地质问他"为什么就不能好好学习"。如果这时文浩不说话、委屈地流眼泪,妈妈就会生气地说以后再也不想管他了。只要是学习方面,妈妈都很关心,但在生活方面的关心却很少。文浩有时候会觉得妈妈不爱他,越来越怕妈妈。

原因

(1)在五、六年级,孩子与父母起冲突、关系紧张非常常见。孩子开始有了自己的想法、喜好,想要被认可、被关心,有自己的空间。但往往有些父母还没有意识到自己的孩子长大了,仍然用低年级的管理方式来管孩子。

(2)有时父母过于在意孩子的成绩,而对孩子的日常生活关心不足。这会让孩子觉得"我只有成绩好,爸爸妈妈才爱我,成绩不好,就什么都不是",对孩子造成心理上的打击。

策略

(1)家长首先需要调整好自己的情绪,适当疏解自己在工作生活中的压力。这样才能更耐心地与孩子相处。

第八部分
贵州省不同年龄阶段儿童关爱的具体问题与策略

（2）了解五、六年级的孩子特点，适当放手，给孩子一定的信任。当孩子遇到困难时，先了解情况，再帮忙想解决方法，而不是一味指责孩子。

（3）多关心孩子学习成绩、作业之外的事情，比如孩子的爱好、朋友、心情、想法等等。

问题 16

在家不想学习。

案例

晶晶，12岁，女生，六年级。小学阶段最后一年，心理压力大。父母表现得更着急，每天起床和睡觉前父母都会轮番对其学习方面进行唠叨，一遍遍地重复同样的话语。晶晶感觉受不了了，尝试跟父母沟通，但似乎没有效果。一开始本来还可以静下来学习，听得多了就老想跟他们对着干，现在在家就不想学习了。

原因

（1）由于升学，孩子压力很大，父母的唠叨增加了孩子的烦躁情绪。

（2）六年级的孩子差不多到青春期了，孩子需要自己独立的空间来做自己的事情，不想总是被父母管着。

（3）在孩子学习方面，父母表现得更着急，这份着急通过唠叨的方式传递给了孩子，孩子感受到父母只关心自己学习，不理解自己，由此产生了逆反心理。

> 策略

（1）作为父母，应首先静下来，多将注意力放在对孩子本身的关心上，觉察孩子的情绪，及时帮助孩子疏导不良的情绪。而不是只关注其学习，要相信孩子自己会在学习上努力的。

（2）引导孩子制定一个时间规划表，帮助监督孩子的执行。多鼓励孩子，周末的时候带孩子出去放松一下，比如出去散步、看电影或是带孩子吃好吃的东西等等。

（3）自己记录对孩子唠叨的次数，换位思考假如你是孩子，被家长这么唠叨，会有什么感受。然后制定自己减少唠叨的次数。要相信孩子，有意识提醒自己"我的孩子自己可以的"，降低自己对孩子学习这件事的焦虑。

（二）小学阶段家校共育的具体问题与策略

> 问题1

讨厌上学。

> 案例

小尹6岁，刚升入小学一年级。开始他比较兴奋，觉得可以有很多的小朋友一起玩。但是一个月过后，他发现自己不想上小学了。觉得小学的老师比幼儿园的老师"凶"，上课有很多限制，有很多"不准"。每次上课几分钟后就总想玩自己的玩具，但是有时候会被老师批评并且没收玩具。小尹没有了

第八部分
贵州省不同年龄阶段儿童关爱的具体问题与策略

玩具很不开心,对上学产生了抵触。

原因

(1)幼儿园和小学对孩子的要求有很大差别。幼儿园多以玩为主,没有那么多的规则;而小学则是以学习为主,培养学生规则意识。幼小过渡对于这个年龄段的孩子是比较困难的,一些孩子还处在幼儿园的状态,喜欢玩,没有做好准备成为一名合格的小学生。

(2)一年级也是培养孩子学习兴趣的关键时期。一些孩子的学习兴趣没有得到很好的培养,对学习产生了抵触情绪,由此讨厌学习。

策略

(1)当遇到孩子对新的学习和生活产生抵触情绪的时候,不要太着急对孩子采取批评教育,也不要盲目地评价孩子。这样不仅帮不到孩子,反而会加剧孩子的不良感受。

(2)孩子很喜欢玩,那可以在学习之余多陪孩子玩,多玩玩跟学习有关的游戏,以此来慢慢培养学生的学习兴趣,让孩子知道原来学习也可以很有趣。

(3)多关心孩子在学校的生活,多与老师沟通关于孩子的情况;对孩子良好的表现要多表扬,对于孩子不好的表现要多鼓励;听听孩子到底是怎么想的,关注孩子的需求。

(4)根据学生注意力的特点安排活动。低年级的学生注意力集中时间只有二十几分钟,不要对孩子有超过他们能力范围外的要求。可以多跟学生做游戏,增加学生的集体归属感。

问题2

无法遵守纪律。

案例

康康是个二年级的学生,一个很活泼的男孩子,经常都会和同学在一起玩游戏,性格也很开朗。但是,在上课的时候,他总是会控制不住自己,只要老师没看到他,他就会大声说话、离开坐位、和同学打闹,或者大声地喊老师。他自己也觉得无法控制,不知道该怎么办。

原因

(1)康康总是希望老师随时随地都能关注到自己。当老师关注其他同学时,康康就会认为老师不喜欢他了、不在乎他了、忽视他,这让康康特别没有价值感。所以,他要通过自己的各种行为引起老师的注意,只有这样,他才能感受到自己的价值。

(2)康康可能缺乏安全感。康康在家中也需要父母随时关注到他,但父母并不能随时都关注到他,这让康康怀疑父母是否爱他,总是担心父母不爱他了。这种安全感的缺乏直接导致了康康对"关注"的高度需求,影响了康康的各种情绪和行为。

策略

(1)家长需要多与孩子沟通,及时了解孩子的思想变化情况;了解孩子的情绪和行为变化,及时做出调整。

(2)家长需要更多地陪伴孩子,陪伴时与孩子共同商讨陪

第八部分 贵州省不同年龄阶段儿童关爱的具体问题与策略

伴的方式,采用孩子喜欢的方式,让孩子拥有足够的安全感。并明确地告诉孩子:"无论你在哪里,你做了什么,爸爸妈妈都是最爱你的人。"

(3)可以与孩子商讨出一定的规则,并张贴出来,大家共同遵守。对遵守规则的行为要及时表扬,这有助于孩子建立起规则意识和责任意识,明白行为是会产生后果的。

(4)在孩子的情绪和行为发生积极转变时,要及时鼓励,帮助孩子更好地管理情绪和行为。

问题3

上课开小差,感到疲惫。

案例

愉快的寒假结束了,新学期开始了。轩轩可兴奋了,又可以跟同学们见面、一起玩了。可是,没过几天,老师发现轩轩上课没有以前那样坐得住了,时不时地就开起小差,听课听着听着就走神了。轩轩上课还老爱打哈欠,没精神。妈妈叫轩轩起床也很困难,早上起不来,但他晚上又不想早睡。作业也有些丢三落四的,为此轩轩还被老师批评了。

原因

(1)新学期上课爱开小差、没精神、起床困难等是因为开学不太适应的缘故。假期里格外地放松,作息时间不规律,而开学了就立马进入快节奏,孩子的身心都会有些不适应,就像提不起劲儿一样。

（2）孩子注意力还没有更多地回归到学习上，容易被好玩的事情或想法带跑。

策略

（1）在开学前就帮助孩子调整生物钟，督促孩子按照上学时的时间起床、睡觉，保证充足的睡眠。让孩子提前做好准备，上学后就不会觉得那么累了。

（2）帮助孩子进行一些注意力的训练。如在孩子做作业时，可以设定小闹钟：20分钟做5~8个题，保证这20分钟里只做题，不干其他事情。对于低年级的小孩子，用有刻度表盘的闹钟比数字显示的闹钟要好！还可以让孩子多玩一些找数字、找不同等需要高度集中注意力的游戏。

（3）监督孩子预习和复习，让学习跟上上课的进度，可以减少"写作业丢三落四"的现象，减少孩子的挫败感。

问题4

爱表现。

案例

玥玥在课上表现可积极啦，特别喜欢举手发言。每次回答正确，玥玥受到老师的表扬都感觉喜滋滋的。可是，当老师让别的同学回答问题，没有让自己回答时，玥玥会非常难过，撅起小嘴，失落地趴在桌上。如果老师还是没有注意到自己，她会伤心地悄悄流眼泪……

第八部分
贵州省不同年龄阶段儿童关爱的具体问题与策略

原因

（1）低年级的孩子非常想得到老师的关注和表扬，但是，他们常常没有看到其他同学也需要老师的认可。

（2）有时孩子会把老师不让自己回答问题想成了"老师不喜欢自己"。

（3）孩子出现这样的情况，是因为他们还处在以自我为中心的成长阶段，受不了老师、父母忽视自己、看不到自己。

策略

（1）让孩子明白在课堂上不可能总是只叫一位同学回答问题，而应该把机会平等地分给其他同学。

（2）告诉孩子老师没点名让她回答问题，不是老师不喜欢自己。相反，老师认为她已经懂了，因而想检验一下其他同学。

（3）引导孩子在生活中多分享，和别人分享好吃的、好玩的……让孩子走出自己的小世界，看到别人。这样有利于孩子走出"自我中心"。

问题 5

不知道怎么和同学相处。

案例

菲菲是一年级的学生，开学以来一直闷闷不乐，最近她还觉得自己很笨，觉得自己什么事情都做不好，平时又不讨人喜欢，认为班上的人都不愿意跟她玩。在上周的一次体育课上，老师叫大家一起分组做游戏的时候，都没有人愿意和菲菲一组，菲菲觉得很难受。其实菲菲特别想跟他们一起玩耍一起聊天，但是不知道怎么和同学相处。

原因

（1）初入小学，需要适应新环境，不论是环境还是人群都发生了变化，以此产生了担心和紧张的情绪。

（2）菲菲性格比较偏内向，希望别人主动来跟自己交朋友。但是如果每次都是别人来找自己的话，时间久了，小伙伴们会有意见。大家都希望自己被别人主动找，这样才能显示自己是受欢迎的。

（3）环境适应能力对于一年级的孩子来说都不是太强，有些孩子会产生自卑心理。菲菲选择了默默承受，没有选择求助父母或是老师。

策略

（1）要多关心孩子进入新环境的适应情况。每天孩子回家之后多跟孩子聊聊在学校的情况，尤其可以多聊聊孩子在学校认识的新朋友，鼓励孩子多交朋友。

（2）家长多与老师交流孩子在学校的情况，了解孩子在学生发生的比较重要的事情。多鼓励孩子主动参与到其他小伙伴的游戏中去，小孩子们在学校最喜欢的活动就是跟小伙伴们一起玩游戏。

（3）多组织团体活动。鼓励主动参与活动，对于内向、不被大家喜欢的孩子，可以改一改分组的形式。比如把没有进入组里的孩子赋予特定的任务,每个组需要他们参与才能完成活动目标,这样就可以鼓励自信心比较弱的孩子参加活动。

问题6

爱打人。

案例

阳阳在班上个头不大,却特别喜欢动手打人。不高兴时会打人,和同学们玩得高兴时也会故意向大家挥舞拳头,有时还是会把人打哭。有一次,小楠想喊他去操场玩,阳阳没有听见,小楠就去扯了扯他的衣服。结果,阳阳二话不说就在小楠胸口捶了几拳头,痛得小楠哇哇大哭。现在,阳阳是打遍全班无敌手,大家都很害怕他,不太愿意与他玩了。

原因

(1)爱打人的孩子,大多好胜心强,攻击性也比较强,自控力比较差,爱冲动,情绪不太稳定,也有的孩子是想要寻求关注,不想被冷落。

(2)对于有的孩子来说,"打"是他和同学们交流的方式。想和别人玩,他会去"打";表达他的不满时,他会去"打"。但他却不知道他的"打"大多数时候都很疼,是不受欢迎的。孩子更没有意识到打人是不对的,是违反学校规定的。

(3)家里榜样的作用,父母教育孩子气急了就会打孩子,常常"打",孩子就习得用"打"的方式来解决问题。

> **策略**

（1）发现孩子打人时，要严肃地对待。关心孩子，认真地了解孩子动手打人的原因，及时制止，并让孩子知道打人的严重后果。

（2）明确告诉孩子需要改掉"打人"这个不良的行为习惯，如当想伸手"打人"时，告诉自己"停，不可以！"并教会孩子用语言来表达自己的想法，如"我想和你们玩""你这样说不对""我很生气"……

（3）做好表率示范，减少打孩子的行为，和孩子慢慢讲道理。

（4）多带孩子参加一些体育类活动，如踢足球、跑步、打篮球等，让孩子释放多余的精力。

> **问题 7**

害怕考试，不想上学。

> **案例**

二年级的雷雷最近特别不想去学校，因为快期末考试了，老师课上经常测试或讲试卷复习。雷雷比较贪玩，家庭作业随便写写，结果到了期末，语文的很多词语记不住，数学的算术题还是会算错。小测验结束之后，每个老师都会找雷雷到办公室，老师还没开始说话，雷雷就难过地哭了起来。于是雷雷就更不愿意去学校了，他和爸爸妈妈说不想考试、害怕考试。

第八部分
贵州省不同年龄阶段儿童关爱的具体问题与策略

原因

雷雷因为测试成绩不好,被老师批评,害怕考试,不想去学校,与孩子在学习上受挫有关。

策略

(1)当孩子在学习上遇到困难时,要多鼓励,少批评指责。比如引导孩子说:"你现在不会是因为你还没有学懂,我们来看看到底是哪里没有学懂?"帮助孩子完成作业难题,预习,复习,增强孩子的自信心。不能打击孩子说:"这么简单都不会。""你怎么这么笨。"

(2)孩子在小学低年级段时,最主要的任务是培养浓厚的学习兴趣及良好的学习习惯。有些孩子在学业受挫后容易对学习不感兴趣。因此可以将学习与生活相联系,在平时生活中,多让孩子用学到的知识来解决问题。比如购买自己喜欢的玩具,可以让孩子来算一算总价。或是将学习任务和比赛、游戏等相结合,提高学习趣味性。

问题 8

容易激动,情绪失控。

案例

小然,8岁,小学三年级学生,是个活泼开朗的女孩。在与同学相处时情绪波动大,很容易生气、激动。有时候,同学们只是开玩笑地说了一些话,她就会当真。尤其是谁说了冤枉她的话,她就会大吵大闹,不依不饶,弄得同学们都不敢和她开玩笑了。也正因为如此，她的情绪更加不稳定，在班上就像一只刺猬，谁靠近就会被扎。她自己也很烦恼，不知道该怎么办。

原因

（1）该生为独生子女，从小父母比较疼爱，呵护有加，不让她受半点委屈，导致她无法接受生活中的"委屈事件"。

（2）由于父母对孩子的过度溺爱，从小没有对她进行情绪管理的教育，在情绪方面还是想怎样就怎样，情绪管理能力缺乏。

（3）父母以孩子为中心，导致孩子也以自己为中心，在与人交往的时候不考虑别人的感受，只注重自己的感受。

策略

（1）在与孩子相处的过程中，引导孩子关注除了自己以外的人，学会观察他人的情绪和行为变化，了解自己的行为会对别人产生什么影响。帮助孩子理解别人的情绪和行为，看到自己对别人的影响，更好地管理自己的情绪和行为。

（2）接纳孩子的情绪，并帮助孩子认识自己的情绪，了解情绪产生的原因，知道情绪产生了可以有哪些方式去处理。只有孩子知道了这些，她在遇到情绪问题时，才会有办法去处理，她才能更好地与他人相处。

（3）与孩子共同面对问题。在孩子出现一些问题时，也要及时地与孩子共同探讨解决的办法，始终和孩子站在一起，共同面对问题，孩子才会更加有信心，问题也更容易解决。

第八部分
贵州省不同年龄阶段儿童关爱的具体问题与策略

问题 9

未经允许，拿别人的东西。

案例

赞赞，8岁，小学三年级学生，是一个性格外向的男孩。该生能言善辩，性格活泼开朗，喜欢和同学们玩在一起。但是，他总是喜欢拿别人的东西，只要是他需要的，他也不问别人愿不愿意，就直接拿走了。别人说他，他还说别人小气，觉得没什么大不了的。班上很多同学的东西都被他拿过，弄得同学们都不愿意和他玩了。老师也教育过他，但他很快又会再犯。

原因

（1）该生是独生子女，家庭条件很好，家中父母比较娇惯，只要他需要什么，家长都会满足，过于溺爱，让孩子没有了边界，认为所有人都应该满足自己的需要。

（2）家长在知道了孩子拿别人东西的时候，没有及时进行教育，反而觉得没什么，买东西来赔了就了事。这样的态度也让孩子有恃无恐。

（3）孩子比较以自我为中心，没有进行换位思考，无法理解其他人的想法和感受。

策略

（1）要帮助孩子建立起边界，让孩子知道自己的边界在哪里，别人的边界在哪里。这样，孩子才知道哪些是超过了边界的事，是不能做的。

（2）引导孩子换位思考。在孩子犯错时及时进行教育，和孩子一起分析自己的行为会引发他人什么样的情绪。甚至可以进行角色互换活动，让孩子体验被如此对待时的感受，引导孩子换位思考。

（3）及时鼓励和肯定孩子的改变。行为的改变是一个漫长的过程，不仅要帮助孩子在行为上做出改变，而且要及时鼓励和肯定孩子的细小改变，慢慢养成良好的行为习惯。

（4）学会征求他人的同意。当确实需要借用他人的东西时，要告诉孩子先与他人协商，在征得同意后，方能使用。

问题 10

叛逆，喜欢和人对着干。

案例

南南小学四年级，妈妈就已经觉得自己完全管不了他了。妈妈说什么，南南都要和她对着干，每次想法都和她不一样。在学校也是这样，有一次南南和同学打闹被老师批评了，南南就特别不服气，还和老师争辩得面红耳赤。在班上，就喜欢和班干部、老师对着干。

原因

（1）四年级的孩子，自我意识开始进一步发展，开始有了自己的想法、观点、意愿。这个时候，孩子很想去证明自己是对的、是有能力的，所以当孩子与父母、老师有不一样的想法的时候，孩子会急于去争辩。

（2）造成孩子喜欢对抗的原因，有可能是受到了成人的过度控制或骄纵，孩子会通过对抗来寻求过度关注或是寻求权利。

（3）孩子还有可能受影视等媒体的影响，在自己的日常生活中进行行为试探。

> 策略

（1）别因为孩子对抗你就发脾气，耐下心来倾听，听听孩子的看法，看看他们为什么会这样想。

（2）给孩子一定的空间，适当放权。孩子叛逆即是提醒家长他们想要更多的自我尝试，给孩子一定的信任和选择，让他在一些事上可以自己主导。

（3）不因害怕和孩子起冲突而忽视孩子的对抗，尤其是当孩子从媒体中习得这种行为时，坚持耐心引导，与孩子讨论，让孩子明白你把他看成一个能够做出尊重行为的人。

（4）不直接告诉孩子"要做什么"，而是询问孩子"你觉得可以怎么做？""你认为需要怎么做？"

> 问题 11

成绩下滑严重。

> 案例

期中考试后，三年级的圆圆分别被语文、数学老师叫到了办公室，而且还被请了家长。原因是圆圆上了三年级之后，成绩下滑严重，期中考试成绩很不理想。老师反映圆圆上课看着挺认真的,但是容易走神,思绪没有跟着老师走,被点名起来连老师的提问是什么都不知道。家长反映圆圆自己做作业会注意力不集中,一会要吃东西,一会儿玩东西。圆圆自己也表示感觉学习很吃力,上课经常听不懂,作业变难变多了,不想写作业。

原因

三年级的学习任务相对于一二年级而言,难度有所提升。而且一二年级的学习以培养学生行为习惯为主,进入三年级会增加更多的学科知识。所以随着学习任务的加重,部分学生在三年级就会出现成绩下滑、学习很吃力的情况。

策略

(1)进行注意力训练,提高圆圆的注意力水平。衡量一个人的注意力水平,主要体现在注意的稳定性、注意的广度、注意的分配和注意的转移。在小学阶段,主要提高学生的注意力的稳定性,即在一定时间内,能够比较稳定地把注意力集中于某一特定的对象与活动,比如听课、做作业等。家长可以带圆圆去专业的注意力训练机构,也可以在家进行简单的注意力训练,如听一段话、数一数目标词出现的次数,进行舒尔特表格注意力训练等。

(2)匹配学习难易程度,帮助圆圆重拾学习的信心。现在圆圆自己也表示感觉学习很吃力,不如一二年级那样轻松快乐。如果长期这样,圆圆势必会对学习越来越没有信心,最后可能会发展为厌学,所以要帮助圆圆重拾学习的信心。圆圆

第八部分
贵州省不同年龄阶段儿童关爱的具体问题与策略

一二年级成绩还比较好,说明圆圆的行为习惯还是可以的,三年级之后随着学习任务难度提高,圆圆表现出不适应。所以为了提高圆圆对学习的信心,要选择适合圆圆水平的题目进行训练,由简单到复杂,逐渐提高难度。在此过程中也要不断地鼓励圆圆多思考、多努力,并给予她信心。

(3)制定学习目标、规划,帮助圆圆进行学习自我管理。随着年级的升高,学习任务肯定会越来越重。此时可以教圆圆制定自己的学习目标、规划。从而进行学习自我管理,以更好地应对以后的学习。制定学习目标、规划要遵守以下几个原则,即其是具体的、可实现的、可量化的、与自己相关的、有期限的。学习目标可以以周、月、学期为期限,达到学习目标后,给予一定的奖励。尽量以精神鼓励为主,肯定他的努力,让他感受到通过努力获得的快乐,激发内在学习动机。

问题 12

总觉得被班上的女生欺负。

案例

小钟,男生,四年级,在班上属于小个子,无论在教室的座位安排还是排队,他都是在前排。小钟班上的班干部大部分都是女生,她们精明能干,经常帮助老师管理班级。小钟因为在前排,经常被班干部管着。在与班上的女生发生矛盾时,有时候小钟会辩解,可是女生个头高、声音大,小钟争论失败。久而久之,小钟认为自己总是被班上的女生欺负。

> 原因

进入小学中段,学生生理发育加快,学生的身高差异越来越明显,大部分学生都会长高,但是生长速度各有差异。这期间,女生会明显比男生长得快,而且女生的认知发展水平也相对比男生发展得早。所以女生有点像大人了,可是男生还有点"愣头青"。于是班上的大部分管理权都在女生那里,导致男生"地位低"、被"欺负"。

> 策略

(1)教师引导。班级管理始终是教师的权利与责任,当班上出现男生女生不和谐的状况时,教师要及时进行引导,引导学生认识到大家是一个集体、要友好相处,共同为集体争光添彩。同时教师也可以适当进行一些有关男生女生的生理卫生教育,引导男生女生要互相尊重。教师在分配班级管理权时也可适当考虑男女生的平衡,给予男生一些锻炼机会,让班上的男生也有"有人在背后撑腰"的感觉。

(2)家长帮助。当孩子在学校受欺负时,家长可适当进行帮助。先了解情况,如果有肢体上或心理上的严重伤害,家长是必须介入的,要让孩子感受到家长是可以帮助他的;如果是轻微的同学矛盾,家长只需引导孩子如何处理矛盾,把处理矛盾当作是一次成长的机会。小钟主要是由于被班上女生管着,觉得被她们"欺负"。针对这种情况,家长可教孩子一些沟通技巧,表达自己的意见。如果确实是自己被冤枉了,可以通过讲道理摆事实的方式,指出管理班级时的不公平现象,使双方达成一致意见，避免以后类似不公平现象的产生。家长的帮助一定要是适当的，不可全包，要让孩子有独立处理矛盾的机会。

（3）自我成长。除了教师、家长的帮助外，小钟必须要有自我成长，因为这是小钟在成长过程中要面对的问题。小钟可以学习一些有关这个年龄段的生理心理知识，更加了解自己和同学；也可以学习一些沟通技巧，与班上的女生好好沟通；也可以观察班上其他男生是如何与女生相处的；还可以与班上有同样困扰的男生结盟，一起讨论出合理的解决办法。

问题13

不喜欢现在的老师。

案例

陌陌，三年级，女生，在数学课上总喜欢捣乱。数学老师来上课的第一天就深深地记住了陌陌的名字，在之后的课堂上，几乎每节数学课，陌陌都会被点名。数学老师也找过陌陌的家长，可是陌陌在数学课上仍旧不听。据班主任反映，陌陌很喜欢以前的数学老师，上一个数学老师经常在陌陌的作业本上留批语，而且课后还会单独辅导陌陌的数学作业。自从开学换了数学老师之后，她就开始在数学课上捣乱，故意不听数学课。

原因

小学低年级段学生对学习的热爱很大程度上取决于对老

师的喜爱,因为想要获得老师的认可,所以会按照老师的要求积极自我表现。更换老师后,大部分学生都需要适应一段时间,尤其是与上一位老师情感联系较多的学生,对上一位老师建立了情感依赖,对新教师就会有抵触心理。

策略

(1)教师方面。新教师首先要积极与该生建立情感联系,可以主动找他谈心了解情况。把对该生的观察客观地告诉他,并带着好奇的心态向他了解原因,让该生体会到新教师是关注他的、想了解他的。新教师还可以向全班同学了解一下上一位老师在同学们心中的形象,以便更好地了解班上的学生对上一位老师的态度。新教师也可以与上一位老师取得联系,向该教师了解班级的整体情况,为自己的教育教学打下基础。不过新教师需要注意的是,每位教师都有自己的教学风格,新教师可以学习和借鉴上一位教师的教学方式,但是一定要有自己的教学风格,要让同学们认识到新教师也是有自己特点的,而不是一直怀念上一位教师。

(2)家长方面。及时了解新学期任课教师的情况,最好是在孩子开学前提前告诉孩子,让孩子有心理准备,并引导孩子去积极观察新教师。放学后及时了解情况,如果孩子反映的都是新教师不好的方面,家长要先肯定地告诉孩子,换了教师后,像他可能还不太适应新教师。然后也要鼓励孩子多去发现新教师的闪光点,引导孩子认识到新教师也许是还不太熟悉同学们,所以和上一位老师不同,引导孩子用积极的表现来获得教师的认可。及时与新教师沟通孩子的情况，让新教师了解孩子的情况，以便新教师更有针对性地关注到孩子。

问题 14

认为自己很差劲。

案例

冰冰，四年级，内向安静的女孩子，因父母离异，由爷爷奶奶照顾。可是爷爷奶奶年纪大了，冰冰基本上都是自己照顾自己。因为不会梳头发，所以冰冰都是短发。上四年级了，看到班上的女生都开始打扮起来，她们有好看的发带和发卡，而且她们会经常一起讨论去哪里买好看的发带和发卡，冰冰这个时候总是插不上话。久而久之，冰冰感觉被班上的女生孤立了，认为自己很差劲，什么都不会。

原因

（1）家庭原因。父母离异，使冰冰缺少家庭的关爱，尤其是母亲的关爱。爷爷奶奶由于精力有限，也无法关注到冰冰的心理需求。

（2）个人原因。冰冰性格内向安静，当无法融入小集体时就选择了退缩，而且把原因都归结为自身的问题。

策略

（1）与家长进行沟通。四年级女生开始进入性生理发育的年龄，开始关注到自己的外在形象，良好的外在形象能够使其自信。而且四年级学生会逐渐发展出小团体，建立较稳定的人际关系，如果因某些原因无法融入集体，就会被其他同学孤立。教师要主动与家长进行沟通，向家长介绍该生在学校的情况及原因，还有长期这样发展下去的后果，并给予家长一些建议，让家长对孩子的成长引起重视。

（2）对该生进行认知调整。目前该生出现了典型的认知歪曲现象，冰冰因为某一方面的问题，就认为自己很差劲、什么都不会，即由单一的原因就对自身全盘否定。应引导该生认识到自己的认知歪曲，发现自己的优点，从而更加客观地看待自己。

（3）引导该生在其他方面找到自信。鼓励该生多参加集体活动，在集体活动中展示自己，让同学们看到该生其他方面的闪光点，从而使该生找到自信。

问题15

非常在乎老师的评价。

案例

牛牛，9岁，男孩，四年级学生。四年级以前都不怎么受老师喜欢，很调皮，学习不认真，还喜欢与同学们打闹。上课也不专心，打扰老师上课，打扰同学听课，被老师批评已经习惯了。但是上四年级了，对于同样的表现，老师给出了新的评价，说其是恐怖分子。他听了很伤心，也很生气。虽然自我感觉还良好，极力否定老师的评价，但仍然开心不起来。

第八部分
贵州省不同年龄阶段儿童关爱的具体问题与策略

> **原因**

（1）孩子对自己的认识不够全面。这个阶段的孩子很在乎老师对自己的评价，老师的一句鼓励都会让他很开心，所以对于负面的评价就会很生气和伤心。

（2）这个阶段的孩子也同样在乎自己在同伴们心中的形象。老师在班上具有权威性，其评价直接会影响学生在班上同学心中的形象，所以他会很在乎。

（3）孩子很希望老师对自己有所了解，正确地评价自己，而不是因为某一句话或是某一个举动就简单粗暴地评价自己。

> **策略**

（1）老师应避免在生气时对学生进行简单粗暴的评价，即使是批评也尽量做到忠言不逆耳，目的是通过恰当的评价方式促进孩子们的成长。如果没有控制住情绪，对学生进行了不恰当的评价，教师可以在情绪平复之后把学生叫到比较安全的地方好好跟学生交流。让学生理解教师是因为担心孩子以后的发展才批评他，出发点是想帮助他的成长，使学生感受到老师的批评也是因为爱。

（2）教师可以在平时的学习和生活中多跟学生接触，建立良好的师生情谊，让学生更有归属感和学习动力，使孩子亲其师、信其道。

（3）家长、老师都应该引导孩子更加清楚地认识自己，多关注孩子好的方面，及时给出合理的鼓励，且以精神鼓励为主。家长多与老师交流孩子在学校的学习、生活情况，让孩子知道父母的关心。即便孩子在学校的表现没有家长希望的好，也要多关注孩子有进步的方面，逐步提升孩子的自信心。

问题 16
受不了好朋友"变心"。

案例

小亚和萌萌是好朋友。不知道为什么这段时间萌萌总是喜欢和小涵玩，有时对小亚爱搭不理。小亚很生气，不知道自己做错了什么，也想不通萌萌为什么会不理她。她们之前虽然有过吵架，但每次都是小亚先道歉，主动和好。这次萌萌莫名其妙就抛下小亚，去跟小涵成为好朋友。小亚都不想再主动去找她了，但是小亚又很难受。

原因

（1）随着自我意识的不断发展，小学高年级段的学生会开始对自己的同伴有要求。开始思考"你是不是真心对我好"的问题，也开始计较"你有没有像我一样对你好"。交友观开始萌芽。

（2）这段时期的孩子对同伴的"忠贞"要求很高，对"背叛""绝交"等字眼很敏感。

策略

（1）倾听孩子的烦恼，回应他们的伤心和生气的情绪，引导孩子了解不同的人对朋友的要求不一样，对朋友的选择也不一样。

第八部分
贵州省不同年龄阶段儿童关爱的具体问题与策略

（2）鼓励孩子先与同伴沟通，解开心结。问清楚情况，再想怎么对待同伴的问题。

问题 17
调皮捣蛋爱惹事，行为习惯不良。

案例
聪聪是一个五年级的男生，班上的同学都不喜欢他，不愿意和他一起玩。在同学们的眼里，聪聪是一个调皮捣蛋的坏学生。他有时会因为看到书上好看的图片，就偷偷撕下来保存。同学们说他毁坏了班上的课外书，还在那些书上写："禁止聪聪翻阅！"有一次聪聪看见班上的一位男同学在画本上面画了一只猪，上面还写上了聪聪的名字。他就特别地生气，一把把那张画抢过来撕掉了，还把那位男同学打哭了，从那以后班上的同学更不喜欢他了。

原因
（1）孩子的世界爱憎分明，喜好特别明显。所以成绩不好、有一些不良习惯的孩子很容易被大家排斥、误会。
（2）有的孩子自制力、自我约束力较弱，又缺少解决矛盾方法，在遇到困难时很容易将矛盾激化，并从而陷入恶性循环。

策略
（1）引导孩子了解同龄人的喜好，对"自己想成为一个什么样的学生"做思考和选择。纠正自身不良行为习惯，遵守最基本的班级规定。

（2）帮孩子一起分析冲突原因，让孩子自己想想类似问题的解决办法，陪孩子一起探讨。教会孩子除了"打"之外的方法，如用语言表达，找老师、班干部说理等。教会孩子如何赢得别人的尊重和尊重别人。

（3）鼓励孩子一步步努力，进步一点点就及时肯定，让孩子发现"我也可以有做得好的地方""我也可以是好孩子"。

问题 18
晚上做噩梦，害怕。

案例

清清是一位五年级的女生，开学后她开始天天睡不好，每天晚上都会做噩梦。每次从噩梦中醒过来，看到房间的一些东西就很害怕，且越来越害怕，睡不好。因为晚上睡不好觉，白天没精神，听不进课，学习也退步了。妈妈让清清睡觉时不要胡思乱想，可是清清还是做噩梦、睡不好，晚上好害怕，也好担心学习成绩下降。

原因

晚上经常做噩梦，睡眠质量不佳，导致第二天精神状态较差。长期这样，出现了情绪问题。

策略

（1）了解清清是否在睡前看了恐怖的电视或图书。五年级学生对灵异事件充满了好奇，较多同学会阅读一些恐怖书

籍，内心虽然害怕，但是依然想要看。部分学生看了恐怖的电视或图书，晚上就会做噩梦。如果是这个原因，建议尽量在白天看，并且与伙伴或大人一起看。如果看到特别害怕的情节，要说出来并寻求帮助，一起面对，不要一直憋在心里。

（2）要给予清清具体的有助于睡眠的方法，而不是笼统的"不要胡思乱想"。第一个办法是睡觉前看一些比较轻松愉快的书或听一听舒缓的音乐（声音要小），放松自己的大脑，让自己保持愉快的、平静的心情睡觉。第二个办法是躺在床上时尽量看不到房间里的物品，房间里放一些自己喜欢的物品，最好是让自己有安全感的物品。如果感到害怕，想一想那个有安全感的物品就在房间里保护着自己。第三个办法是如果做噩梦醒过来了，拍拍自己的胸口，告诉自己"没事的没事的，这是在做梦，不是真的"。然后换一个睡觉姿势，闭上眼睛，想象一个自己觉得舒适的场景，并走在这个场景中享受着这份舒适。

（3）还可以建议清清找伙伴倾诉烦恼，把噩梦告诉值得信任的伙伴，如果可以写出来或者画出来最好。然后一起设想改变噩梦的结局，比如梦中得到某人的帮助打败了害怕的东西，或者自己战胜了它。然后再回想到噩梦的过程并加上新的结局。同伴之间的创意是无限的，可以克服自己的害怕心理。

（4）由于白天精神状态不佳，影响到学习，建议清清白天在学校，若比较困的话，利用课间十分钟或者午休时间休息一会儿，让自己补补觉，增加精气神儿。

问题 19

学习压力大。

案例

辉辉六年级了,感觉压力好大,当听到老师们课上说到:"你们现在是六年级了,要面临人生中第一次毕业考试了,要抓紧时间学习哦。"回到家里,也会听到父母说:"你现在六年级了,除了每天的学校作业以外,每周还要增加毕业考试复习卷。"每每听到这些话,辉辉觉得好崩溃,感觉这些话压得他喘不过气来。辉辉不想学习、不想考试。

原因

面对六年级毕业考试,周围的老师、家长都营造出紧张的氛围,导致辉辉感觉到压力很大,无法合理面对压力。

策略

(1)引导该生合理看待压力。心理学家发现,其实学习压力和学习效率是呈"倒 U 形曲线"(如下图),当学习压力适中时,学习效率是最高的;而压力过低或过高,学习效率均不高。每个人感受到的压力程度又不同,所以辉辉可以先对自己感受到的压力做个评估。对引起他学习压力的事件进行压力打分(0—10 分,0 分表示毫无压力,10 分表示非常非常有压力),对这些事件进行区分之后,再来具体调节压力。如果是遇到引发高压力的事件,要试着去降低自己的压力;如果是遇到引发低压力的事件,要试着去提高自己的压力。

第八部分
贵州省不同年龄阶段儿童关爱的具体问题与策略

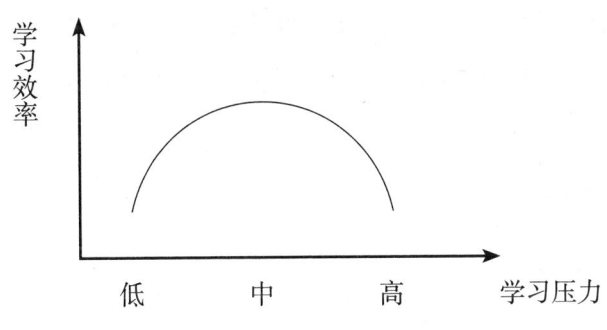

学习压力和学习效率关系图

（2）提供一些减压小技巧。一是主动与父母沟通。有时候父母对孩子的要求引发了他们很大的压力，但是父母并不知道。所以需要孩子主动与父母沟通，表明哪些是他们可以接受的，哪些是可以引起适中的压力，从而达到最高的学习效率。二是做时间规划，按照计划表完成每一项任务，这会增加我们对事物的掌控感，而且还会获得完成任务的成就感。建议可以做每周计划和每日计划，计划安排越具体越好，安排的任务最好是通过自己的努力可以完成的。三是多与同学交流，有相同情况的人最能相互理解。把遇到的压力和同学们聊一聊，看看他们有没有什么好办法。四是适当休息和运动，适当休息有助于身体机能恢复，更好地抗压，适当运动有助于压力释放。五是写日记记录自己的心情，将自己的压力通过文字的方式表达出来，也有助于压力释放。而且若干年后当孩子回忆起这段时光，也许别有一番滋味。

三、初中阶段儿童关爱的具体问题与策略

(一) 初中阶段家庭关爱儿童的具体问题与策略

问题 1

爸爸妈妈不再爱我。

案例

东东最近经常跟父母闹矛盾,容易哭泣,跟同学也渐渐疏远了。有时候,东东还会生出不想上学的想法。经了解,东东妈妈上学期生了二宝,东东有了小妹妹。东东对妹妹的到来很忐忑,有开心有难过,不知道该怎么面对。每当看到爸爸妈妈逗妹妹玩的时候,自己就感到失落。有时候也想加入他们,但是感觉他们并没有主动邀请自己一起,便退缩了,只在一旁孤独地看着。甚至觉得爸爸妈妈不再那么爱自己了,妹妹抢走了原属于自己的那份爱。渐渐地,东东与爸爸妈妈的交流互动越来越少,隔阂越来越多,总觉得爸爸妈妈不再爱他。

原因

妹妹的到来让东东对自己在家庭中的位置产生了担忧,对爸爸妈妈的表现更加敏感,而爸妈对东东的疏忽导致他与父母的隔阂。

策略

(1) 父母在照顾妹妹的同时,也要随时关注东东,照顾他的感受,像曾经一样给予他关爱;让他觉得家里除了多一个成员,其他的都没改变。

（2）让东东参与到家庭互动中来，特别是陪妹妹玩耍。父母要及时进行积极反馈，让东东在这个过程中与妹妹建立亲密的兄妹关系。

（3）要让东东意识到，因为妹妹幼小，需要爸爸妈妈无微不至的照顾。自己在很小的时候，爸爸妈妈也是这样对自己的。但是现在他已十几岁，能独立做很多事情了，爸爸妈妈对东东关爱的方式已经不一样，更多的是对学习和他的未来的关注和期望。

（4）爸爸妈妈以及东东都需要更好地表达自己。爸爸妈妈需要通过口头语言和肢体语言随时向东东表达爱，东东也要及时向爸爸妈妈表达自己的担忧、委屈甚至是气愤。而爸爸妈妈此时需要给予积极回应，慢慢形成良好的亲子关系。

问题2

怕鬼、胆小，不敢自己上厕所。

案例

亮亮是个初一的孩子，他还是班上最高的孩子。可是有一天，亮亮妈妈敲开了心理咨询室的门，十分着急。她告诉心理老师，亮亮十分胆小，很怕鬼。去军训的时候因为看见同学们画的"小丑"脸，就连着几个晚上做恶梦。因为害怕，孩子甚至不敢在军训基地上厕所。并且孩子一直到小学五六年级，晚上上厕所都需要爸爸陪伴才敢去。妈妈不知道应该如何解决孩子怕鬼的事。

原因

（1）孩子怕鬼，源于内心对未知事物的恐惧。每个人都会有恐惧情绪，可是亮亮这么个大高个儿，因为害怕，上厕所都需要人陪，这已经影响到孩子的正常生活，所以必须引起家长重视。

（2）对未知事物的恐惧，是害怕失去控制感。孩子怕鬼，因为"鬼"是未知的事物，并且感觉不可控，因此才格外害怕。

（3）上厕所需要人陪，是一种行为的退行。因为恐惧，让孩子退行到小孩阶段，以寻求安慰感、关注感。

策略

（1）家长一定要正视、尊重、接纳孩子的怕鬼情绪。只有当恐惧的情绪被看到，孩子感觉被父母理解了，才不会加重孩子的恐惧感。而很多家长喜欢嘲笑孩子"多大了，还怕鬼""世界上没有鬼，为什么要怕？"这样做都会加重孩子的恐惧心理，因为孩子觉得你不理解他的恐惧，但他又控制不住自己的恐惧，所以会让孩子更焦虑。

（2）给予孩子充分的关注。和亮亮深入聊了一会儿发现，亮亮第一次出现害怕鬼的情绪，是在爷爷奶奶家。因为从小亮亮都和爷爷奶奶住，父母周末才会接他回家。有一次，爷爷说了个鬼故事，亮亮感到害怕，不敢去上厕所，爸爸陪着他去了，爸爸妈妈那晚还和他一起睡，从那以后，亮亮就开始"怕鬼"。因为一直怕鬼，可以让亮亮感觉到父母对他的关注，所以他学会了用这种方式"感受"爱。

（3）因为孩子恐惧的是未知的、抽象的事物，所以可以让亮亮把自己恐惧的"鬼"画出来，并且给他们都取上名字。将讲亮亮害怕的"鬼"由抽象变成具体，由不可控变为可控。亮亮画完画后说："这鬼长得挺搞笑的。"当亮亮再次说到自己怕鬼时，妈妈可以问亮亮："你怕哪个鬼？"亮亮会想到自己画出来的那个鬼，然后妈妈可以告诉他，鬼只是他的想象，其实生活中并不存在；他害怕的都只是自己的一个个情绪，如"恐惧""愤怒""悲哀""无助"等。孩子可能就会慢慢变得不害怕鬼了。

问题 3

游戏成瘾。

案例

小卓从小就接触电子产品，小学开始就会玩一些电子游戏，但是只在爸妈限定的时间内玩一会儿。但是从初二的这学期开始，小卓开始无法控制玩游戏的时间了，回到家就关上房门玩游戏。爸妈一说他，他就急眼了，说多了，他还会大喊说自己要去死。这周，小卓直接跟妈妈说不去上学，让妈妈给他请假。妈妈劝说无果的情况下，只得给他请了三天假。而小卓这三天除了吃饭睡觉，其他时间都在玩游戏。经过了解发现，爸爸对小卓玩游戏的事情一直都比较反对；而妈妈认为现在的孩子都会玩，让小卓每天玩会儿也没什么，只要控制好时间就行了。爸爸妈妈两个人在管教孩子上常常意见分歧，时有争吵。这学期刚开学时，小卓偷偷把手机带进学校，被班主任被抓住了。班主任通知家长到校处理，手机也被暂时没收了。这是小卓的第一部手机，被没收他很难过。手机被领回家以后，便想打游戏开心一下。爸爸见此，气不打一处来，狠狠批评了小卓。小卓与爸爸大吵，爸爸气不过打了他一巴掌，小卓哭着进了自己的房间。平时在家里，爸爸比较严厉，时常吼小卓；妈妈则比较温柔，但是习惯絮叨。小卓觉得爸爸的过分严厉和妈妈的温柔絮叨都让自己很烦，只有游戏让自己放松。

原因

学期开始时因手机被没收而与爸爸大吵直至被打，沉迷游戏是导火索，爸爸和妈妈对待玩游戏的不同态度以及家庭教养方式的不恰当才是根源。父母教育观念的不一致，会让孩子无所适从，难以判断对错；同时也很容易让孩子钻空子，选择对自己"有利"的一方站位。另外，青春期的孩子，正从未成年向成年过渡。父母通常希望孩子按照自己的计划去发展，若没有如愿，便对孩子指责和抱怨，这可能是父母面对孩子长大、面对家庭结构即将改变而无法适应的焦虑表现。不管是爸爸的严厉还是妈妈的絮叨，都体现了他们在家庭关系中的焦虑。

策略

（1）在对孩子的管教上，父母一定要商量出一致的教育意见，让孩子有明确的界限和原则。当一方在管教孩子时，另一方最好保持沉默，尽量不要煽风点火亦或是反对阻止，大人之间可在事后进行商讨。

（2）父母应多关注孩子行为背后的动机，了解他们内心的想法。小卓爱玩游戏，是因为他觉得爸爸妈妈对他的方式让他很烦，而游戏让他放松。可见，爸爸妈妈才是解决问题的关键，而并不是游戏本身。

（3）爸爸妈妈要正确看待孩子"长大"这件事，他们渴望独立空间，渴望自己做一些决定，父母要适当放手，同时要给予适当的积极引导。爸爸妈妈和小卓都需要做出改变：爸爸在坚持教育原则的基础上，需要改变自己吼骂甚至殴打的教育方式。可以选择跟小卓谈心，把小卓当成一个"朋友"来对待，并且是"男人"而不是"小屁孩儿"；妈妈需要改掉自己的絮叨，尽量一件事情只说一遍，没有效果可再强调一遍；小卓需要学会自我管理，包括对玩游戏的时间管理，对遵守规则的管理。父母可以帮助小卓一起制定出一套方案。

问题 4

攀比。

案例

小华早上又跟妈妈吵起来了，原因是小华问妈妈要1000块钱，他想买一双耐克运动鞋。母亲从鞋柜里掏出一双又一双的运动鞋，狠狠地扔到小华脚边，大声吼道："这些不都还新着，上个月新买的这双花了五百多，你才穿过一次，还要买？"小华也朝母亲嚷嚷："那双鞋是过时打折的，班里好几个同学都买的最新款，大家都说好看。"妈妈："鞋子质量好，穿着舒服不就行了？"小华："平时大家都穿校服，只有鞋子可以自由搭配，同学们打眼一看就能知道鞋子的优劣，过时的鞋子穿着丢面儿，我也想要又帅又酷的新款鞋子。"……妈妈最终也没有给小华1000块钱，小华气恼又无奈，摔门而出。

原因

小华因为看到有同学穿了最新款的鞋子而赚足了眼球，便也想要，哪怕自己的鞋子是刚买的，这是一种典型的攀比心理。攀比是我们的日常生活中普遍存在的一种现象，人们企图通过和他人的比较来满足虚荣心，获得优越感。这种优越感有一种"致幻"的能力，它会不断地发酵内心的虚荣，甚至持续膨胀放大。这对于孩子本身来说，可能会扭曲他的价值观或者造成自卑。

策略

（1）拒绝负性攀比。攀比有正性和负性之分。正性攀比是指在理性意识的驱使下产生积极的竞争欲望，并采取积极进步的竞争方式，战胜困难和挫折，达到目的。负性攀比是指个体对自己和周围环境缺乏理性分析，盲目追随或沉溺在对事物的极端追求中，常伴随消极情绪。小华应该认识到父母所给予的已经很好，自己想要更好的，可以通过努力学习，在未来靠自己的能力来实现。

（2）学会珍惜。难得之事难失去，对于一些容易得到的事物孩子往往就会不珍惜。父母可以通过一些具体的例子，或者是陪孩子体验艰苦生活，来告诉孩子生活的不易。使其认识到每个人拥有的事物不尽相同,珍惜所拥有的一切。

问题5

升学还是就业。

案例

小林,初三学生,学习成绩一般,即将面临中考。家长希望他继续读高中,将来考大学。但他自己想初中毕业后去职业学校学一门技能,尽早进入社会参加工作,家长坚决不同意。但小林自己又不想读高中,觉得自己成绩一般,很难考上大学,还不如提前参加工作。于是陷入了两难的矛盾中。

原因

(1)社会支持系统给出的职业或专业建议与个人意愿不相符,从而产生了分歧。

(2)学生因为过于自卑,无法平衡个人职业期望与现实能力的落差。

策略

(1)父母要有正确的职业观念。职业无贵贱之分,适合于孩子的就是最好的。

(2)帮助孩子整合信息,进行正确的决策。父母不能一味的强求孩子要考什么大学,而是要了解学生面临的升学或就业存在的问题,帮助学生形成正确的自我认知,分析长处和不足,帮助孩子做出正确的选择。

（二）初中阶段家校共育的具体问题与策略

问题 1

环境适应不良。

案例

初一新生明明住校，开学一个月了，他感觉很难适应新的学习环境，同时也很难适应新的人际关系。他很怀念过去的学校、老师和同学，最近根本不想上学，觉得没意思。

原因

（1）社会支持系统缺乏，个体认知不当。中学学习节奏跟小学不一样，新生入学后，老师不会像小学阶段有那么多时间和精力关注每一个学生。新生每天自己要处理学习中的各种大大小小的问题，还要适应新的人际关系，于是会产生巨大的失落与无助感。

（2）个性品质及自主能力薄弱。如今的青少年都是家长的掌上明珠，所有事情都有家长包办，遇到困难，家长也会想尽一切办法帮助解决。这使得许多青少年缺乏坚强的意志品质，生活自理能力较差，进入新环境，在学习上、生活上遇到困难就不知所措了。

策略

（1）与学生沟通，了解其适应不良的状况，并给学生讲解成长的意义。

（2）与学生一起对比分析新旧两种生活模式，帮助学生

第八部分
贵州省不同年龄阶段儿童关爱的具体问题与策略

逐渐适应新的学习生活。从生活、学习、人际三个主要方面帮助学生，比较两者的差异，让学生了解产生这种不适应的根本原因，帮助学生解决当前面临的实际问题。

首先是生活问题。进入新的环境，最可能出现的就是生活上的不适应，包括生活习惯的不适应、地理环境的不适应、生活自理的不适应等。可以给学生提供一些方法供参考，如：重新给自己制定一份生活计划表；对周边的环境做一个细致的调查，自己画出一个环境地图，在图中可以标明食堂、书店等位置，以方便自己购买各类生活用品；每天给自己留一个小时处理生活琐事，比如洗衣服、整理物品等；每天记录自己的心理感受，一个月内看心情是否有所好转，等等。

其次是学习问题。青少年的主要任务是学习，进入初中，随着教师教学方法不同和知识难度的加深，很多人会感觉学习上的不适应。在小学，往往习惯了被动式学习，即老师讲什么，就听什么、学什么。但进入初中之后，由于知识量的增加与认知水平的提高，老师往往要求学生以自主学习为主，即由被动学习转为主动学习的模式。很多青少年没有掌握自主学习的方法，就会显得无所适从。可以给学生提供一些方法供参考，如：每天在上课之前，把老师要讲的东西自学一遍；每周对老师讲的内容进行复习，把要点摘抄下来或者用思维导图把重要概念之间的关系画出来；每天给自己留半小时时间，让自己思考在当天学习中有没有什么不理解或不明白的问题；学会给自己制定合理的学习计划；每天上床后，把老师上课讲的内容进行放电影式回忆，以帮助自己巩固和记忆；准备一个错题本，把自己所有做错的题抄在上面；向高年级的同学咨询好的学习方法；对自己学习上的提高给予自我奖励，等等。

最后是人际交往问题。现代青少年多数因为家长与老师的过度关怀，造成了比较严重的自我中心倾向，所以一旦进入学习生活，彼此之间相处就会出现各类矛盾，而产生人际交往的不适应感。家校共育对待人际交往方面的不适应问题，一定要仔细了解问题产生的原因，鼓励学生多与他人沟通，尝试站在他人角度上考虑问题，并真诚地接纳他人的缺点与不足。同时引导学生对自我做客观地分析，认清自己的优点与不足，并努力完善自身。可以给学生提供一些方法供参考，如：学会微笑，对每个人友好地微笑；写出周围每个人的优点与缺点，对他们进行客观地分析；尝试开一次宿舍座谈或卧谈会，大家做充分的自我介绍，以加深相互了解；适时地为他人提供帮助，比如在他人生病时表示关心、帮助他人打水等；做到不在背后议论他人，多听，多看，多想，少说；发掘他人的优点，并给予合理的夸奖；做任何事之前，先考虑他人的感受，等等。

问题2

自卑。

案例

萱萱，初一学生，进入初中学习一段时间后，越来越觉得自己什么都不行，学习不行，交友不行，干什么都不行。她的父母离异，从小跟着奶奶长大，奶奶对该生要求非常严苛，很少表扬，多是教训。其实该生学习和平时表现属于中上，但是自己就是非常自卑，导致学习成绩下滑。在班上也没什么朋友，害怕自己做错事，别人会不喜欢自己。

原因

（1）早期经历，形成了对自我很低的自我价值评价，从而否定自我。

（2）自我认识出现偏差后，负面的自我观念一直存在下去，使她感觉到焦虑和不快，对生活造成约束，并且会阻碍她去寻找一个更开阔、更理性和更正确的自我。

策略

（1）通过沟通了解自卑产生的原因。因为自卑是一种消极的心理表现，其产生的原因与过程相对比较复杂，因此在沟通过程中要了解学生的家庭出身、父母职业、父母（监护人）教养方式、儿时的成长历程、小时候的特别经历、从小的身体状况、家长的一贯评价、学校经历、与学校同伴的关系、与学校老师的关系、在学校中的特别经历、从小性格特点等。

（2）消除消极的预期，教会他辨别自己的消极预期，并质疑其真实性；放弃不必要的预防措施，从而学会打破维持自卑的恶性循环。

问题 3

完美主义、受挫爱哭。

> **案例**

圆圆是个成绩优异的孩子，考试都在前三名打转。但是如果哪次考试没有达到自己的预期，他就会情绪奔溃，甚至大哭，认为这样做对不起老师、父母和自己。所以感觉自己的压力很大，也知道这样想不对，可是就是控制不住自己。

> **原因**

（1）完美主义者的背后是高要求的父母。从父母那里了解到，圆圆从小都很乖，上小学都是班上的一二名，老师很器重他，家长也比较满意。但是孩子的争强好胜，除了与孩子本身的性格相关以外，家长的教养态度也很重要。如果一个孩子只能通过"胜利"才能被父母看见，他就接受不了自己的"失败"。孩子很小的时候，如果考差了回来哭着告诉家长："妈妈（爸爸），我考差了。"这时父母不要责怪孩子，而应该接纳孩子的情绪、安慰孩子，告诉她："妈妈（爸爸）知道你考差了很难过！"等孩子平静下来以后，帮助孩子分析考差了的原因，并与孩子寻找解决问题的方法。对于自我要求较高的孩子，家长要做的就是为他"卸包袱"，不能一味增压。

（2）完美主义的孩子，不能接受不好的自己，思维两极化。完美主义的孩子觉得考得差会对不起父母、对不起老师，陷入自责中。所以他们的思维模式是，要么考好了，自己开心，父母开心；要么考得不好，自己难过，陷入自责情绪中。

> **策略**

（1）教会孩子们接受自己的不完美。班级里学习成绩靠前的孩子们，大多比较在意自己的成绩，对自己的要求也比较高，于是做了针对性的团体辅导。在团体中，邀请一名同学扮演当下的自己A、两名同学扮演父母B和C、一名同学扮演自己期待中的自己D、将板凳设置成路上的"障碍"。

让学生看到，A同学要走到D同学那里，中间隔着很多的"障碍"，也许是考试失利、也许是经历了变故等等情况，都会让我们停下，可是停下是不是坏事？让孩子讨论，有的同学说："也许不是，停下来是让我们反思，自己的方向是否正确？""是不是没学懂？""是不是分心了？"看似停下来了，其实是一个反思的机会，通过反思，可能会让我们走得更快。

其次，让扮演父母的B、C同学试着爬到A同学的背上，让A同学负重前进，A同学开始说："没事，你上来吧！"可是两个同学都想上来的时候，A同学发现自己真的驮不动，然后问A同学："你希望背着父母走还是让父母在背后为你加油？"他说后者，"那我们应该如何和父母沟通呢？"引导学生告知父母自己的需求，希望父母支持自己就好了，在自己考不好的时候，鼓励自己就好了。

（2）让孩子看到自己的压力。压力就是自己的期待与现实之间的差距，如果期待越高，压力就越大；如果不能改变现实的状况，就应该及时调整自己的期待，让期待降下来。这样就可以减少自己的压力。对自己有要求是好事，可是也得看到自己的付出，衷心地感谢自己的努力。

（3）学会与父母沟通。孩子有孩子的期待，父母有父母的期待，孩子如果需要更多来自父母的肯定和鼓励，应当直接表达出来。"妈妈（爸爸）我这次没考好，我很失望，感觉自己真差劲儿，但我希望你能理解我的失望，并鼓励鼓励我。"说出自己的感受、需求，家长才会看见你需要的是什么，并给予反应。

（4）家长应该给完美主义型的孩子"卸包袱"。完美主义型的孩子，也许不用你给他压力，他就已经"压力山大"了，所以，帮助孩子去面对每次挫折，就显得更重要了。让孩子知道考不好并不可怕，可怕的是不知道自己为什么考不好。每次考试就是一次自我反省的机会，让孩子看看近段时间的学习状态、效率，考不好只能代表最近的状态需要调整，所以，让孩子认识到，每一次考试不能代表什么，帮孩子调整对自己的期待。

问题4

校园欺凌。

案例

初一学生蒙蒙，刚开学在班上很活跃，爱表现自己。军训期间，跟班上几名同学闹了矛盾。军训回来后，那几名同学就排挤蒙蒙。在班上故意针对她，甚至言语上攻击她。刚开始，蒙蒙还力图反抗她们，但无奈她们人多，故意中伤她，到后来演变为围攻她，甚至有行为上的欺凌。蒙蒙很害怕上学，每天都担心要面临什么样的欺凌。

第八部分 贵州省不同年龄阶段儿童关爱的具体问题与策略

原因

（1）不受同伴欢迎。

（2）朋友关系不稳定。

（3）某些行为不符合群体内的行为规范导致同伴群体排斥。

策略

（1）学校、家长、班主任配合，调查事件真实情况，及时处理问题。

（2）寻找造成同伴关系问题的原因。

（3）同伴社交技能训练。教师、家长可以通过对学生进行一定的社交技能训练，帮助青少年学习与人交往的技巧，减少同学之间的矛盾。

问题 5

被性侵。

案例

小鱼，女，初一学生，是个开朗外向的孩子。小鱼在外面补习，遇到了热情、专业的何老师。同学们都很喜欢何老师。何老师和同学们不仅仅是师生关系，更像是朋友。何老师经常会教她们一些人生道理，为人处世的方法。有一天，何老师说自己心情不好，希望小鱼能出来和他聊天。小鱼家里面没人，就她自己在家，虽然是晚上，但她还是去了。然后何老师就和她发生了性行为。对此，小鱼后悔不已，觉得自己很脏。

之后小鱼找到班主任老师倾诉，班主任则告知了家长。最后公安机关将何老师绳之以法。

> 原因

（1）家长缺乏对孩子的关注，缺乏对孩子进行安全教育。小鱼父母离异，她跟着妈妈住，而妈妈有时会在外婆家，她就自己一个人在家。有时候，她也会在同学家睡，不回家，妈妈也没对她进行安全教育。发生事情的那晚，妈妈都不知道小鱼夜不归宿。

（2）性教育和性知识普及不够。青春期的孩子，对于性是好奇的，他们想弄明白究竟性行为是怎么一回事；也会对异性有好感，有想靠近异性的想法，所以这给不安好心的人留下了机会。如果孩子再多有一点危险意识，这样的事就不会发生。

（3）对强奸犯的惩罚不够严厉。目前，对强奸犯的惩罚不够严厉，从某种程度是说达不到警示、威慑的作用。

> 策略

（1）让孩子知道不是她的错。当听到孩子把这个事全盘托出的时候，家长和老师的第一反应都是"震惊"。但在震惊之余，最不能有的反应就是"你这个坏女孩"，或是任何指责她是错误的言论或表情。因为孩子遭遇这样的事以后，她的自我同一性会受到破坏，她会不知道究竟是谁对谁错。而一旦有人认为是她的错，以后还要背负着"这个事是我错"的压力，孩子就很难调整好自己。所以当家长和老师听到这样的事时，一定是让她知道，这不是她的错。16岁以下的孩子，无论是否自愿,成年人与之发生性行为,都是犯罪。所以让孩子感觉到大家都是站在她这边的,对她的自我同一性进行修复,会起到良好的作用。

(2)家长做好安抚工作。家长不要去责怪孩子,因为发生这样的事,家长也有责任,错不在她,所以不要一味地去责怪孩子。这期间,一定要注意孩子的心理状态,多关心孩子,让她知道,不管发生什么事,爸爸妈妈都爱她。

(3)做好事前干预。因为报了警,涉及公安做笔录,一定要在见公安前就告知孩子:"一会儿可能有警察叔叔要问你很多细节的事情,这是他们取证必须要做的事,所以可能会有很多让你感觉不舒服的问题。你要做好准备,就按真实的情况,如实回答就好了。如果你需要家长或是老师的陪伴,你可以说出来。"这是避免对孩子的心理造成二次伤害。

(4)学校做好家长支持工作。遇到这样的事,除了孩子,最受伤的就是家长。所以学校应给予家长支持,家长也需要将情绪发泄出来,然后才能用更好的状态去面对孩子。学校不仅应给予家长同情,而且要让家长知道要帮助孩子走出阴霾,让孩子变得更加坚强勇敢。

(5)控制事件的传播。知道这个事件的老师或是家属,应当做到完全保密。因为消息扩散出去,可能对孩子造成更大的伤害。

(6)心理治疗。建议家长带孩子到专业的心理咨询师或心理医生那里,进行一段时间的咨询治疗,帮助孩子恢复创伤。

问题6

退缩行为、不愿上学、不开口说话。

案例

明明,男,初一年级学生。孩子三岁多得了一种很罕见的疾病,如果感冒,就会引起肺部感染,导致呼吸困难,还有吐血等症状。孩子患病后,母亲认为自己有病,才会让孩子生病。从此之后,母亲不再亲近孩子,孩子靠近她,她都会远离。也是这个原因,父母在他小学三年级时离异了。之后,母亲出省打工,由爸爸带着孩子。孩子在家会偶尔主动开口说话,大多时候基本不说话。刚进校一个多月,明明就不愿来学校了。每天父亲把他送到学校门口,他就站着哭泣。怎么说,怎么劝,他都不愿进校,老师也劝不了。于是家长只能带回家,每天反复,带到医院检查,身体、心理都没发现异常。

原因

(1)孩子不说话,可能源于小时候对他说话的刺激不够。从小对孩子语言的刺激不够,孩子就不用说,大人也默许了孩子不说。于是孩子语言的表达能力渐渐被听力或是其他能力代替,所以他会越来越不喜欢说话。所以在6岁前,一定要让孩子发展自己的各项技能,注重孩子感觉统合发展。只有身体发育良好,孩子才有信心为学习做好准备。

(2)父亲轻易妥协,让孩子尝到甜头。孩子第一次不愿上学,家长不应该轻易就妥协,而是一定要和孩子沟通,找出原因并想办法解决。

（3）孩子与母亲关系的影响。母亲在孩子生病后的态度，对孩子而言，就是一个极大的创伤。加上母亲走后，就没回来见过孩子，这无疑是在孩子发展的关键时期，切断了与孩子的联系，所以这个孩子会在长大后呈现那么多"情况"。

策略

（1）带孩子到医院检查。孩子不愿说话的情况，有可能是因为孩子感统失调，家长应带孩子到专业的医院诊断。如果是生理的原因，应尽早做针对性训练。

（2）带孩子看心理咨询师。建议父亲找一个心理咨询师对孩子做一对一的辅导，让孩子尽快打开心结。

（3）父母多关心。父亲多陪伴、关心孩子，并且经常与孩子沟通，尝试让孩子主动开口。父亲多跟母亲联系，让她多关爱孩子。她本想与孩子疏离来换取孩子的身体健康，却没有想到因为她的疏离使得孩子没有安全感。到了新的环境，孩子更加感到恐惧。因此，与孩子建立正常的母子关系，将会有利于孩子的成长。

（4）老师关心，同学帮助。如果孩子愿意来学校的话，学校应该多关注。老师的关心、同伴的关心都可以帮助孩子适应新环境。与同学相处无疑是对孩子发展有好处的。

问题 7

嫉妒。

> **案例**

蕊蕊很喜欢唱歌，妈妈给她报了一个声乐班，在这个班里，蕊蕊的视唱表现很好。但是蕊蕊对自己的声音不满意，她很羡慕好朋友倩倩的声音，觉得倩倩的声音就是自己梦寐以求的那种。大家一起上课时，一旦倩倩唱歌，同学们都是一副享受和欣赏的神态，有时候哪怕倩倩唱跑调了或者节奏不对，大家还是会称赞她。蕊蕊对此既气愤又难受，想着自己要是有这样一副嗓音就好了，有时候听着别人对倩倩的赞美，都有种想要把她那副嗓子据为己有的冲动。因为有了这些想法的干扰，蕊蕊在训练时，无法集中注意力认真训练，自己的表现越来越不好。

> **原因**

蕊蕊的表现是典型的嫉妒心理，由其强烈的欲望所致。忌妒的心理基础是占有的欲望，而不是发展的欲望。占有的欲望是关注如何去占有一块蛋糕中更多的份额，而发展的欲望是研究如何做出更大的蛋糕。蕊蕊认为自己只要拥有倩倩的嗓音，就可以获得大家的称赞，从而获得良好的自我体验和价值感；却忽略了自己视唱好的优势，使得把精力用于对抗而不是发展，最终自己也无法得到发展和进步。

> **策略**

（1）正确看待嫉妒心理。思想家伯特兰·罗素在其《快乐哲学》一书中谈到嫉妒时说："嫉妒尽管是一种罪恶，它的作用尽管可怕，但并非完全是一个恶魔。"嫉妒心人人都可能会有，无需过度自责和感到罪恶，避免因嫉妒心而产生消极行为是我们要做到的事情。

（2）客观认识和评价自己。嫉妒心的产生往往伴随错误的认知。一是对自己认识不全、评价过低，过分在乎自己的劣势，而忽视自己的优势；二是误认为别人的成就，就意味着自己的失败，是对自己的否定和威胁。所以，给自己正确的认识和评价，合理定位，多关注自己的优点并做到取长补短。同时，要认识到别人的成功和优势并不是对自己的威胁，而是激励自己进步的动力。

（3）拓宽眼界和心胸。嫉妒心强的人往往有一个特点，就是眼界较低，心胸狭隘，从而只关注到暂时的、自己的利益，不能从长远的大局考虑。我们需要像扩展知识一样来拓宽我们的眼界和心胸，多关注名人纪事，了解他们的心路历程，从而懂得每个人都很优秀，都值得拥有成功，心存爱意与友善，与大家共筑美好。

（4）提升自信，积极进取。当嫉妒心产生后，可以靠积极进取，充实生活，提升自我，取得并不亚于竞争对手的成功，把嫉妒打消掉。培根曾说："其实每一个埋头深入自己事业的人，是没有功夫去嫉妒别人的。"

问题 8

自我同一和角色混乱的冲突。

案例

莉莉是学校广播站的站长,人长得漂亮,擅长播音主持,尊重师长,老师都喜欢她。可是莉莉却在一天下午走进了心理咨询室,向心理老师哭诉了她的苦恼。莉莉几岁时父亲去世,与母亲、弟弟相依为命,小时候常被别人欺负和孤立。上初中后,为了不再承受曾经的痛苦,莉莉积极表现自己,加入广播站,主持学生会各种活动,争取老师的好感。她还主动与同学交往,对大家总是笑脸相迎甚至讨好,她也因此交到了很多朋友,男生女生一大帮。朋友喜欢玩游戏,她也跟着学打游戏;朋友喜欢摇滚,她也跟着喊叫发泄;朋友喜欢抱怨说闲话,她也跟着点头附和。这样让她觉得很累甚至想放弃。渐渐地有一些人开始说莉莉虚伪,假情假意,还说她是"渣女""汉子婊",常跟男生混在一起。为了躲避闲言碎语,她便疏远那些男生朋友和太有个性的朋友。可是又有人说她没有真心,只把友谊当玩具,想玩就玩说扔就扔。莉莉很难过,不知道该怎么对待朋友以及别人的偏见,觉得自己没有做错什么,但又好像什么都没做好,失去了方向,连广播站的工作也觉得没有意义了。

原因

由于幼时经历,莉莉想要改变,却不知道自己真正想要什么,该追求什么,该坚持什么样的原则,失去了自我,造成自我同一混乱。

第八部分
贵州省不同年龄阶段儿童关爱的具体问题与策略

策略

（1）看清内心,"求真务实"。静下心来,问问自己内心深处真实的想法,不要被表象迷惑。积极表现是好事,但若这并不是自己真实的意愿,便会成为自己的负担。同样,朋友多是好事,但是朋友之间的真心才是重点。朋友不能简单地定义为大家一起吃喝玩乐,而是有相似的兴趣爱好、价值观,能互相帮助、共同进步的人。模仿、附和、讨好可能会获得暂时的朋友,但是这样的关系不能长久。

（2）认识自我、坚持原则。做事情一定要有自己的原则,不能人云亦云。"三山实验"说明人都是站在自己的角度看问题的,这就注定了别人的见解和评价通常是一己之见,并不是事实真相。所以在听到别人的评价时,要扪心自问:"我真的是这样的人吗?"如果不是,那就坚持自我。

（3）关心与爱是良方。有研究表明,青少年的自我同一性在和谐的家庭氛围和亲密的亲子关系中能得到更好的发展,而家人朋友的关爱使他们在同一性受到威胁时能更好地作出处理。因此,家长和老师要尽可能给予莉莉帮助。

问题9

青春期性冲动。

案例

小凯上初二了,平时活泼开朗,成绩优异。可最近上课老是走神,精神也不好。班主任把他叫到办公室询问原因,他却支支吾吾不肯说，于是班主任把他带到了心理咨询室。小凯渐渐开始向心理老师说出了困扰。原来在上学期一次洗澡过程中，偶然的触碰让他体验了手淫的快感。这之后，他便不时地会手淫。这个学期刚开学时，小凯喜欢上了隔壁班的一个女同学，但是他不敢跟对方表白，害怕被拒绝。每次在学校看到那个女生时，小凯也会有生理反应。每当手淫的时候，脑海里都会幻想那个女同学，这让小凯在手淫之后常常觉得有罪恶感。

原因

随着生理的发育，青春期的孩子有一个很突出的特点就对异性产生一种难以消除的爱恋、思慕、亲近的情感，并可能伴随性欲冲动，这很大程度上是由于性激素的加速分泌导致的。

策略

（1）正确认识青春期性冲动。青春期性冲动不管是在生理上还是在心理上都是一种正常现象，它代表着性器官发育趋向成熟，即将具备生育能力。不少青春期孩子因缺乏性知识，无法正确看待自己与性有关的想法和行为，从而感到迷惑、恐惧、焦虑，甚至有罪恶感。因此老师和家长也要帮助青春期孩子了解性知识，给予他们正确的引导。

（2）学会克制。虽然性冲动是正常现象，但是有的孩子体验性冲动的快感之后，沉溺其中，以致影响学习和身心健康，甚至造成更严重的后果。所以，对于性冲动，一定要克制，可以通过转移注意力、丰富业余生活等方式来克制。

（3）远离刺激。很多孩子的第一次性冲动都因外界刺激触发，比如黄色读物、淫秽图片和音像。孩子们因为好奇心的驱使，接触这些东西，但是又因为心理不成熟，很容易被其俘虏。所以家长要注意不让孩子接触这些刺激，孩子也要自觉远离它们。

（4）学习戒除手淫的方法。

①阅读法：认真阅读一些关于青春期性生理、性心理方面的书刊，了解青春期生理发育、青春期性心理发展与表现、青春期性心理异常等有关特点，认识手淫的实质和过度手淫的危害性，控制自己的性心理反应，掌握解除性欲的基本技能。

②放松法：白天进行一些体育活动或多做一些体力劳动。睡前在室内原地跑步、做操至出汗，把血液动力分散到四肢去。运动后用温水洗澡并适当用冷水冷敷外阴部及生殖器官，以降低性器官的敏感性。全身肌肉放松后，让自己较快地进入睡眠状态，这样可以有效克制手淫的意念。

③厌恶法。有性幻想念头及手淫冲动时，立即口含一片黄连中药，使自己被强烈的苦味所干扰；或用套在手腕上的橡皮筋使劲弹自己，使自己被疼痛所干扰。这样连续几次后，性冲动刺激就会转化成苦味或疼痛体验的信号，形成厌恶性条件反射，从而减轻手淫念头。另外，在有手淫冲动时，还可以进行厌恶性或惩罚性的想象，使想象产生的厌恶或者恐惧情绪与自己不良的心理及行为结合起来，引起自身对手淫的不愉快甚至痛苦体验，从而最终戒除手淫的习惯。

问题 10

情绪失控,极端冲动行为。

案例

朗朗,男,初二年级学生。某天,一名教师经过三楼走廊,发现朗朗站在了学校护栏上,面朝学校空地,像要跳楼,同学和老师立马拉他下来。经了解,他在班上有喜欢的一个女孩,因为当天与这个女孩吵架,女孩说他很"幼稚",于是他情绪失控,想不通,踩上了三楼的护栏,准备跳下去。他说:"我受不了她说我幼稚,我觉得我已经在改变了,可在她眼里,我什么都不是。"他喜欢这个女生有一年多了,他自己觉得对这个女生很好,而且这个女生让他少下课就和同学疯闹,他就收敛了很多,他说他愿意为这个女生改变。

经了解,该生父母在他小学三年级就离异,他跟妈妈住在一起,他觉得妈妈唠叨。而且给妈妈说什么,妈妈都不理解他,不如就不说。所以她妈妈和他讲话,他也不理睬,已经一个多月没和妈妈讲话。和爸爸接触不多,爸爸很少来看他。

原因

(1)该生的冲动行为源于自己的绝对化要求,及非黑即白的思维方式。他觉得这个女孩就应该答应和他在一起,就应该接受他,并且表达出爱意。而且他认为他为这个女孩做了这么多,就应该得到对方的回馈。

(2)妈妈和他的沟通方式,让孩子形成得不到想要的东西就回避。平时妈妈会和他说话,可是他总是不理妈妈。妈妈也没意识到孩子的心理需求,而是顺着孩子,依他的性子来,并且没有与孩子进行有效沟通。这样造就了孩子"我得不到的,我就不要了"这样的行为模式,但他不是真的不想要了,而是带着委屈与愤怒。情绪积压的时间长,他就以比较冲动的方式,甚至是极端的方式解决。

(3)在人际交往中,朗朗黑白分明的性格,会让他周围与他相处的人感受到压力。而女孩往往会因为这个压力,对他有排斥,他就会感觉很受伤。所以他一直得不到女孩的理解,便心灰意冷。加上朗朗认为他已经做了很多改变了,女孩还在忽视他,他就受不了了。

策略

(1)改变朗朗的不合理信念。朗朗觉得,要么这个女孩就答应他,和他在一起,那就应该把他当男朋友;要么就应该拒绝他,不和他再说话。这是朗朗的一个不合理信念,正是这种不合理信念导致他的轻生,不是因为女孩说了他很"幼稚"或是别的什么原因。让朗朗明白这个道理后,再针对他的不合理信念,让他自己去感受,如果别人这样要求他,他是否会接受。当换位思考后,朗朗沉默了。

(2)让朗朗意识到,自己的冲动会带来多大的后果。朗朗当时的行为,吓到了周围的同学,大家都不敢拉他,直到那位老师撞见。学校的校领导、班主任、思教主任、心理教师全体出动,和他进行交流。还有他的妈妈,马上放下工作赶到学校。她看见孩子的那一刻,泣不成声,当时朗朗也哭了。当问到他是不是真的想死时,他回答说不是。老师带着他去想象那一刻,如果脚滑或是什么意外,他真的摔下去了,会发生什么,他说:"可能我就死了。""如果你死了,灵魂飘起来看到周围发生的一切,你会看见什么?"他说:"我看见大家很难过,他们在哭。""你的心情呢?"他说:"我也很难过,估计会后悔吧!"当引导朗朗进行这样的想象后,他的情绪平复了,他说:"老师,我真傻,我以后不会再这样了"。

(3)加强亲子沟通,让孩子打开心门。和家长进行沟通后了解到,妈妈很爱孩子,只是不知道怎么和孩子交流,只能管着他,让他做好作业、好好吃饭、好好睡觉,缺少与孩子心灵的沟通。于是老师交给了家长与孩子相处的四大法宝:点头、微笑、倾听、拥抱。家长说她都能做到,就是倾听做得不好。经过沟通,让家长意识到,孩子已经长大,他有自己的想法;而家长与青春期孩子的相处,就是做到倾听、少评价、少说教。让孩子有空间表达自己的看法,感受到被尊重。

(4)让孩子从别人的角度观察自己。当朗朗情绪平复后,我们将女孩带来。首先肯定朗朗的眼光,因为女孩成绩好、很优秀,也指出朗朗希望变得像女孩一样好是好事。其后朗朗说他打算考实验三中。发现孩子有目标,要及时鼓励。于是老师鼓励他说,相信他一定可以。然后,让女孩谈谈对他印象。女孩说:"他挺好的,很热情,和同学们相处得也好,就是他让我有点压力。"经过询问得知,女孩觉得对她好,好像拒绝朗朗有点开不了口。老师便开导说:"我们喜欢一个人,是我们自己的事，与对方无关。你可以选择为对方付出或者不付出，这是你的选择，你选择了你就要自己负责。同样对方也可以选择接受或者不接受，我们要尊重自己、尊重对方。"

（5）在同伴中淡化孩子的冲动行为带来的影响，相信孩子自己的力量。虽然这件事让学校的老师们都捏了把汗，但要让周围的同学们淡化这件事，防止学生以讹传讹，反而伤害了朗朗。最后，他与女同学的关系处理交给了他们自己，让他们自己去选择怎么面对这段感情。最终他们自己选择考同一所高中去一起读书。

问题 11

抽烟、喝酒、谈恋爱、抑郁。

案例

丽丽，女，初二年级学生。班主任通过观察及交谈，发现丽丽状态不好，于是转介该生到心理老师那里。丽丽是个很文静，说话轻声细语的女孩，每当说到她的家庭，丽丽总是默默地掉眼泪。经了解，丽丽父母在五年级时离婚，她还有一个上小学三年级的弟弟。离婚后，她判给妈妈抚养，弟弟判给爸爸抚养。爸爸经常不管弟弟，妈妈不忍心，将弟弟也接到身边。爸爸在乡下，基本上不会管他们三个。妈妈是初中文凭，靠着自己的力量养着两个孩子，白天在医院仓库守班，晚上有时间去做家政的工作。为了抚养两个孩子，妈妈没有时间陪伴他们。丽丽有时候生病，也是自己一个人去看病。弟弟也由丽丽看管，丽丽说她自己总是忍不住对弟弟发火。有时丽丽和朋友出去玩，会玩到 11 点过还不回家。丽丽说，反正她回去也没人陪。跟朋友在一起，她学会了抽烟、喝酒、谈恋爱。妈妈性格内向，也没有意识到孩子的心理需求。加上妈妈对丽丽说话，多是指责与要求，碰上丽丽的青春叛逆期，母女关系非常紧张。后来妈妈带她去医院诊断，结果是重度抑郁。

原因

（1）爸爸缺位，妈妈对孩子关注太少。经过和丽丽交谈，发现丽丽很容易哭泣，睡眠质量也不好，看上去十分瘦小。因为妈妈很少陪伴她，她感觉自己总是一个人。每次她希望妈妈早点回来，可是妈妈都会说，她必须要赚钱养家。丽丽很懂事，不希望成为妈妈的负担，再加爸爸不管他们，使她有了"自己一点也不重要"的想法，她觉得这个家、这个世界有她无她都一样。所以孩子有抑郁状态，也有自残行为、自杀倾向。

（2）妈妈与孩子沟通方式不当，造成孩子十分挫败。拿到医院检查结果的时候，孩子自己被吓到了，感觉自己生了很重的病。但妈妈说"你坚强一点，我们小的时候也是这样过来的，你不要想太多"，这话让孩子十分难受。有次丽丽和同学出去玩，到 11 点还没回家，妈妈打电话让她回家，她说还要等会，妈妈以死相逼，说如果丽丽不回家，就死给她看，最后丽丽哭着回家。

（3）没有结交到良好行为习惯的同伴。丽丽在家待着的

第八部分
贵州省不同年龄阶段儿童关爱的具体问题与策略

时候,感觉十分寂寞,而同伴关系可以让她得到认同感和归属感。于是她更愿意和朋友待在一起,不管妈妈怎么反对,她都要跟同伴们在一起。遗憾的是同伴们的行为习惯都不太好,或者说和丽丽可能是同病相怜,大家在一起时,心情不好了就抽抽烟、喝喝酒来排解。用丽丽的话说"总比一个人待着好"。

策略

(1)正确认识孩子。一是家长正视孩子抑郁状态的事实。学校心理老师的咨询更多是给孩子一个空间,让孩子倾诉,但并不具备心理治疗的作用。家长必须引起高度重视,到医院听医嘱进行治疗。学校老师还向家长普及了"抑郁症"的相关知识,告诉家长这些不是给孩子贴标签,而是让家长更好地看到孩子呈现的状态,并引起重视。二是摆正孩子的位置。丽丽的母亲哭着说,自己一个人带两个孩子,打了很多份工,忽略了孩子。特别是对丽丽,有时候还不自觉地要求丽丽做弟弟的家长,把丽丽放在了"丈夫"的位置上,承担了家长的角色。妈妈经常希望丽丽照顾家,却忽略了她也是个孩子。因此,家长应正确认识孩子,摆正孩子在家庭中的位置。

(2)改变说话方式。治疗抑郁的孩子,除了一定要听医生的话吃药外,家长一定要改变教育观念。只有教育观念改变了,家庭氛围才能改变。每次妈妈说了伤害丽丽的话,丽丽只会默默哭泣,却不会和妈妈沟通,所以妈妈也不知道,她说的话会伤害到女儿。应让家长意识到与孩子沟通,不能总用指责的方式。如妈妈累了一天,回家看到乱糟糟的,就忍不住指责说:"你就不能好好收拾家吗?我在外面那么辛苦赚钱,你就不能把家里顾好,让我轻松一点吗?"其实妈妈可以换一个方式表达:"丽丽,妈妈今天很累,你能不能帮妈妈收拾一下屋子呢?谢谢你,宝贝女儿。"也许家长曾在那样的环境中长大,但我们都应该成长,而不是用自己成长的伤再去刺痛孩子。

(3)让孩子有空间,但也要有底线。丽丽外出玩到晚上、一直不回家的状态,源于妈妈经常不在家,而丽丽又需要有朋友的陪伴。建议妈妈多抽时间陪伴孩子,相对于物质条件,孩子更希望父母多陪伴。其次,妈妈应和丽丽说好回家的时间,知道她与谁在一起、去哪玩。而且孩子一旦说到做到,应该立马鼓励、认同,感激孩子说话算话。最后,妈妈一定要足够耐心,恢复与孩子的信任关系,多陪伴、多关心,让孩子关闭的心门,再次打开。

(4)帮助孩子学会换位思考,尝试理解妈妈。因为孩子采取的是回避的态度,如果妈妈说什么她不认同的话,她都用沉默来回避,或是自己默默伤心,其实这不利于母女的沟通。可采用角色扮演的方式,让孩子扮演母亲,母亲扮演女儿。演示不管"母亲"说什么,"女儿"都不回答的场景,问问丽丽做"母亲"的感受。"女儿"如果经常在外面和朋友玩到很晚,而且学会了抽烟、喝酒、和她不认识的男孩谈恋爱,又不知道这个男孩是什么样的人,问问"妈妈"会有何感受。当孩子学着换位思考,她就知道妈妈的担心,而不是只考虑自己的需要,最后约定,丽丽以后出去玩要提前给妈妈说,并且告诉妈妈她和哪些朋友在一起、去哪里玩、几点回家，免得妈妈担心。

（5）家长内心强大，孩子才会强大。如果孩子觉得父母不够强大，孩子出于对父母的爱，会站到父母前面，"帮助"父母。丽丽就是这样，在她眼里，看到的全是妈妈的软弱，她"帮"妈妈发泄愤怒、"帮"妈妈做弟弟的爸爸妈妈。长期的压力，压得她喘不过气，所以她崩溃了，抑郁了。只有妈妈足够强大，站好自己的位置，孩子才能卸下包袱，回到孩子应该站的位置。这样丽丽可能就会好起来。

问题 12

抑郁有自杀行为。

案例

秀秀是个初二的孩子，成绩在班上前十名。秀秀爸爸妈妈分居一年多，妈妈到外地打工，她与弟弟、爸爸、爷爷奶奶共同生活。她要管弟弟的学习，协调爸爸、妈妈的关系，还有照顾自己，奶奶没有多少文化，对孩子的教养方式是"打压""指责"。初一时，爸妈经常吵架，奶奶也会和妈妈吵架。秀秀就对妈妈说，既然生活得这么不开心，还不如离开。她承诺妈妈会照顾好自己和弟弟。妈妈的离开激怒了爸爸与奶奶，她每天生活在爸爸、奶奶的"抱怨"里，无所适从。最终孩子抑郁了，到医院诊断重度抑郁、重度焦虑，并且秀秀总是有想死的念头，觉得活着没意义。且她不能控制自己的情绪，还曾经吞食大量安眠药。

原因

（1）孩子就是家庭的"镜子"，如果孩子出问题，我们一定要看看家庭是否出了问题。学校教育是孩子独立行走不可或缺的一条"腿"，但要让孩子完成独立行走，必须补上另外一条"腿"，那就是家庭教育。而家长一定要做的就是反思自己。孩子之所以抑郁，是因为孩子背负了很多责任，甚至孩子"挡"在了妈妈面前，保护妈妈不受伤害。无形中秀秀当了妈妈的"妈妈"，使孩子丢掉了自己"孩子"的身份，反而承担了孩子承受不了的责任。当她撑不下去了，整个人就"垮"了。

（2）父母的逃避。遇到问题时，父母不够强大，没办法解决问题，于是选择逃避而不是面对问题。父母的逃避，迫使孩子"长大"，迫使他像大人一样面对问题，甚至是当父母间的"调和者"，这对孩子来说无疑是残酷的。让孩子选择站在爸爸这边，还是妈妈那边，对孩子来说都是对另一边的背叛，孩子做不了这样的选择。但是被父母夹在中间，不断拉扯，使秀秀左右为难！

（3）秀秀将自己躲在"抑郁症"的躯壳下，希望父母多看看她，可是父母告诉她"你要坚强点""你别想太多""其实没那么严重"。除了父母对抑郁症缺乏认知与了解以外，他们从没有安静下来，倾听孩子的诉说，了解孩子的需求。孩子需要的是对她的关注及无条件的爱，不管她是不是生病、优秀与否都爱着她，而不是家长用自己的"经验"去教育她、评价她。所以秀秀潜意识在告诉父母她的需求，而父母还是看不见，反而沉浸在彼此关系的纠葛中。

策略

（1）带孩子去看专业医生，听医嘱，及时治疗。学校心理教师更多的角色是教师，能做的工作有限。如果家长发现孩子有抑郁症，应该及时到医院诊断并治疗，按医生吩咐服药，控制病情。其次，坚持服药，并配合专业的心理治疗。

（2）父母应尽量守护在孩子的身边。抑郁症有很多典型的症状，如感受不到快乐、觉得活着没意义、对什么都提不起兴趣、睡眠质量受到影响、饮食受到影响等，孩子随时可能都有自杀念头，所以家长应克服各种困难尽量陪护在孩子的身边。

（3）收好家里所有尖锐的物品，只要可能会伤害到孩子的物品，全部收起来，并保管好，包括医生给孩子开的药。秀秀就是因为爸爸把药交给她，让她自己保管，才导致吞药自杀行为的发生。更重要的是，家长一定要做到"闭嘴"，少评价、少说教，而是陪在孩子身边，让孩子感受到你的爱和关心就好。

（4）不要要求孩子赶紧好起来。孩子患了抑郁症，家长要承担很大的压力，孩子学业上的压力、经济上的压力、时间不够的压力、工作的压力等，所以家长渴望孩子赶紧"好起来"。但欲速则不达，这样反而会导致孩子越来越焦虑。因为孩子意识层面也是希望自己赶紧好起来的，可是她做不到。家长应跟着孩子的节奏，去体会孩子当下的心情，并尝试理解孩子就好。

（5）家长应当多带孩子参加集体体育运动。抑郁症的孩子其实就是失去了"活力"，所以孩子肯定是不爱动的。如果家长能身体力行，带着孩子一起跑跑步、打打球，让孩子在运动中将情绪发泄出来，对孩子病情是有帮助的。

问题 13

成绩差，受嘲笑，打架。

案例

大志今年 15 岁，是刚转来不久的插班生，身高比班上很多同学都矮。两年前，大志跟母亲从家乡来本地与父亲团聚。早年由于工作及经济的关系，大志的父亲只好把妻儿留在乡间生活，独自外出工作。近年经济好转，才把大志和母子接回身边。大志转到城里读书后，由于成绩差，留级一年，重读初二，但成绩依然落后于其他同学，因此他常感到很自卑。又因为他长得比较瘦小，班里同学常把他的身高和成绩当作嘲笑的对象，这让他十分愤怒。他将这些事情告诉父亲，父亲却告诉他凡事忍耐。然而，他的忍耐不仅无济于事，还助长了同学对他进一步的嘲笑。有一次他实在忍耐不住了，便和同学打起架来，结果被记过一次。过了两周，他又因被同学嘲笑而打起来，于是老师给他扣操行分数。

一个月前，他与父亲商量后，决定转到目前这家学校读书。在第一次家长会上，英文老师给学生分发试卷时说："这次的测验成绩整体来说很好，大部分同学的分数都在 80 分以上，也有一些同学取得 100 分。不过，仍然有几个同学不及格，希望他们能加倍用功，提高成绩。"大志从老师的手上接过他的测验卷，便安静返回座位。正当他战战兢兢把卷子翻开时，分数却给邻座的小李偷看到，小李很不客气地提高嗓门，讽刺地说："志气再高也没用，长这么矮，考的分数也这么少。"大志这次只得了 50 分，心情本来就已经很差，听到小李的嘲笑后，他的情绪突然失控，把小李狠狠地推倒在地上，并且不断挥拳打他。小李想不到大志会有这样的反应，在完全没有心理准备的情况下，只有呼叫老师和家长。老师和家长转身一看，大志正在殴打小李，随即用坚定的声音大声地说："大志，立即停手！"这声音虽然震撼了整个班，但是并没有令大志停止下来。一直到老师和家长走向他们，这场殴打才告一段落。小李除了被大志打了十几拳之外，他所戴的眼镜也被打掉在地上摔碎了。

原因

（1）大志童年时期和母亲在乡间生活，缺乏父亲的陪伴和教育。转学后到一个新的环境不太适应以及成绩不好、个子矮，经常遭到班上同学的排斥和嘲笑，导致他十分自卑。而父亲却让他忍耐，导致他的情绪得不到合理宣泄。长期积累下来，情绪到达一个临界点，被触发后导致情绪失控和同学打架。中学生的情绪大多不稳定，波动大，容易失控，本来成绩不好就是大志的心结，而小李的话让大志看到了自卑的自己，无疑是在大志的情绪上火上浇油。人人都需要尊重别人，也需要被别人尊重。当没有得到外界足够的重视和尊重时，就会感到耻辱、愤怒，从而导致了大志情绪和行为上的失控。

（2）自我调控能力较弱。中学生正处在青春期，情绪冲动，自我调控能力较弱，常常在不该发脾气的时候发脾气，因为一点儿小事就会相互打起来。

策略

（1）教师应该对大志进行心理健康辅导，让他客观感受到自己的情绪，学会合理调节自己的情绪，让他认识到因为愤怒打人也是不对的。适宜的情况下，可以尝试让大志做一些运动，使他学会通过运动来调节自己的情绪。

（2）父母和教师应该给予大志更多关注。多与他进行沟通，耐心倾听，及时对他的情绪进行积极反馈。多给予鼓励，提高他的自信心。并且让他认识到打架是不好的行为，不能因为一时的情绪失控造成后悔莫及的举动。

（3）教师可以帮助大志学会疏导、缓解自己的负面情绪，教他掌握一些简单的调节情绪的方法，如转移注意力（听音乐、看电视、写作业）、合理宣泄法（打篮球、跑步、爬山）、倾诉法、放松法等。

（4）学生犯错时，教师要控制好自己的情绪，控制好局面，先弄清楚事情的真实经过，不要急着做出处理。让大志的情绪也稳定后，再和大志心平气和地沟通、交流。

（5）大志可以努力提高自己的学习成绩，平时多运动、喝牛奶，有助身体成长。

（6）父母可以引导大志,当遇到不顺心、不如意的事情时,积极主动地找亲朋好友交往、谈心。帮助大志通过言语、形象、想象等方式进行积极的自我暗示,调适和放松心理的紧张状态,使不良情绪得到缓解。

（7）班主任应在班级中举行互助互爱的班会活动。通过这样的班会活动,教育同学们相互尊重、相互帮助,禁止拿别人的弱点或身体缺陷开玩笑。

问题 14

逆反。

案例

刘某,男,某中学初二学生,据老师和家长反映该生自初一下学期开始就变得异常反叛。在家经常和父母顶嘴,父母让干什么他就偏不干什么,父母说不对的不好的事他却偏偏要尝试一下。父母强烈反对他吸烟,可他却想尽一切办法吸烟。在学校也不服管教,经常与老师顶撞,上课不认真听讲,扰乱课堂纪律；而且意见特别多,经常无缘无故自言自语,大声喧哗。与同学关系也很不好,爱挑剔别人的意见,言行偏激,常与同学打架斗殴,耍老大,欺负弱小。对老师和家长的批评要么以沉默相对,要么肆意顶撞。学习成绩直线下滑,而且对成绩的下滑自己毫不在乎。

原因

刘某出现了逆反心理。逆反心理是指青少年成长中,为求自我独立对父母或师长所表现出来的反抗心态,具有鲜明的年龄的阶段性、半成熟和半幼稚的特征,青少年较为突出。逆反心理的形成是一系列的心理活动过程的结果。其心理机制的过程是:首先,教育的内容及相关的信息在特定的教育情景中,引起受教育者的注意;其次,受教育者接触并理解教育的内容(信息),并将所理解的信息及所形成的观点和态度与自己原有的认知结构(包括思维方式、价值观念、知识修养)和态度观念加以比较;最后,经过比较、分析原因,作出接受或抵制的态度反应。

逆反心理产生的原因有三种:一是好奇心。例如,一些不健康的文艺作品,越是受批评,人们越是想看,想方设法要弄到手,一睹为快。这些都是由于好奇心的缘故。二是对立情绪,任凭你"苦口婆心",千言万语,他却无动于衷,认为你是虚情假意,吹毛求疵。三是心理上的需要。孩子对于越是得不到的东西,越想得到,越是不能接触的东西,越想接触,越是不让知道的事情,越想知道。这是人们心理的一般特点,由于孩子理智程度较差,这种欲求也更强烈。

策略

(1)尊重孩子。刘某是处于青春期的孩子,他是最需要得到他人认同与他人尊重的时期。当刘某对父母的意愿表现出逆反时,刘某的父母可以不要急着去进行反驳甚至镇压,而要想一想,他为什么会反抗。同时可以向他表示"我尊重你的看法",或"你尽量举例说明",这样就赢了一大半,千万不要说："你所说的和我所说的是两码子事，毫无关系。"或者"你的观点微不足道""这是不对的"等。

（2）注意说话用词和语气。说话时注意语气、语调与用词，尽量避免使用命令的辞令。青春期的孩子不喜欢被命令、被驾驭、被强迫或被规定做任何事，千万不要硬碰硬。刘某的父母最好说出自己的道理、想法、观念、意见和问题，尽量避免使用那些容易引起摩擦的文字，造成不愉快的关系。

（3）委婉地纠正孩子的错误。当孩子出现错误时，不要过分地指责与强调，应该委婉地提出。如果刘某父母毫不留情地揪出刘某的错误，就等于激起刘某反对的心理。越这样做，刘某的逆反心理越强。

（4）学会聆听。当问题出现时，父母可以先提出问题，然后注意聆听孩子的想法。耐心地倾听，就是给予孩子必要的喘息时间，以便解除刘某反抗的情绪。

问题 15
"失恋"了，无法专心学习。

案例
小强，初三学生，半年前与女友分手，一直走不出失恋的阴影。每天满脑子想的都是为什么女友要跟自己分手，自己究竟哪里不好？这影响了小强的学习和生活。小强本来想进入初三后，摆脱这些杂念，什么都不想，专心中考，但是还是不行。

> 原因

（1）无法承受自己的失败。小强总是沉溺于恋爱的失败中，这并不一定是因为他们的感情有多深，可能只是小强不愿意承认自己的失败。

（2）对恋爱失败的原因分析不恰当，且没有找到恰当的方式解决问题。

> 策略

（1）初中阶段，学生进入青春期，情窦初开，对异性也产生了很微妙的好感。但是对究竟什么是爱、什么是喜欢、自己内心真正追寻的是什么等问题并不清楚。教师和家长需要帮助学生理清这些问题，并认识到恋爱需要具备一定的条件和恰当的时间。教师可以帮助小强分析恋爱失败的原因，找出努力的方向。

（2）帮助小强树立前进的目标和动力。恋爱失败有很多原因，但不管什么原因，懊悔都无济于事，只有让自己不断变得更加优秀才是解决问题的最好办法。身为初三的学生，学习是自己目前的主要任务，今天的努力学习才是未来成功，也包括恋爱成功的基础。

> 问题 16

自负。

> 案例

俊峰上初三了，第一次月考，俊峰在班级排名中等偏上，

第八部分 贵州省不同年龄阶段儿童关爱的具体问题与策略

与以前差不多。可是周一的早上,俊峰突然向班主任提出了请假申请,原因是他觉得在学校学习效果不好,想要请假一个月回家自学,并且向老师保证下个月的月考成绩一定会比现在提高50分。班主任细问之下得知,俊峰不太喜欢现在的英语和数学老师的上课风格,觉得不如自己自学。俊峰认为在家自学的话还可以自由支配时间,并且在网上他也看到过通过自学考得很好的例子。

原因

俊峰觉得听老师讲课不如自己回家自学,这是自负的表现。简单地说,自负就是自以为是、过高地评价自己。这可能导致盲目随从,狂妄自大。俊峰这种自负表现的成因可能是对自己没有足够的认识,认为自己在家可以自律并且学好课程;同时他消极看待英语和数学老师的授课方式及效果也是成因之一。

策略

(1)正确认识自己。首先,认识自己在英语和数学课上的听课技巧是否合适,尽量跟随老师,及时做出调整;其次,认识自己能否做好自我规划、约束和时间管理,否则自学可能就成了自我放纵;最后,虽然网上有自学成功的例子,但这是个例而并非普遍现象,要认识到自己是否具备那样的条件。

(2)积极看待他人。古人云:"三人行,必有我师。"可见人人都有优点、各个都有特长。所以在学习、生活中,我们要用积极的、欣赏的眼光看待别人。接纳别人可以使我们更快更好地融入所处情境之中，那么课堂的听讲也会变得更容易、更深刻。

四、高中阶段儿童关爱的具体问题与策略

（一）高中阶段家庭儿童关爱的具体问题与策略

问题1

"冤家"父子俩！

案例

小均，高二男生，成绩良好，但做事特别拖拉、粗心，而且特别犟，不管怎么教导他就是屡教不改。更令人苦恼的是，他有一个"冤家"爸爸。小均的爸爸整天都紧盯着孩子的各种问题不放，不失时机地训斥。最近，家里的矛盾开始升级了，儿子很反感爸爸盯着他、批评他，只要爸爸一开口，小均马上就捂上耳朵，离家出走。

原因

这是一起比较典型的因教育方式不当而引起孩子逆反情绪的案例。结果导致父子矛盾升级——孩子跟爸爸较上劲儿了。从心理学的角度上说，人的个性是可以遗传的，在这对父子身上，我们可以看到相似的个性特点。

从幼儿园进入小学之开始，孩子的自我意识不断发展，主观能动性逐渐增强，对成人的一些要求有了自己的判断。他们不再是一味地顺从于他人，有点儿"我行我素"。家长如果不

第八部分
贵州省不同年龄阶段儿童关爱的具体问题与策略

了解孩子的这些心理特点，一味训斥，甚至打骂，就容易使孩子在个性发展上走向两个极端。或遇事唯唯诺诺，谨小慎微，胆小怯懦；或执拗任性，胆大妄为，目中无人。

教育孩子必须遵循教育规律，了解其心理。在本案例中，孩子被爸爸无休止的、"马拉松"式的说教所包围，以至于产生逆反心理，抵触爸爸的教育。

策略

（1）家长需要正确认识孩子的"逆反心理"。逆反心理是人内心世界的一种真实再现，并非是可怕的"洪水猛兽"，它是人自我意识强化的一种表现。作为家长，应该了解孩子身心发展规律，正确看待孩子的逆反行为。在逆反期内，家长尤其不要跟孩子斗气较劲，要多站在孩子的角度上思考问题，尊重孩子；发扬家庭民主，多听各方意见，给孩子辩解的机会和改错的时间；不要以家长的"威严"压制孩子，降服孩子。

（2）赏识孩子，肯定孩子。在家长赏识的目光里，教育充满了希望。得到家长的赏识，孩子心情愉悦，信心倍增，内心充满了幸福感，更容易接受家长的意见，克服自身的小毛病。如果家长只是一味地数落、训斥孩子，对孩子吹毛求疵，不仅影响自己的情绪，而且还会使孩子陷入自卑的泥潭之中。

（3）"蹲"下身子，耐下性子。在平等的交流氛围中，孩子更乐于接受家长的观点，也有利于教育信息的正向传递。面对倔强的孩子，家长要有耐性，不要跟孩子硬碰硬。家长要不怕在孩子面前丢面子，肯在孩子面前放下架子、耐住性子，学会"蹲"下来和孩子讲话,学会倾听孩子声音,以民主平等的方式对待孩子。或许只是短短的几分钟、暖暖的几句话、轻轻的几次抚摸,孩子的心结就已解开。

(4)把握好惩戒的尺度。如果孩子实在顽性不改,可以给他一些适度的惩戒。说服教育并非是教育的唯一手段,必要的惩戒还是需要的。

(二)高中阶段家校共育的具体问题与策略

问题 1

无法融入新的集体。

案例

岩岩进入高中后,对新环境很不适应。怀念初中学校和同学,总觉得新学校没有初中学校好。不愿意和班上同学来往,说他们太现实。感觉自己在这里格格不入,常独来独往,有时躲在被窝偷偷哭泣,并多次向家长表达自己不想住校。

原因

(1)家庭因素:该生为独生子女,家长在生活上过度保护,在情感上过度关注。

(2)个人因素:该生独立生活能力弱,依赖心理强。

(3)其他因素:该生与从小一起长大的好友分开了,表现出强烈分离焦虑。新环境适应期的茫然,使她不知所措。

第八部分
贵州省不同年龄阶段儿童关爱的具体问题与策略

策略

（1）处理好分离焦虑。使其知道分离是暂时的，只有学会接纳分离这个现实，才能更好地融入新环境、接触新同学、建立新的朋友关系。

（2）引导岩岩主动适应新环境，从了解学校的环境开始，让她知道学校是自己的地盘。只有让自己成为学校的主人，才能更好地在学校生活和学习。

（3）告诉岩岩只有学会独立、减少依赖，才能更加愉快地开启三年的高中生活。

（4）学会主动和同学交往。人际交往的黄金法则是"像你希望别人如何对待你那样去对待别人"，所以想要别人把自己当朋友，首先自己要先有把别人当朋友的心理准备和行为表现。

（5）认真学习，用对知识学习的关注分散自己的注意力。高中的学习任务很重，很多高一学生过多关注自己的内心感受，容易导致学习下滑。

（6）引导她学会"舍得"，知道放弃可能是一种更好的获得。对过去事物的怀念，其实是对新事物的不接受导致的，前进其实就是放弃已有。

问题2

害怕同学和老师的关注。

案例

长相甜美的伊伊在高中第一次月考中考了年级第二名，同学和老师对她格外关注。最近她因为排名太靠前被老师和同学关注而烦恼。同学来请教她学习方法，她很紧张地说不知道。老师点名表扬她，希望大家向她学习，她很拘谨。开学初她还会和周边同学聊天讨论学习，最近几乎不说话，而且一说话就脸红。最害怕老师点名提问，一点名起来回答问题就紧张口吃。

原因

（1）家庭因素：父母是普通职员，从小教育她要踏实做事、低调做人；在学校不要太被人关注，因为树大招风，容易惹祸，形成她内敛的性格。

（2）个人因素：性格内敛，不善表达，从不积极主动与人交往。从小到大成绩一直处于中上游，属于不被遗忘也不被关注的群体，总觉得自己是非常普通的女孩子。

（3）其他因素：第一次考出这么好的成绩，被老师和同学高度关注很不习惯，打破了她一贯隐身的处事习惯。

策略

（1）引导合理分析"踏实做事，低调做人"的家教寓意。父母所指的"树大招风，容易惹祸"，是希望伊伊言行举止不要太脱离学生身份，要求做一个本分的学生；不要打扮招摇，言论过激，引起社会他人太多关注。但不包括因成绩优秀，被老师和同学的关注。

（2）学会正确看待老师的关注。引导学生知道老师关注自己并点名让自己起来回答问题，这不仅是对自己能力的信任，更是对自己人格健全的培养；一定要学会和老师正常交往，只有学会和老师轻松交往，才能更好地提升自己的学习水平，完善自身人格发展。

（3）学会和同学保持合适的距离，戒骄戒躁，用真心诚心去对待同学，相信同学也一定会用心对待自己。同时大胆表达自己的观点，只有自己说出来了，别人才能知道自己的想法。

（4）引导伊伊学会接纳自我，因为接纳是改变的前提；保持"顺其自然，为所当为"的态度，淡定看待问题，一切顺其自然，学会调整好心态。

问题3

情绪不稳定，总想打人。

案例

木木进入高中刚两个月，就打架三次。班主任与心理老师说，木木热情好动，成绩在班上中等偏上。常常控制不住自己的情绪，总想简单快捷解决问题。如自习课上，同学吵吵闹闹，警告三次以上不听劝告时，木木就想动手揍人。

原因

（1）家庭因素：受爸爸妈妈职业影响，长期耳濡目染，木木形成了用简单快捷的方式解决问题的观念。

（2）个人因素：木木从小体格健壮，热情好动，故在朋友中一直以大哥自居，保护弱小，养成了自我为中心的性格特点。来到新学校后，想要追求心理上的平衡和极力找到自己的存在感。

（3）其他因素：高中学生生理、心理正处于裂变时期，青春萌动，心理上渴望独立；而现实中有学习的压力，有对未来社会竞争的恐惧，内忧外困，使得中学生身上的矛盾极易尖锐化。而解决矛盾最容易的手段，就是最原始的手段——暴力。

策略

（1）运用情绪ABC理论，引导木木学会分析引起自己情绪变化的根本原因，并修正自己的不合理信念。情绪ABC理论是由美国心理学家埃利斯创建的，认为激发事件A（activating event）只是引发情绪和行为后果C（consequence）的间接原因，而引起C的直接原因则是个体对激发事件A的认知和评价而产生的信念B（belief）。即人的消极情绪和行为障碍结果（C），不是由于某一激发事件（A）直接引发的，而是由于经受这一事件的个体对它不正确的认知和评价所产生的错误信念（B）所直接引起。

（2）教会木木检查自己是否存在"绝对化要求""过分概括化"和"糟糕至极"等不合理想法，导致自己想要动手打人。如有，就要有意识地用合理观念取而代之。将"必须、应该、绝对"的绝对化要求转化成为"希望、想要、期待"的合理信念；将"总是、所有"等以偏概全的评价转化成"有时、有些"的合理评价；将"糟糕至极"的、"灭顶之灾"的结果预测转化为"塞翁失马焉知非福"的乐观期待。

（3）学会正确地表达自己。分清是非，对不正确的事情要合理表达自己的观念，通过与他人的协商来解决问题。当发现想要打人时，告诉自己"冲动是魔鬼"，相信自己冷静下来一定能找到更好的解决办法。

问题4

自己抓伤自己。

案例

小小，个子高大的男生，艺体特长生考入高中。上课时总是提不起神，一副郁郁寡欢的面孔，下课时兴奋。情绪低落时，时不时就会抓伤自己。被同桌发现，告知了老师。

原因

（1）父母离异，长期和妈妈一起生活，爸爸严重缺席，妈妈习惯抱怨。

（2）不善于合理表达自己的情绪，一直担心自己会让妈妈不高兴，然后就没有人照顾自己了。

（3）艺体特长生考入高中，文化基础不太好，体育很好。

策略

（1）培养学习兴趣，增强自身学习成就感。

（2）发挥自己优势，强化自信增强班级存在感。

（3）引导合理表达自己的想法，弱化自己表达可能带来的不利影响。

（4）正视自己的情绪情感需求，学会和妈妈好好沟通，表达自己对妈妈的爱和怕，让妈妈知道自己最真实的感受和现状。

（5）引导小小恰当地发泄自己的情绪。告诉小小，当自己情绪低落时，可以通过自己的爱好，如运动来发泄。如发泄不出来想要抓手臂时，学会等待和克制，过五分钟再抓并记录抓手臂的次数和事件，定期和辅导老师沟通。

（6）小小的妈妈要改变自己，学会与孩子交流，学会积极阳光地生活，给小小做一个正能量的成长榜样。

问题 5

担心没学好，害怕考试。

案例

萱萱，从小乖巧听话，长相甜美。从读书以来，成绩一直名列前茅，进入高中前，曾是学校的明星人物。萱萱对自己的要求非常严格，总要求自己做到最好。进入高中后，萱萱虽然知道在重点高中竞争激烈，仍把自己的目标确定为全年级前30名。第一次月考年级第9名。在第二次月考前，她非常紧张，总担心自己考得没有第一次好，于是不想参加考试，害怕考试。

原因

进入重点高中后，发现身边人都很优秀，觉得自己在众多优秀者中不具有任何优势。再加所学科目从五门增加到九门，不太适应。

策略

（1）引导萱萱正确评价自我，确立恰当的学业期望，培养自信心。减缓考试压力的第一步就是做好充分的复习准备，80%的人考试焦虑是由复习准备不充分引起的。同时牢固掌握知识是克服考试焦虑的根本途径。

（2）教导萱萱要正确对待考试结果，不以一次成败论英雄。要认识到过于担心、焦虑不仅于事无补，而且还会影响水平的正常发挥。

（3）帮助萱萱重新定位。进入新学校的学生，许多是原校出类拔萃的人物，既受父母宠爱，又是教师眼里的才子，更是同龄人中的幸运儿。当各校的学习精英汇聚到一起，自然就会有高下之分，原来的学习尖子也许不"尖"了，原来的班干部成了"平民"。因此，应帮助新生根据新群体中的实际情况，重新客观地审视自己，选准参照系，多横向比较，综合自己的能力、个性特点，定出新的奋斗目标。要放平心态，尽力就好。

（4）多找老师和同学聊聊，理解考试压力是大家共同面临的问题，不必过于在意。加强同伴之间的学习交流和心灵沟通，缓解自己的压力，必要的时候可找心理老师做个别辅导。

（5）教会萱萱学会放松的方法：以舒服的姿势坐好，保持身体两边的平衡；用鼻子深深地、慢慢地吸气，再用嘴巴慢慢地吐出来；想象身体各部位的放松，放松的顺序为脚、双腿、背部、颈、手心。可以放轻音乐,想象在轻柔的海滩上,暖暖的阳光照在身上,一个人赤脚走在海滩上,海风轻轻吹拂,听海浪拍打海岸。将头脑倒空,达到放松的目的。

问题 6

找不到学习方法。

案例

进入高中以后的乐乐,看着别人努力学习,自己却茫然不知所措。乐乐从小只在课堂学习,课后完成老师布置的作业,就能保持年级前十名。进入高中后学习九门学科,他发现原来的方法不顶用了,不知道该怎么学习。他看见大家都在忙,觉得自己应该忙起来,但是不知道该忙什么,很是苦恼。特别担心考试成绩不理想。

原因

(1)初中学生学习方法比较单一,习惯于"听、背、默",习惯于书面作业,习惯于依赖教师。高中的学习,要求学生学会独立学习、独立阅读、独立思考、独立分析问题和解决问题。学习方法要求灵活、多样,并要防止和克服单纯死记硬背、重记忆轻理解、重做题轻读书、重计算轻概念等不正确的学习方法。

(2)在初中都是老师教着学,而到了高中,就需要自己去学习。

(3)知识量大,科目多,需要学生自己进行时间的安排

第八部分
贵州省不同年龄阶段儿童关爱的具体问题与策略

和管理。

策略

（1）乐乐要跟着老师的教学进度走，课后抓紧时间消化。如果有弄不懂的问题，可以与同学讨论或请教老师，避免问题积累太多，变得难以解决。

（2）高中要学会自己一个人的自立生活，在处好同学间的关系的同时，学会管理时间。高中学习科目增多，乐乐需要把课余时间进行分段管理。根据自己学习的特点，把时间分段，如早读时间学习哪些科目，晚自习学习哪些科目，这样就不会再有看着别人忙学习而自己不知该学什么的困惑。

（3）帮助乐乐正确看待考试成绩，变压力为动力。成绩是一个同学努力学习的体现，无论高低，只要自己尽力就不遗憾。应帮助乐乐规划好自己的学习时间，根据新群体中的实际情况，重新客观地审视自己，用"顺其自然，为所该为"的处事心态，理性看待学习上的变化；综合自己的能力、个性特点，定出新的奋斗目标，最终变压力为动力，力争获得好的学习收获。

问题7

害怕被人嘲笑，自卑。

案例

图图是农村来的一个孩子。爸爸妈妈长期外出打工，图图一直和爷爷奶奶长大，家庭一般，家中三姊妹，她是老大。

图图很懂事，担心增加父母的负担和被爷爷奶奶斥责，从来不表达自己的合理想法，并一直以长姐身份要求自己做好弟弟妹妹的榜样，成绩一直很好，是别人眼中的乖孩子，以县城中考第一名考入市重点高中。英语课上，她被老师第一个点名起来做自我介绍，老师纠正了她读错的几个读音，同学们却在一边笑。这让她感觉受到了伤害，自卑感油然而生。此后，图图不喜欢上英语课，害怕老师点名起来回答问题，萌发了要回县城读书的念头，并且说自己得了抑郁症。

原因

图图是个留守儿童，可能与父母沟通交流很少，较少感受到父母的关爱，严重缺乏安全感。再加上对自己要求严格，成绩也很好，长期受到老师家长的赞美，难以接受自己的不足，受挫能力比较弱。

策略

（1）做《中学生心理健康》测量，看看是否有心理疾病。如果真有抑郁症，与父母联系，带图图接受正规的治疗。

（2）如果图图没有心理疾病，策略引导，引导图图主动适应新环境。从了解学校的环境开始，让她知道学校是自己的地盘，只有让学生成为学校的主人，才能更好地在学校生活和学习；然后了解高中的学习模式，让她知道高中学习和初中学习的差异性，积极投身到新的学习中。新生适应期是高一学生学习的第一个关键期。

（3）引导图图克服和消除"自卑心理"。首先要形成对自己的积极认同。自卑心理很大程度上是在对比中产生的,所以要看到自己的长处,形成积极的自我认同。同时,切忌把他人看得十全十美。让图图知道每个人都有长处和短处。接纳自己就意味着,要接纳自己的长处也要接纳自己的不足。图图能在全县8000多考生中脱颖而出成为状元,证明图图的学习能力、吃苦精神和智商都是很不错的。要引导她努力寻找自己身上的优势,形成积极的自我认同。

其次要大胆表达,勇敢说"不"。心理学家认为:如果你自己觉得你自己蠢,那你就蠢。如果你自己觉得你高雅,你就高雅……因此,自卑心理是可以战胜的。但要战胜它,只有依靠你自己。树立自信心首先要学会说"不"。对于自己的不足,我们要勇敢面对,敢于对不足说"不",然后将"不"努力变成"行"。自卑心理是心理软弱的表现。自卑的人大多自信心不强,他们不敢将自己的思想向外表露。结果行动上随波逐流,毫无主见,没有魄力,造成心理上的抑郁,沮丧。

最后要积极地自我暗示。学会内心里说"我也能做到"。引导图图加强英语口语练习,多说多听多练,大胆发言,勇敢表达,慢慢提高英语表达能力和自信。

(4)积极与他人交往,表达自己的合理诉求。

心理学家认为:当人独处时,心理活动就会转向内部,朝向自己。这时心理活动的范围、内容都受到一定的局限,加之个人认识的局限,往往使心理活动走向极端。因此,引导图图多与自己的父母、老师交流,得到父母老师的支持和鼓励。同时引导图图多与同学交往,并在交往的过程中合理表达自己的诉求,多参加班级活动,在活动中逐渐消除自卑。

(5)引导图图学会管理自己的情绪。

情绪是可以通过自己的努力进行管理的。首先,要知道人的消极情绪和行为障碍。看似由某一激发事件直接引发,但其实这些是经受这一事件的个体对它不正确的认知和评价所产生的错误信念所直接引起的。其次,将生活中对自己的"必须、应该、绝对"的绝对化要求转化成为"希望、想要、期待"的合理信念要求,将"总是、所有"的以偏概全的评价转化成"有时、有些"的合理评价,将糟糕至极时出现"灭顶之灾"的结果预测转化为"塞翁失马焉知非福"的乐观期待。不合理的信念影响我们的情绪和生活,应尝试从另外的角度看待问题,把消极的情绪转化为积极的情绪。例如:我英语发音不太标准,幸好来这里学习了,我可以在老师、同学的帮助下不断提高,对我以后的发展更好。

问题 8

沉迷网络游戏,不想学习。

案例

桂桂一直和外公外婆一起生活,父母长期外出务工,缺乏家庭约束力。桂桂性格内向,不喜欢和人交往,成绩一般,美术特长生考入高中。进校后,上课提不起精神,学习非常吃力,作业不能认真完成。晚自习时偶尔请假外出,借口回家拿生活费，其实是找个地方玩网络游戏。

原因

桂桂的文化成绩本来不太好，进入高中后，课程难度增加，使她学习更加吃力。父母长期外出务工，没有人正确引领，再加性格内向，网络游戏变成了她逃避生活的场所。

策略

（1）与桂桂的家长联系，让他们多与桂桂交流，了解孩子的内心世界，进行有针对性的引导。

（2）积极引导桂桂正确运用互联网。学校可邀请专家教师为学生开设互联网知识讨论，健康上网。可以定期开展上网主题班会，引导学生养成上网的良好习惯。开展上网心理引导，宣传正确的上网心态，使他们正确认识"网络世界"和"现实世界"的差距。

（3）正视网络的危害。沉迷于上网，尤其是沉迷于网络游戏，危害极大。它会使人迷失于虚拟世界，自我封闭，与现实世界产生隔阂，严重影响学习，甚至使学生中断学业。久而久之，还会影响正常认知、情感和心理定位，导致人格的偏离，甚至发生意想不到的可怕后果。有的青少年因上网成瘾，神情恍惚，人格扭曲，无心读书，中途辍学；有的无钱上网，拦路抢劫，偷窃财物，导致违法犯罪；还有的连续几天几夜泡在"网吧"，不思食寝，过度疲劳，猝死在"网吧"。

（4）鼓励孩子积极参加丰富多彩的课余活动，参与学校管理，参加各种比赛、各种社团，减少网络对学生的吸引力。

同时要转变价值导向，为学生提供能够充分发挥自身专长的平台，并通过多种形式对其进行肯定。

（5）家长和孩子一起协商上网的有关规定，并和孩子一起遵守、要适时提醒孩子上网有度，用自己对网络的态度引导孩子正确使用网络，在共同参与的过程中慢慢地把孩子拉回来。一方面应帮助孩子建立朋友圈，多为其提供社交机会，引导其多参加娱乐或交际活动，帮助孩子培养新的兴趣；另一方面要多与孩子进行情感交流，多抽时间陪伴孩子，满足其精神需求。

（6）培养孩子的学习兴趣，激发内在学习动机。学习动机是直接推动学生学习的心理因素，是激励学生学习的内部动力。正确的学习动机是不会自发产生的，需要教师和家长有目的、有计划地激发与培养。由学生活动本身引起的心理因素如兴趣、爱好、求知欲等转化而来的动机属于内在动机；由学习结果引起的心理因素如成绩、荣誉、奖励等而产生的动机属于外在动机。激发学习动机的第一步就是培养孩子的学习兴趣。可以从以下几方面入手：

第一是让孩子接触成功的人。为了提高孩子的学习动机，了解孩子感兴趣或认为重要的职业是什么，然后带孩子去见从事该职业的人，让孩子直接和他们对话。

如果孩子希望成为优秀的企业家，那就让他和成功的企业家见面，或与父母共同阅读介绍那些企业家的相关故事；孩子如果想成为科学家，那就去各种科学展览会场搜集该领域中最有成就者的资料，有机会也可以让孩子跟那些成功者交谈。让孩子知道，如果想和那些人一样，就应该拥有哪些技术、知识，经历哪些过程以及需要多少时间和努力等。

（2）进行目的教育，培养学生的学习自觉性。学习目的是学生进行学习所要达到的结果，而学习动机则是促使学生去达到目的的动因。因此，要使学生形成正确的学习动机，首先要进行学习目的的教育。通过教育让学生在不断端正学习态度、明确学习目的、提高学习热情的过程中，产生学习知识的自觉性，从而形成正确的学习动机。

（3）发挥迁移功能，增强学生的学习信心。这里说的"迁移"是指动机迁移，即引导学生把对网络的动机迁移到学习中来。学生的学习动机会在学科、各项活动之间相互影响和迁移，只要他在某一科学习中找到兴趣和信心，加强积极反馈，就能最大化地激发他的学习动机。

（4）引导学生走进社会，体验多元生活。一个脱离现实生活的人，无法了解生活的本质。需要引导学生走进平凡的生活，接触最真的社会现实，才能触动学生本真的生活学习模式。

问题9

手机成瘾。

案例

小巴，男，16岁，高中一年级，手机成瘾。小巴以前一直是走读生，没有使用手机。高中住宿以后，为了联系方便，父母给他买了一台智能手机。刚开始时，小巴偷偷玩手机，到后来变成下课时也忍不住偷偷拿出手机来刷几下。周末回家也基本都在玩手机，吃饭时也放不下手机，边刷短视频边吃饭。如果父母不让玩还会跟他们吵架。有一次手机没电了，整个晚自习都感到焦躁不安。回到寝室充上电后一不注意就玩了一整晚，5点钟才依依不舍地放下手机，闭上眼却怎么也睡不着，干脆又拿起手机玩到7点后直接起床去上课。刚开始还能听听课，后来就变成上课睡觉，晚自习以后到清晨都很精神地玩手机。

一玩手机就注意不到时间，就不与周围人说话了，且自己也不想跟周围人说话，因为通过手机上的某些社交软件而交到好几个有意思的朋友，都是大学生，跟他们聊天比跟周边的同学和室友聊天有趣多了。结果是成绩下降得厉害，视力也下降了，眼睛经常很酸很干，还因为经常趴着玩手机所以脖子和肩膀也不舒服，但还是想玩手机。

原因

（1）好奇，新鲜感。小巴考上寄宿制高中后开始使用手机。手机上的小说、漫画、短视频、社交软件，多样的手机应用程序对刚拥有自己的手机的高一学生小巴来说是非常有新鲜感的，也导致他渐渐沉迷在这种新奇的娱乐方式中无法自拔。

（2）社交需要。网络社交有更大的交友面和交友机会，小巴通过手机上的某些社交软件交到好几个有意思的朋友，加上对大学生和大学生活的崇拜和好奇,更降低了对现实同学交往的需求,反而增加了对网络社交的需要。

(3)缺乏时间管理意识。小巴不止将零碎时间用来玩手机,还用上了正常用餐、学习、社交和睡眠的时间,造成与家人不愉快、缺乏睡眠、白天睡觉、晚上玩手机、没有精神、与同学关系不佳、身体疼痛、成绩下降等行为和表现。这都是小巴缺乏时间管理意识所造成的不良后果。

策略

(1)强化奖励。将玩手机和惩罚、禁令联系起来,容易造成学生的逆反情绪,还容易在师生、亲子关系间造成误会、矛盾和裂痕。因此应将玩手机和奖励、强化适度联系起来,用奖励来控制小巴玩手机的时间;并强化鼓励他将课余活动从玩手机转变为跟同学朋友聊天、学习、运动等更适合高中学生身心发展的活动。

(2)增加现实社交。可以多与小巴谈谈他将来的大学生活,降低小巴对大学生和大学生活的崇拜和好奇,以减少小巴使用手机社交软件的频率。告知他珍惜当下,珍惜高中生活的美好,引导他将时间和精力转移到现实同学身上来。鼓励小巴多参加集体活动,建立新的、近的、现实的人际关系。

(3)加强时间管理意识和培养能力。首先,使小巴认识到手机是联系和学习的工具,并不是生活的全部,正确认识手机的意义。其次,要让小巴有时间管理的意识。分清楚哪些是紧急重要、紧急不重要、重要不紧急、不重要不紧急的事情,根据时间的紧急和事情的重要程度合理安排时间。再次,要认识学习和睡眠的重要性。结合实际,严格划分学习时间和休息时间,在时间有余的情况下,适当玩玩手机。最后,躯体化症状存在戒断时期,在此期间可以请教师、家长或同学、室友帮助小巴,监督不当使用手机的行为,及时进行提醒。

问题10

以瘦为美,过度减肥。

案例

红红,生活在比较富裕的家庭,爸爸是商人,妈妈自己开了美容院,家中信奉颜值至上。红红长相漂亮,从小在美容院长大,听得最多的就是"长得好不如化得好""学得好不如嫁的好"的论调,故从小就会打扮且被人夸赞。但她上课不认真听讲,经常说听不懂。有时会在课堂上照镜子化妆。不喜欢穿校服,总是将自己打扮得很漂亮。她对自己身材要求高,沉迷减肥,经常不吃晚饭,导致低血糖,在教室晕倒。

原因

(1)对"美"的认识偏离,以"瘦"为美。

(2)持学习无用论,认为"学得好不如嫁的好"。

策略

(1)引导学生正确认识"美"。美是心灵上的纯洁,是人格上的独立,是行动上的真诚信,不是外表的修饰,不是衣服的华丽,不是别人的评说。高中生的美是学习上的勤奋,心态上的阳光,眼睛里的朝气。真正持久的美是内外兼修的豁达和精神的富足,不是短暂的名利、绚丽的外表。纠正对美的偏执认识,可以帮助学生慢慢养成符合中学生的行为。

(2)引导她正视中学生节食的危害。中学生正在长身体,节食不仅会影响身体的正常生长发育,严重的更会危及生命;同时也会影响学生心理健全发展,形成偏执的性格和处事方式。

(3)引导她分散注意力,多渠道培养自己的兴趣爱好,让自己的生活丰富起来。多参与组织的活动,多和身边阳光真实的同学交往,养成科学的生活习惯。

(4)培养学习兴趣,激发内在学习动机。根据她对美的追求这个原动机挖掘她的学习兴趣,让她根据自己的特长激发学习动机;运用目的教育让她进行动机迁移,并及时对进步给予反馈,让她找到成就感。

(5)引导她走进社会,体验多元生活。一个脱离现实生活的人,无法了解生活的本质。需要引导她走进平凡的生活,接触最真的社会现实,才能触动她中学生本真的生活学习模式。

问题 11

喜欢学习,害怕考试。

案例

盼盼,生活在一个工薪家庭,父母对她期待很高,因此她对于自身的要求也十分严格。初中学习期间,盼盼非常努力,希望能考上重点高中的重点班。后来盼盼虽然考上了重点高中，但未能进入重点班。进入高中后，盼盼依然刻苦学习，总是最后一个回宿舍。她成天喊累，害怕考试，想到考试甚至无法集中精力上课，自己坦言想到考试就心里发慌。

原因

（1）父母对她的学习成绩期待太高，一直认为她一定能考上重点中学的重点班。

（2）出现问题总喜欢在自己身上找原因，追求完美。中考进入了重点中学的普通班，总认为是自己不够努力的原因。

对策

（1）引导盼盼寻找产生负性情绪的真正原因。协助盼盼分析中考成绩的理想化期待和现实分数的区别，让她认清导致自己焦虑的是自己的错误认知（必须考进重点班），而不是考试本身。

（2）引导盼盼建立新的心理认知框架。人无完人，学会做更好的自己，而不是别人眼中期待的自己。正视自己，根据自己实际情况制定"够得着的目标"。总结自己的学习特点，找出薄弱环节，优化学习方法。

（3）引导盼盼在感到焦虑的时候，适当地进行体育锻炼或听音乐，转移自己的注意力。在进考场时，给自己积极的暗示。引导她学会考前心理调节的方法：吃好睡好精神好；合理膳食，补充必要的营养；劳逸结合，合理用脑；平常心态最重要，不要对成败过分关注。

（4）教会盼盼考试中的心理调整方法。即建立考试中心

第八部分
贵州省不同年龄阶段儿童关爱的具体问题与策略

的"四心":信心、专心、细心、恒心。其中信心是考生成功的精神支柱;专心指专心致志,能考出水平;细心指减少不必要的损失;恒心指坚持就是胜利。

(5)教会她掌握情绪调节的技巧,包括乐观心态、"三张笑脸"、头部按摩、改变衣着、聊天睡觉、欣赏音乐、雨中散步、白日做梦、亲近自然等。

问题12

追星,成绩下滑严重。

案例

叶叶从小成绩优异,是家人眼中的乖乖仔,生活中缺少同伴。自从看了某综艺节目,发现某星和自己长得很像,经历也很接近,觉得那就是自己荧幕上的样子便开始迷恋某星。其后叶叶总是想着偶像的言行举止和各种演出,感觉明星离自己很近很近,如同自己的心脏,无法专心学习。从此叶叶成绩严重下滑,从原来年级前50多名滑到400多名。因为好朋友说他的偶像长得有点娘,没有阳刚之气,性格温和的叶叶还和好友闹了矛盾,差点打起架来。

原因

(1)父亲长期在外地工作,叶叶一直和母亲、外婆一起生活,缺少男孩子阳刚之气。

(2)性格温和,生活中缺少同伴,觉得明星就自己荧幕上的样子。

（3）偶像是中小学生自我寄托的心理现象。

策略

（1）引导叶叶理性崇拜偶像。理性崇拜偶像会让高中生的生活更加充实、学习更有信心、目标更加明确。但必须做到以下两点：首先，不影响自己的正常生活和学习。中学生是主要任务是学习，为自己的美好人生打下坚实的基础，所以追求偶像的前提是先学习，偶像只能是学生前进中的动力，不能是绊脚石。其次，用辩证发展的眼光看待偶像，不要盲目崇拜偶像。正能量的方面引导学生努力学习向他靠近，不适合中学生的方面保留意见，给学生的进步的空间，做到学其精华，去其糟粕。

（2）引导叶叶多元化追星。高中生崇拜的偶像90%都集中在娱乐圈，因此，应引导高中生去"追"其他领域的明星，如体育明星（李娜、孙杨、杨威、邹市明等）、科技明星（比尔盖茨、钱学森、霍金、爱因斯坦等）、商界明星（马云、王健林、李彦宏、张朝阳等）、文艺明星、劳动明星、英雄明星等，从而将注意力从娱乐圈转移到那些对社会做出了突出贡献的人物身上，树立更有价值的明星榜样。

（3）丰富学生的课余生活。引导叶叶培养课余兴趣爱好，例如参加学校的各类社团、文娱活动，结交更多的朋友，提升自己的社交能力。

第八部分
贵州省不同年龄阶段儿童关爱的具体问题与策略

问题 13

害怕与老师、同学交流。

案例

高中二年级学生小范，以优异的中考成绩考入了市重点中学，入学时成绩稳定。但自从高二分班，小范进入新的班级后，他的成绩急速下滑，人也变得郁郁寡欢。

据科任教师反馈，小范上课时时常躲避老师的目光，即使老师让其回答问题，他也磕磕绊绊无法说出完整的句子。班上同学对其无太多印象，只是觉得小范同学话少，很少和班上同学交流。在初入高中时，小范与班上同学交流都较为正常，但在一次运动会后，小范开始变得奇怪。他觉得班上同学都在偷偷看他，在背后嘲笑他，他开始害怕与别人直视。有同学问他问题时，他也开始变得结巴，无法说出完整的句子。

在高二进行文理科分班后，小范分入了一个较为陌生的班级，且班上同学大多为女生。小范的情况变得更为严重，他与同学交流时，眼光不知道往什么地方看，尤其是与女同学交流时，自己更是手足无措。小范在与他人进行交流或交往时，变得十分紧张，每次面对同学的邀请，他都十分焦虑、十分害怕，导致现在同学们都不再主动与他交流。

原因

（1）小范是独生子女，平时父母的工作较忙，无暇顾及小范，导致小范常常独自在家，缺乏与人交流的技能。

（2）小范在运动会上因跑步摔跤，觉得自己很丢人，认为同学会嘲笑自己。

（3）小范所在班级为文科班，女生较多，青春期的孩子对于异性交往是既好奇又恐惧的，小范不知如何与女同学交流，担心别人误会自己。

（4）与他人交流技能的缺失，导致小范变得焦虑，从而无法完全将精力投入到学习上。

策略

（1）帮助小范树立自信心，强大自己的内心世界，相信拥有自信的人能处理好很多事情。

（2）鼓励小范主动交往。让小范学会积极自我暗示："与女同学的正常交往是没有问题的。"迈出与同学交流的第一步。

（3）克服自卑感。自卑会引起学生对自己的自我否定，从而产生社交焦虑。帮助小范同学找寻自己的优点与长处，根据优点与长处参加相应的学校社团或兴趣活动，分散自己的注意力，同时锻炼自己的交流能力。

（4）及时与学校心理咨询中心交流，可利用沙盘游戏治疗社交焦虑。

问题 14

"单恋"导致学习下降。

案例

小玲，女，17岁，高二年级学生。班里新转来了一名男生小刘。班主任将小刘同学的位置安排在了小玲的旁边，成为了小玲的同桌。小刘因对学校不熟悉,主动让小玲带他熟悉学校,小玲也十分乐意帮助小刘熟悉校园。小刘同学的数学成绩在年级上数一数二,而小玲的数学成绩很差,由此小刘经常会给小玲讲解题目。两人经常利用课间时间进行讲题活动,经常一起讨论题目,周末也一起学习,小玲和小刘开始形影不离。慢慢的,班上的同学觉得小玲和小刘关系不一般,和小玲玩得好的室友跟小玲说,小刘是因为喜欢小玲,所以才会如此积极的帮助小玲。自此小玲也觉得小刘可能喜欢自己,而自己也喜欢小刘,但碍于高中生不能谈恋爱的原因,所以没有跟小刘坦白。

期中考试后,班主任要求按成绩分座位,小玲与小刘因成绩不同而分开,小刘有了新的女同桌。小玲每天看着小刘和新的同桌有说有笑,觉得小刘背叛了自己,心里十分难受。小玲变得郁郁寡欢,想要去找班主任老师调位置,但又找不到合适的理由,她也经常去找小刘让他给自己讲不会的题。但小玲还是觉得不够,她想要和小刘坐在一起,每天上课都盯着小刘和他的新同桌。小玲因此完全无心学习,成绩日渐愈下。

原因

(1)对友谊和恋爱无法进行正确的区分,也没有正确控制自己情感的能力。

(2)家长与老师没有正确引导孩子青春期对异性的好奇心。尤其是学校反对高中生恋爱,导致小玲不敢给老师说实情,没有得到正确的引导。

策略

（1）学校应变"禁止"为"引导"，开展情感教育辅导。高二学生正处于青春期，对异性有好感完全是正常现象。教师可以在班级开展情感教育，让学生了解友谊和爱情的区别。把学生时代这份美好的情感变成激发自己前进的动力。

（2）加强教师和家长的积极沟通，在平时的生活中引导孩子正确认识、处理自己的情感，把注意力转移到学习上来。引导孩子认识到"感情若是久长时，又岂在朝朝暮暮"。

问题 15

担心失去友谊而吸烟饮酒。

案例

小展是一名高二年级的学生，一次班级聚会中在同学们的再三劝说下，小展抱着试一试的态度喝了啤酒。在酒精的作用下，开始吸烟。小展没有烟瘾，没有特别想吸烟的冲动，平时基本不抽烟。但因为以前在聚会中吸过烟，所以现在只要有同学聚会或者和朋友约会，别人就会发烟给他，不抽就说他不合群、不给面子。小展现在很纠结，他知道吸烟对身体危害很大，但是又不愿意在朋友面前丢了面子，只能继续吸烟。

原因

（1）好奇心强烈，并且以吸烟、饮酒来标榜成熟。

（2）为了维持和朋友的友谊，不被群体孤立，在不自愿的情况下继续吸烟。

第八部分
贵州省不同年龄阶段儿童关爱的具体问题与策略

策略

（1）进行吸烟、饮酒危害的直观教育。一味的说教会让青少年感到厌烦，并且没有很强的说服力。可以采用直观具体的方法给青少年讲解吸烟饮酒的危害，如呈现吸烟、饮酒者的肺部、肝部图片，或科普吸烟饮酒带来的严重并发疾病等，以此来让青少年直观地感受到吸烟、饮酒对自己身体和亲人的伤害。

（2）价值澄清。帮助青少年认识自己内心的真实需要，坚定自己的立场，不要为了讨好他人而做违背本意的事。

问题 16

考前失眠。

案例

朗朗，17岁，高二理科班学生。性格内向，不善表达。父母亲文化水平不高，均是小学毕业。从小独立生活能力强，学习用功，成绩中上水平。身体健康状况良好。朗朗从初三上学期开始失眠，每逢第二天要考试，当天晚上就睡不着。到处看医生，吃过很多药，吃药时能安然入睡，停药后情况依旧。自高二开始就不信医了，以自我治疗为主，每逢考试就吃安定。因为多吃安定不好，而且吃过安定后，第二天总是昏昏沉沉的，所以尽量不吃、有时坚持到十二点还睡不着，为了第二天的考试，没办法只能再吃安定。感到症状越来越严重，有时要吃二三颗才能睡着，朗朗内心很痛苦。

原因

(1)"S-E-R"行为反应系统。条件性情绪反应是个体对于特定条件或情境的情绪反应。即某条件或情境(S)出现时,来访者情绪(E)自动出现,进而促使其对此情境产生特定行为反应(R)。

经过了解,朗朗的失眠是从初三第一学期开始的,起源于一次数学单元考试。考试前一夜家里来了客人,晚上打麻将,朗朗多次被吵醒后一直睡不着,一直到深夜一点多才迷迷糊糊睡着。早上六点起床,头一直昏昏沉沉,上午第二节数学考试,脑子一片空白,本来比较拿手的数学,考砸了。从此以后一碰到数学考试,就紧张焦虑,白天大脑里老是惦记着晚上能不能睡着,一上床心里就自动出现念头:"晚上睡不好,明天又要考砸了。"越想睡着越睡不着,越晚越紧张,越紧张就越兴奋,越兴奋越睡不着。睡不好考试就考砸,后来这种现象也发展到其他学科考试。

从神经生物学角度看,朗朗的问题是由于高级中枢神经系统功能失调导致的;从心理学角度可以解释为潜意识活动在作怪。由考试引起情绪焦虑,由焦虑紧张而"想睡睡不着"的过程是潜意识心理活动过程,可以表示为"考试(S)—焦虑情绪(E)—想睡而睡不着(R)"。

(2)错误的认知。程序性知识是不容易被他人或自己知道和注意到的知识,它常常"缄默"地储存在大脑中。当某种特定的条件激活它时,它便自动地运行起来。好比在打乒乓球

第八部分
贵州省不同年龄阶段儿童关爱的具体问题与策略

时,当对方把一个球发过来,你怎么办?意识是来不及指导、控制、调节行动的,大脑中的一个或几个程序性知识会让你主动去接球。它们都是在潜意识状态下自动运行操作的。

朗朗的焦虑情绪反应是突发事件——考试引起的。它与"惊弓之鸟"是同一个道理,属于潜意识活动,不受人的意识控制。朗朗大脑里已经形成一套自动运行的消极的程序性知识。一到考试就自我提示:"晚上不知道能不能睡好,要是睡不好就麻烦了。"紧张焦虑情绪就开始慢慢地流出来。不断地自我猜测、自我证明,强化了焦虑情绪反应,形成一个恶性循环。

策略

(1)可以采取心理认知疗法。失眠问题要控制的第一个根源性要素是失眠者的知识观念结构,特别是失眠者对失眠这件事本身的看法。朗朗对自己严重缺乏信心,认为自己的现状没法改变。针对此,首先,应对其进行鼓励,让其认识到事物都是发展变化的,相信通过自己的努力能改变现状。

其次,这种潜意识地想睡而睡不着的行为反应中的核心因素是条件性情绪反应。鉴于此,可以对其进行元认知原理知识讲解,通过对条件性情绪反应原理、增强循环原理等知识的学习,让其对自己的问题进行深入的了解,并对元认知干预技术充满信心,对自己充满信心。

最后,针对朗朗消极的程序性知识,要帮助他在平静轻松的心情下,建立起新的适应性行为反应。当考试前失眠来临时想好:怎么办?先想些什么?再想些什么?先做些什么?再做些什么?

由于个体错误的认知和不断的消极暗示,本能地激发了个体的焦虑不安。焦虑不安的出现,引起个体的生理机制——中枢神经的兴奋,并激活了消极的程序性知识。这个时候个体没有妥当的应对策略,而用强硬的手法去压制它。这样不但没有效果反而会激起中枢神经对抗性的兴奋,就好比火上加油,狂躁之火会越烧越旺。灭火先要关掉火源,此时个体的火源是他内心的焦虑之情,需用放松法、积极的暗示法先宣泄其内心的紧张焦虑,等到内心慢慢趋于平静,"火"没有了,自然而然会进入睡眠状态。

(2)构建一个新的思维模式。在新的思维模式下,每到考试,自动涌现出自信和轻松平静的情绪,大脑思维自动指向积极的暗示;确信不急于入睡,偶尔一次的失眠对次日的考试并无重大影响;低标准要求自己的睡眠,相信一般满足五六个小时的睡眠不会影响白天的考试。创造有利于入睡的条件反射机制,如睡前半小时洗热水澡、泡脚、喝杯牛奶,或躺下后加一个枕头或者换一个睡姿等,只要能坚持一段时间,就会建立起"入睡条件反射"。

问题 17

考试怯场。

第八部分
贵州省不同年龄阶段儿童关爱的具体问题与策略

案例

敏敏是一高二女生,平时在班里学习成绩很好,一般多为前几名。可一遇到考试时她就紧张得不得了,学过的知识几乎都忘得差不多了,考试成绩总是特别差。这使得她很焦虑。

原因

(1)情绪过度紧张。有的学生心理素质较差,承受能力低,在遇到比较紧张、严肃的场面时,就会情不自禁地怯场,以至于没有办法发挥出原有的水平。

(2)家长对孩子的要求过严。有的家长在考试前对孩子说:"考得好给予奖励,考不好你可小心点儿。""这次再考不好就不给你零花钱了。"这些话对一个临考的孩子来说,会造成沉重的思想压力,生怕考不好会受到惩罚。临场考试时就会过分紧张,不能很好地发挥。

(3)缺乏考试经验。有些孩子初临考场,没有应付考试的经验,一看到监考老师严肃的神情,感受到考场上紧张的气氛,便有如临大敌之感,再加上平时学习成绩不够稳定,便容易产生怯场心理。

(4)自信心不足。对自己的学习成绩缺乏正确评价,总是怀疑自己的能力,担心过不了考试关,一上考场就心慌意乱。

策略

(1)家长对孩子的期望值不要过高。而应根据孩子的实际情况"量体裁衣",要求孩子争取考出好成绩;同时鼓励他"如果这次没考好,下次再努力"。如果父母的要求过高,超出了孩子的心理承受力，孩子的思想压力大，越怕考不好就越是考不好。

（2）向孩子传授一些考试技巧。如认真审题，将试题分为"难"和"易"两大类，先解答出难度不高的题，留出充分的时间，集中精力解答难度较高的题。

（3）为孩子创造一些参加竞赛的机会。让孩子在竞赛中进行"演习"，积累临场经验，这样，考试时就比较沉着，不至于因心理紧张而怯场。

（4）"冰冻三尺非一日之寒"。在日常学习中，家长要经常对孩子进行辅导，了解孩子学业中的薄弱环节，有针对性地加强复习。这样日积月累，帮助孩子练好"基本功"，考试时孩子胸有成竹，应答自如，就不会怯场了。

问题 18

抑郁了。

案例

她叫欣欣，高二学生，是一个非常可爱的女孩子，总是笑眯眯的，非常活泼、天真，给人感觉总是大大咧咧的，似乎永远长不大一样。但这种快乐的笑容在她的脸上并没能停留多长的时间，随着她的成长，以及对高中生活的厌恶，她身上的燥郁因子慢慢地显现出来。她变得精神萎靡，上课无精打采，经常找借口请假看病。后期，发展到无故旷课，无心上学，甚至曾有过幻觉、幻听，并伴有自杀倾向。

第八部分
贵州省不同年龄阶段儿童关爱的具体问题与策略

原因

（1）家庭环境的失衡。欣欣在很小的时候，父母就离异了。她从小跟着外公外婆长大，母亲平时工作很忙，不能经常陪伴在她身边，所以母亲一直都觉得非常内疚。为了给个她足够的爱，母亲放弃了自己的幸福，至今仍然独自一人抚养她。母亲也一直都抱着与女儿做朋友的心态与之相处，目的是弥补她心中爱的缺失。但她的过分溺爱，不但没有帮到她的女儿，反而成为了女儿用来要挟的武器。

（2）特殊的"关系"。欣欣与班上另一位女生有着不同寻常的"关系"，欣欣每次情绪的波动，除了与母亲在沟通上出了问题外，几乎都与这位女生有关。她的母亲都一度怀疑她们之间是否存在"同性恋"的倾向。她母亲认为可能是欣欣幼年失去父爱，从小被呵护宠爱，心理缺乏安全感，总是希望处处被呵护被人怜爱。来到学校后，因为要住校，所以心理上缺乏安全感，同时也不知道如何与人沟通，造成她在心理上对被人爱和呵护的强烈渴望。而班上这位女生是家中的大女儿，她还有个妹妹，该同学自小就非常独立、懂事，不仅学习认真、目标明确，而且思想较为成熟，也懂得照顾和呵护他人。正是这样的性格，使得她们走到了一起。

（3）心理健康的缺乏。上高中这两年以来，欣欣身上发生的种种状况，表明她并不是生理缺陷，而是心理状态不良以及社会适应能力差。她的心理健康状况正处于异变阶段，已产生了心理脆弱、思想困惑、行为失控等现象；意志力方面主要表现为优柔寡断，虎头蛇尾，自制力差。当学习和生活中碰到困难或不顺心的事，因为不能正确地认识自己和对待自己，就会表现为悲观、失望，甚至退缩、逃避现实。因此常常会发生无故旷课，"玩失踪"的情况。

> 策略

（1）了解自己、控制自己。老师可以对其进行"气质类型的测试"，并根据具体情况进行引导、教育。

（2）抓住机会，引导孩子改变认知的局限性。老师和家长需要一起寻找更好方法，组织相关活动，引导其突破认知的局限性，不能盲目地给孩子戴上"心理问题"的帽子。

（3）细心呵护，因势利导。为了不让欣欣过于依赖那位特殊的女生，班主任和家长可以安排"第三者插足"。让班里平时跟欣欣较好的几位同学，多跟她进行交流和沟通，多给她心理上的安慰，让她感觉原来还有这么多的人在关心她、爱护她，而不仅只有那位特殊的女同学一个。

> 问题 19

学习、活着有什么意义？

> 案例

文文，女，17岁，孤僻、沉默，对什么都缺乏兴趣，随意性很强。学习成绩很差，且没有良好的学习态度，上课注意力不集中，从不主动举手发言。自身的生活也很没有规律，生活懒散。晚上就寝后，很难入睡，起床却很早。她从不主动参加集体活动，有时还有抵触、急躁的情绪。没有朋友和要好的同学，经常会用不同于常人的思维方式去思考问题，易走极端，具有较严重的偏执性。不知道学习是为了什么，觉得活着没什么意义。

原因

抑郁症即神经症抑郁，病因是由多种因素造成的。其症状通常表现为孤独、不愉快、忧虑、失望和精神痛苦，有时还可表现为具有攻击性。抑郁症的病因主要是心理遭受长时间不良刺激。抑郁症的行为往往表现为不愿与人交往、孤独、离群，对同伴和周围发生的事情很冷漠，对任何事物都缺乏兴趣，容易自我贬低、自我责备，甚至产生自虐，性格极其古怪。有的患者会变得固执、焦躁不安，易发脾气。另外还具有周期性的喜怒无常，有时患者还会表现出爱挑衅、有破坏和攻击行为出现。此外，这类孩子还表现出各种各样的身体症状。如头痛、腰痛、失眠、食欲不佳、消瘦、全身游走性疼痛或瘙痒等。

策略

（1）从缓解文文情绪入手，引导其摆正目前自己的位置，从而解决其自我责备、自我贬低的古怪性格。

（2）从帮助她明确其错误认识态度及长期如此的后果着手，促使她积极配合老师和周围人对她的帮助，实现从被动接受到主动配合的转变。

（3）指导她逐步去体验生活，改变自我，参加到正常的学习、生活和实践当中去。

（4）在取得初步成功的基础上做好跟踪辅导，直至她以健康的心理状态顺利地完成学业。

问题 20

对异性的恐惧。

案例

瑞瑞，18岁，是一所普通中学高二年级的女孩，微胖。从外表看来，她是一个文文静静、性格内向的女孩子。但是，她对异性有着恐惧感。面对异性的时候，她总是手脚发抖、头上直冒冷汗，不敢看对方的眼睛，而且说话时会出现严重的口吃现象。因此，她总是避开有异性的人群。但是，在面对同性时，她却又是一个谈吐幽默、风趣的女孩。

原因

瑞瑞有一个弟弟，她的父亲性格暴躁，在重男轻女思想的影响下，父亲偏爱弟弟，总是把弟弟的过错推到瑞瑞的头上，对女儿经常打骂。久而久之，使得瑞瑞对父亲产生了恐惧感，而且不愿意认识异性、接近异性。尤其是在一次同班男生私下议论她的身材时，被她听到了，这加重了她的自卑感。此后她更是避开有异性的人群，连走路也是无意识地低着头。

策略

（1）培养瑞瑞的自信心。瑞瑞很擅长打乒乓球，每次打球，她的表现都很出色，可以联系相关老师让瑞瑞担任队长之类的职务。同时，挖掘她的其他长处，让她能正视自己，抛弃

第八部分
贵州省不同年龄阶段儿童关爱的具体问题与策略

自卑感。

（2）让对她比较友好的女同学陪着她，在人群外远远地观察，观察人群中的男性的举止。当远观人群不再有恐惧时，让女同学陪着她，到人群中去倾听他人的交谈，看他人的交往，并慢慢试着到人群中去与异性交流，逐渐克服恐惧心理。

（3）鼓励瑞瑞学习与人交往的一些技巧，提升自己的交往能力。

问题 21

考试焦虑。

案例

惠惠，女，17岁，某示范性高中高三重点班的学生。从高三第一学期期中考试开始，每当学校安排重要考试的时候，惠惠就感到紧张焦虑。平时只要一想到考试的场景，不管是走在路上还是躺在床上都会感到心跳加快，手脚发软，但又无法克制自己不去想它。在考前一周左右也很少能够正常复习，出现上课时注意力分散，经常会想到考试后年级排名又下降的糟糕情形；记忆力下降，复习时再看课堂笔记都感觉陌生。考试前不敢去看考场座次安排，每次都磨蹭到最后才进考场，"感觉自己像进刑场一样"。在等待发卷的时候，满手都是汗。感觉自己就算再努力，考试成绩也会一次比一次差，对考试越来越没有信心；觉得自己已经到了能力极限，再也没有以前游刃有余的感觉了；觉得自己跟班内的同学们没法比，总是想以各种理由请假来逃避考试；甚至觉得吃什么都没有胃口。

原因

（1）从小成绩优异，备受老师和家长关注，使惠惠对自己的期望过高。

（2）准备不充分。由于之前连续两次考试失败，影响了惠惠的正常学习，使她在课上无法集中注意力、在考前无法好好复习，日夜忧虑，难以入睡，最终导致学习成绩一次不如一次。

（3）缺少自信。考试连续失利、注意力不集中、记忆力下降以及自己对学习再也没有以前得心应手的感觉，使惠惠的自信心受到打击，觉得自己已经到了能力极限，跟班内的同学们没法比。

（4）不合理信念。惠惠因为考试失利而产生消极厌学、想以各种理由来逃避考试、觉得自己已经到了能力极限、跟班内的同学们没法比的不合理信念。

（5）害怕预期无法达到。惠惠的预期是根据自己曾经的良好状态来衡量的，而现在高考带来的压力导致惠惠在考试时越想要尽力解题，越是思维停顿、混乱。

（6）过于担心考试结果。惠惠经常会想到考试后年级排名又下降的糟糕情形，这种担心加剧了她对考试来临的焦虑和紧张。

（7）与日俱增的高考压力和连续两月下滑的年级排名让她更加紧张。

第八部分
贵州省不同年龄阶段儿童关爱的具体问题与策略

策略

（1）教师和家长都要注意，不能给予学生过度的期待和压力。比起关注学生成绩，更应该关注学生的努力。

（2）情绪 ABC 疗法。改变惠惠对考试的不合理认知，从认知上改变她觉得自己比不上同学的消极信念和厌学、逃避考试的消极行为。

（3）系统脱敏法。帮助学生学会调适自己的心理生理活动、放松头脑、放松肌肉，在想象考试场景而产生紧张和焦虑时保持放松状态，直到最终能在现实参与考试时也保持放松状态。

（4）注意力转移法。在不可控制地想到考试的负面情景时，可以立即进行一些简单的运动以转移注意力，比如深呼吸、原地跳一跳、跑步等；也可与朋友聊聊天、放眼看看周边的风景，或者想象一下蓝天白云、沙滩海鸥等自己会觉得心灵平静的场景。

（5）倾诉法。鼓励学生找朋友、家长或教师倾诉、谈心，获取情感上的支持或学习和调适方法上的帮助。

（6）调整目标法。帮助学生重新估计自己的能力，先把目标和期望降低，给自己一个循环渐进的时间和过程，再慢慢将目标和期望提升到原来的程度。

（7）自我安慰法。学生可以面对镜子向自己露出微笑并鼓励自己，多回想自己的成功经验，认可自己，树立自信心。

问题 22

厌学,逃避学习。

案例

小武是一名18岁的高三学生,目标是能考上一所好的大学,但他的成绩一般,在班上处于中下游水平。小武的英语成绩很差,为了能考上一所好的大学,他开始尝试认真学习英语。在第一次省模拟考试时,小武的英语成绩并没有提高,总分也离自己的目标学校很远。他也寻求过班上同学的帮助,但成绩都未见大幅度增长。他开始觉得自己很没有用,无论怎么学习都不能考出一个好的成绩。因此小武开始选择逃避,上课不再专心听讲,也不认真完成老师布置的作业。

父母发现小武的成绩下降后,给小武报了很多补习班,而补习班的教师则采用了题海战术的补课方式,认为小武的成绩提不上来,是因为题做得不够。小武平时在学校要学习,放学后还要赶往补习班上课,在父母给予的巨大压力下,他开始逐渐产生厌学情绪。小武认为自己不是学习的料,同时觉得学习没有任何意义,想着与其这样每天不断地学习,还不如早点辍学去打工赚钱。

原因

(1)小武对自我的认知出现一定偏差,理想与能力的不匹配,导致小武不能获得较好的学业成就感,导致厌学。

(2)科任教师对小武的关注度略差,缺乏对小武的正确引导,不能及时关注其学习情况。

（3）家长对小武的了解不够。小武成绩下降，家长想当然地认为是小武的学习不够努力，没有深入了解小武的具体情况。

策略

（1）帮助小武找寻成绩无法提高的原因。高三学生可能会遇到学习的瓶颈期，当瓶颈期出现时，教师应正确引导小武，告知他成绩迟迟没有进步的原因。同时让小武及时与科任教师反馈，养成不懂就问的学习习惯。

（2）帮助小武培养学习兴趣，强化学习动机、兴趣是最好的老师，有兴趣才能更加投入学习。动机则能激发学生对学业的更高追求。可适当给小武讲述他理想的学校，也可与其交流未来想学的专业或职业。

（3）树立正确的教育观。学校、家长应遵从学生的内心想法，不能一味地进行应试教育。新课改政策要落地落实，应当关注学生的全面发展；同时教师要努力提高自身教学能力，提高教学水平，优化教学方式。

（4）帮助小武找寻正确的学习方法。学习的关键是理解，高效率的听课与思考才能帮助学生更好地掌握知识。

（5）帮助小武树立适当的学习目标。过高的学习目标会导致小武自我效能感的降低，小武需要及时适当地调整自己的学习目标以及学习动机。动机过强或不足都不利于学习，因此确立学习目标应当从实际出发。小武应客观地分析自己的优势，制订可行的计划，一步一步地实现目标，增强自我效能感，从而强化学习兴趣。

（6）学校应与小武父母进行及时交流。家长需要关注的不只是学生成绩，更需要关注学生的心智发展。小武的成绩下降时，父母应当与小武、班主任及时交流，寻找小武成绩下降的真实原因，不能以自己的理解来定义小武的情况。

问题 23

嫉恨好友。

案例

小燕，女，18岁，是一名高三的学生。她有两个非常要好的朋友A和B，现在她和A在理科班，而B在文科班。虽然分科了，但三个人的关系还是非常好。就在高三的紧张复习中，小燕觉得A开始不怎么理会自己了。理科班男生比较多，而且她们班有一个长得挺帅的男生成绩很好。A每次有不会的题都去找他，他都会给A仔细地讲解。但当小燕去找他讲题时，这个男生只是简单地讲一下，然后让她自己下去看。慢慢地，小燕觉得A是因为长得比自己漂亮，才会有这么多人围着她转。所以她开始疏远A，经常自己一个人独自学习。小燕和A的关系越来越疏远，每当看到A和其他男生有说有笑，她就觉得非常恶心。

虽然和A的关系不如以前那么好了，但她在A面前并没有刻意去表现得很陌生。她想到可以去找B玩，和B聊聊天。当她去找B聊A的时候，B却并不喜欢她说A的坏话，反而

第八部分
贵州省不同年龄阶段儿童关爱的具体问题与策略

说是小燕自己的问题。小燕认为 B 居然帮 A 说话，肯定是 A 和 B 说了自己的坏话，所以她们才会和她对立。小燕觉得自己终于看清楚她们两个了，平时背着她肯定说了自己的坏话；并且肯定是给所有的人讲的，不然班上的人也不会不和她做朋友。现在她彻底和 A、B 断绝了朋友关系，每天选择沉默不语，但是每当看到她们开开心心地一起玩耍和学习，她就觉得非常生气。她觉得这些本来是自己该有的，都是因为 A 和 B 说了自己的坏话，才导致了自己现在这样，她甚至想要报复她们两个。

原因

（1）看到朋友比自己受欢迎，表示不满，希望自己也有同样的待遇。

（2）自己努力尝试，却适得其反，随后自暴自弃，敌视他人。

（3）朋友的不赞同，导致她更加嫉妒，甚至是嫉恨他人。

策略

（1）引导小燕积极参与群体活动，多与人交往，充分认识他人和自己。要积极引导青少年有意识地与充满朝气、富有活力的人交往，多参加学校、班级组织的各种群体活动。这样，注意力就会被外部世界所吸引，从而跳出个人心理活动的小圈子，既增长知识，又陶冶情操。同时在交往中，鼓励学生充分认识他人和自己，学习别人的长处，发挥自己的优点，克服因孤陋寡闻而产生的嫉妒心，提高自信心。

（2）引导小燕发现自己的长处、利用自己的长处，不要拿自己的短处和别人的长处比。拿自己的短处和别人的长处比较，便难以走出善嫉的怪圈。古时，田忌赛马赢齐威王的典故中，田忌第一场以下等马对齐威王的上等马，输；第二场，以上等马对齐威王的中等马，胜；第三场，拿中等马对齐威王的下等马，又胜。可见引导学生发现自己的优势很有必要。

（3）培养小燕大度的心态。嫉妒常常来自生活中某一方面的"缺乏"，为了摆脱这种心态，可以告诉小燕，新的机会随时都会有。当知道这世上机会有很多时，便没什么好嫉妒的了。所以，每当发现小燕被嫉妒纠缠上时，教会她把焦点从"缺乏"转到"丰富"上，就能洒脱应对了。同时洒脱的心态还能让她获得内在的情绪自由，并让她更放松更积极。

问题 24

我是男孩就好了！

案例

小刘，女，17岁，本市某高三学生。性格外向、大胆、泼辣；长得浓眉大眼，剪一头男孩式的短发，从来没穿过裙子。当陌生人向其询问性别时，小刘总以我是男孩自居。她曾多次在家长与同学、老师面前流露过，要是她是男孩就好了。小刘平时不爱与女同学玩，喜欢男孩子的游戏和活动，如赛自行车、爬山、远足、科技航模等竞技类或刺激性较强的活动。小刘的父母均为个体户，做生意小有所成，平时经常早出

第八部分
贵州省不同年龄阶段儿童关爱的具体问题与策略

晚归，对她的学习、生活无暇顾及。家中只有外婆照顾生活起居，由于外婆文化水平低，没有办法管教她，因此造成了小刘野性十足的"假小子"模样。

原因

（1）小刘的父亲封建思想意识较严重，希望妻子生男以续香火，继承自己的生意。当得知生的是女孩时，感到非常失望，因此从小忽视对小刘的关心、爱护，极少表示对女儿的喜爱，有时也在言谈中流露出对小刘不是男孩的失望之情，父女之间缺乏交流。小刘希望得到父亲的关心爱护，总是下意识地在语言行为方面模仿男孩，想引起父亲的关注。

（2）小刘的母亲性格懦弱，对丈夫百依百顺，言听计从，生了小刘后，觉得对不起丈夫，因而有自怨自艾的情绪。母亲的表现令小刘觉得女孩没用，在家中没地位，因而在潜意识中希望自己是一个男孩。

（3）小刘所在的班级男孩多女孩少，小刘爱与男同学玩，不愿与女同学相处，久而久之，受到许多影响，也是形成其男孩性格的因素之一。

策略

（1）个别谈心，教育引导。教师可以利用课余时间或在游戏活动时与小刘个别交谈，以全面了解其目前的心理状况及性格形成之原因；并向其介绍一些古今中外著名的女性，告诉她，女性同样也可以为社会做贡献；同时请其观察本班女同学的表现，与小刘共同制订计划以改善目前的状况。

（2）家长应改变重男轻女的思想。老师与家长讨论一下表达对女儿关心爱护的做法，让他们抽出空来关心女儿的学习、生活上的行为习惯。让小刘觉得自己是女孩也一样被父母所重视，一样获得父母的爱。

（3）指导小刘多参加活动，培养正常的心理。平时请班上女同学协助，多与小刘接触，使其了解女同学中也有许多有趣的、有意义的活动，吸引其积极参与。同时，结合学校开展的艺术节活动，鼓励其积极参加。女同学们邀请她参加一个舞蹈的排练，让其在丰富多彩的集体活动中养成正常的心理。

（4）接纳自己。可以引导小刘佩戴一些女孩子的发夹之类的饰品等，并欣赏接纳自己。

图书在版编目(CIP)数据

贵州省家庭教育指南：上、下 / 吴红，袁凤琴主编. —北京：民族出版社，2021.11
ISBN 978-7-105-16563-6

Ⅰ.①贵… Ⅱ.①吴… ②袁… Ⅲ.①家庭教育–指南 Ⅳ.①G78-62

中国版本图书馆CIP数据核字（2021）第246536号

贵州省家庭教育指南：上、下

策划编辑	康厚桥
责任编辑	康厚桥
封面设计	金晔
出版发行	民族出版社
地　　址	北京市和平里北街14号
邮　　编	100013
网　　址	http://www.mzpub.com
印　　刷	河北鑫兆源印刷有限公司
经　　销	各地新华书店
版　　次	2021年12月第1版　2021年12月北京第1次印刷
开　　本	787毫米×1092毫米　1/32
字　　数	260千字
印　　张	12
定　　价	43.00元
书　　号	ISBN 978-7-105-16563-6／G·2199（汉1063）

该书若有印装质量问题，请与本社发行部联系退换
编辑室电话：010-64971909　发行部电话：010-64224782